KB181131

외교, 외교관

외교, 외교관

-외교의 실제-

최병구 지음

평민사

차

례

책머리에

이 책은 필자가 외교 현장에서의 경험과 외교에 관한 글을 읽으면서 메모해 둔 내용을 정리한 책이다. 그래서 이 책은 외교에 관한 이론보다는 외교의 실제를 다루고 있다.

외국에서는 외교의 현장을 다룬 책들이 많이 있다. 외교관들 중에서도 자신의 경험이나 성찰을 책으로 남겨 놓는 경우를 자주 본다.

그러나, 안타깝게도 우리나라에서는 이런 종류의 책을 찾아보기가 어렵다. 필자와 같이 외교실무에 종사하고 있는 사람들은 물론 외교의 실제에 대해 알고 싶어하는 사람들도 외국인이 쓴 책을 참고할 수밖에 없는 실정이다. 필자가 이 책을 쓰기로 마음먹은 동기다.

치열한 경쟁과 냉혹한 현실의 국제사회에서 국가의 안전보장과 번영을 도모하는 데 있어 수준 높은 외교력은 필요 불가결한 요소다. 우리나라 같은 경우에는 더욱 그러하다. 필자가 이 책을 쓰기로 결심한 또 다른 동기다.

필자는 이 책이 외교실무에 종사하고 있는 분들이나, 앞으로 외교관이 되려는 뜻을 갖고 있는 분들에게 도움이 되기를 바란다. 아울러, 외교문제나 국제관계에 관심이 있는 언론인, 학자, 학생들과 일반인들에게도 참고가 될 수 있기를 기대한다.

이 책에 표명된 어떤 견해도 필자의 개인적인 견해로서 필자가 소속한 기관의 견해와는 무관하다. 그리고, 이 책의 내용에 어떤 오류가 있더라도 그것은 필자만의 책임이다.

이 책이 세상에 나올 수 있도록 도와주신 많은 분들께 감사를 드린다. 특히, 자료수집에 도움을 준 김봉주 인형, 원고를 꼼꼼히 읽고 유익한 의견을 제시해준 외교통상부의 후배들, 중도에 포기하지 않도록 성원해준 아내와 아들의 고마움을 잊을 수 없다. 상업성 여부를 떠나 이 책을 흔쾌히 출간하여 주신 평민사 이정옥 사장님께 진심으로 감사를 드린다.

2004년 1월

베트남 하노이에서

Ⅰ. 외교

외교의 의미·외교의 속성

외교의 특징

외교에 영향을 미치는 요소·국가 간의 관계

1. 외교의 의미

● 외교는 국가 간의 관계를 관리하는 방법이다. 외교는 국가 간의 관계를 관리하는 기술이라고 말하는 사람도 있다. 외교는 외교정책의 내용이 아닌 외교정책을 시행하는 방식이다.

George Shultz, Diplomacy in the Information Age, 1997.4.2.

● 외교는 외교정책이 입안되고 결정되며 시행되는 모든 과정을 의미한다.

Abba Eban, Interest & Conscience in Modern Diplomacy, 1985.

외교(外交)란 가장 일반적으로 말하자면 '국가 간의 관계를 처리하는 일'이다. 이런 의미에서 외교는 대외관계, 대외정책(foreign policy)의 수립·시행과 관련이 있으며, 대외적인 업무를 관장하는 일 및 그 조직과도 관련이 있다.

외교란 말은 또한 외교관 직업 자체를 의미하기도 한다. "근자에 들어 외교가 그렇게 명예롭지도, 필요하지도 않다"라고 말한다면, 여기서 외교는 '외교관 직업'을 일컫는다.

한편, 외교는 '교묘하고 기민한 처리 능력 또는 솜씨' 등을 의미할 때가 있다. "이 문제는 외교에 의해서 해결하자"고 말했다면 여기서 외교는 이런 의미로 쓰인 것이다.

외교를 대외정책을 수립하고 시행하는 두 가지의 과정을 모두 포함하는 것으로 볼 것이냐 하는 데에는 상반된 견해가 있다.

외교론의 대가라 할 수 있는 니콜슨(Harold Nicolson)은 대외정책의 수립과 시행과정은 엄격히 구분되어야 한다고 하면서, 외교정책을 수립하는 정치인은 정책의 시행과정에 관여하지 말고, 외교정책을 집행하는 외교관은 정책의 결정과정에 관여하지 말아야 대외정책에 대한 민주적인 통제가 이루어질 수 있다고 주장했다. 그래서 그는 대외정책의 수립 부분을 'foreign policy', 수립된 대외정책의 시행 부분을 'diplomacy'로 구분했다.

이에 반해, 미국의 저명한 국제정치학자 모르겐소(Hans Morgenthau)는 니콜슨의 이러한 주장은 이론적으로는 몰라도 현실적으로는 불가능하다고 하면서, 외교란 모든 수준에 있어서의 정책수립과 시행을 동시에 의미한다고 주장했다. 현실적으로 외교정책을 시행하는 역할을 담당하는 외교관들이 직접 또는 간접으로 외교정책 결정에 관여하게 되고, 정책을 결정하는 정치인들이 외교교섭에 직접 나서는 일이 비일비재하기 때문에, 외교 개념에 외교정책 결정과정을 포함시키지 말아야 한다는 니콜슨의 주장은 맞지 않는다고 비판했다.

이스라엘 외무장관을 역임한 이반(Abba Eban)도 직업외교관이 외교정책수립에 결정적으로 관여하고, 이들을 지휘하는 국가 지도자들도 외교관과 마찬가지로 교섭에 깊이 관여하는 것이 현실이기 때문에 외교의 의미를 니콜슨처럼 협의로 해석해서는 안된다고 주장했다.

외교는 대외정책의 수립ㆍ시행되는 전 과정을 포함하나, 좁은 의미의 외교는 외교정책의 구체적인 시행과정을 의미한다고 할 수 있을 것이다.

종합적으로 정의해 보면, 외교는 국제사회를 구성하고 있는 각 국가들이 자신의 목표, 이익을 추구하기 위해 서로 관계를 맺고, 이를 관리해 나가는 과정 또는 방법(기술)이라고 하겠다.

2. 외교의 속성

● 나는 '외교는 정치의 연장'이라고 확신한다. 이것은 혁명, 전쟁, 평화
  의 어떤 시기에도 다 마찬가지다.
                              James A. Baker, III, The Politics of Diplomacy, 1995.

● 국가 간의 관계는 기본적으로 정치적인 성격을 띤다. 정치적인 요인
  이 정부 구성, 의사결정뿐만 아니라, 이들 사이의 상호관계도 결정한
  다.
                              Robert Hopkins Miller, Inside an Embassy, 1992.

1) 외교는 정치적 과정

외교는 정치적 과정이다. 한 나라의 대외관계는 항상 국내정치와 밀
접하게 관련되어 있다. 어느 나라든 그 나라의 외교는 정치적 동기에
의해 그리고 정치적 목적에 따라 수행된다. 외교는 국제정치에 있어서
영향력을 획득하고, 이를 행사하는 수단의 하나이기 때문에 본질적으
로 정치적인 속성을 지닌다.[1]

외교는, 말할 것도 없이 국내정치의 연장선상에서 이루어진다. 국내
정치가 대외관계의 기본이라는 것이다. 따라서, 어떤 나라의 대외적인
행동을 이해하기 위해서는 반드시 그 나라의 국내정치 상황을 먼저 살
펴보아야 한다.

'냉전종식'이라는 세계질서의 변혁기에 미국 국무장관을 역임한 베
이커(James Baker)는 자신의 회고록 제목을 『정치로서의 외교(The

Politics of Diplomacy)』라고 할 만큼 외교의 정치적 성격을 강조했다. 그는 "외교의 세계에서 각국 지도자들은 모든 문제를 정치적인 관점에서 인식하는 정치인이라는 사실을 잠시도 간과해서는 안된다"고 말했다.[2]

미국의 역대 국무장관들이 쓴 회고록을 보면 거의 예외 없이 국내의 정치적인 상황이 외교정책 결정과정에서 가장 다루기 어려운 요인이었다고 술회하고 있다. 국방부, 국가안보회의(National Security Council) 등과의 마찰, 의회와의 갈등, 언론의 감시 등 국내정치적 상황을 무시하고 외교를 추진한다는 것은 불가능하다는 것이다.

여기에 외교행위자들의 개성(個性), 그들 사이의 인간관계가 작용을 하게 된다. 외교의 귀재(鬼才)라고 하는 키신저(Henry Kissinger)가 닉슨(Richard Nixon) 대통령의 안보보좌관으로 있을 때 로저스(William Rogers) 장관의 국무부는 별로 역할을 하지 못했다. 누가 어떤 외교기관을 맡고 있느냐에 따라 달라지는 것이다.

미국의 경우 4년마다 대통령 선거결과에 따라 새로운 행정부가 출범하면 기존의 대외정책이 바뀌는 것은 물론, 국무부의 차관보급 이상 관리들도 대부분 교체된다. 클린턴(William Jefferson Clinton) 행정부와 부시(George W. Bush) 행정부의 북한에 대한 정책이 얼마나 달라졌는가. 클린턴 대통령은 임기가 끝날 즈음 평양 방문까지 고려할 정도였다. 올브라이트 (Madeline Albright) 국무장관이 2000년 11월 평양을 방문했고, 그 한 달 전에 북한 조명록 특사가 워싱턴을 방문했다. 그러나 2001년 1월 부시 대통령이 취임하면서부터 미국과 북한의 관계는 180° 달라졌다.

정치적인 현상으로서의 외교의 세계에서는 이중잣대, 더블 플레이 현상이 흔히 나타난다. 올브라이트 장관이 평양을 방문, 김정일 국방위원장을 면담했을 때 그는, "이렇게 아름다운 나라에 오게 되어 기쁘다"고 하면서 김 위원장의 손을 잡고 환하게 웃는 모습을 연출했다.[3]

올브라이트는 아웅산 수지 문제를 둘러싼 미얀마의 인권상황에 대해 강도 높게 비난했으며, 세르비아의 밀로셰비치 대통령에 대해서는 전범(戰犯)으로 재판에 회부할 것을 주장했었다. 이러한 그가 북한을 방문했을 때에는 사뭇 다른 태도를 보였던 것이다.

외교를 단순한 '외무행정'으로 보지 않고 정치적인 현상으로 볼 경우 외교관은 정치적으로 동기가 부여되고 전략적으로 행동해야 하는 사람이라고 할 수 있다. 미국 외교관 세이어(Charles Thayer)는 외교관에게는 '정치적 감각'이 있어야 한다고 하면서, 정치적 감각이란, "어떤 문제에 있어 내면에서 움직이고 있는 힘의 의미를 감지하고, 그 결과 생기는 반응을 정확히 예측할 수 있는 능력"이라고 말한 바 있다.[4]

미국의 헨더슨(Loy Henderson) 대사와 관련된 일화를 소개한다. 헨더슨은 미국 직업외교관이 오를 수 있는 가장 높은 계급인 career ambassador까지 올랐으며, Mr. Foreign Service라고 불릴 정도로 미국 외교관 세계의 사표(師表)였다.

그는 외교관을 선발하는 데 있어 고려해야 할 가장 중요한 자질이 무엇이냐는 질문을 받고, "정치적인 감각이다. 그것이 없으면 박사학위도 쓸모가 없다. 그러나, 그것이 있다면 고등학교 졸업자라도 매우 귀중하다"고 말했다.[5]

· 외교는 외교정책을 시행하는 정치적인 기법이다. (Charles Lerche, Jr. and Abdul Said, 1970.)

2) 외교는 커뮤니케이션

· 커뮤니케이션과 외교와의 관계는 피와 육체의 관계다. 커뮤니케이션
이 중단되면 외교 과정도 끝난 것이며, 그 결과는 폭력을 수반하는 충
돌이다.

Van Dinh Tran, Communication and Diplomacy, 1987.

· 정부와 정부 간의 대화가 외교의 기초를 이룬다. 그렇다고 그런 대화
가 결코 용이한 적은 없었다.

Geoffrey Moorhouse, The Diplomats, 1977.

외교는 국가와 국가 간의 대화, 즉 의사소통이다. A와 B라는 나라가
가까우면 가까울수록 의사소통을 긴밀히 하게 된다. 우방국 간에는 외
교 사안을 놓고 수시로 협의하고 의견을 교환한다. 영국과 미국 간의
관계가 좋은 예가 될 수 있다.

외교에서 커뮤니케이션은 계속되는 과정이다. 관계의 긴밀한 정도에
관계 없이 커뮤니케이션이 이루어진다. 서로 자신의 생각이나 입장을
말하고 상대방의 의견을 듣는다. 이러한 과정을 통해 이해의 폭을 넓히
고 신뢰를 쌓는다.

· 외교에서 말을 하지 않고 이루어낼 수 있는 일은 없다.

3) 외교는 교섭과 설득

· 외교의 주된 목적은 폭력을 쓰지 않고 자기가 원하는 바를 얻는 데 있
다.

Charles Webster, The Art and Practice of Diplomacy, 1961.

· 외교는 당신이 원하는 대로 다른 사람들이 행동하도록 만드는 일이
  다.

Lester B. Pearson, 1965.

외교제도가 발전한 과정을 보면 외교는 '교섭'과 거의 동일한 개념이었다. 프랑스의 깔리에르(Francois de Callieres)가 1716년 『군주와의 교섭론(*De la maniere de negocier avec les Souverains*)』을 썼을 때만 해도 그는 오늘날의 외교관과 같은 역할을 하는 사람을 'diplomat'라 하지 않고 '교섭가'(negociateur, 영어로는 minister)라고 불렀다. 오늘날과 같은 개념의 'diplomacy', 'diplomat'라는 단어는 18세기 말엽에 이르러서야 사용되기 시작했다.

외교는 교섭에 의해 대외관계를 처리하는 일이다. 물론 외교와 교섭이 동일한 개념은 아니나, 교섭이 없는 외교는 상정할 수 없다. 외교를 '타협과 설득의 기술'이라고 하는 것도 외교의 이러한 속성을 말해준다.

교섭이란 상충되는 이해관계를 가진 당사자들이 타협을 이루어 나가는 과정이다. 국가 간의 관계에 있어서는 언제 어디서고 이해가 대립되는 상황이 발생하기 때문에 교섭이 행해지지 않는 국가 간의 관계는 실제에서는 불가능하다.

· 외교는 따지고 보면 다른 나라를 설득하거나, 다른 나라에 대해
  영향력을 행사하고, 경우에 따라서는 어떤 행동을 강요하는 일
  이다.

4) 외교는 주고받는 것

· 주고받는 것은 외교의 원칙이다. 하나를 주고 열을 받아라.

Mark Twain (1835~1910)

미국 작가 마크 트웨인의 말은 익살스럽기는 하지만 외교의 한 단면을 잘 말해주고 있다.

주는 것 없이 받기만 하려고 하는 것이나, 받는 것 없이 주기만 하려고 하는 것은 외교가 아니다. 주고받는 원칙이 가장 철저하게 적용되는 세계가 외교의 세계다.

외교에서는 궁극적으로 보면 승자와 패자, 얻기만 한 자와 잃기만 한 자가 없다는 말이 있다. 단기적으로는 볼 때에는 어느 일방이 상대방보다 좀 많이 얻은 것처럼 보일지라도 결국은 이러한 상황은 어떤 형태로든 교정이 된다는 것이다. 이해관계가 서로 대립하는 국제사회에서 'give and take' 원칙은 언제 어디서고 적용되어 왔다.

이와 같은 맥락에서 보면 외교에서 '승리'라는 단어를 사용하는 것은 적절치 않다. 영국 외교관 헨더슨(Nicholas Henderson)은, "승리의 기쁨에 의기양양하는 것은 외교의 적(敵)이다"라고 하면서, "협상에 있어 상대방보다 유리한 결과를 거둔 것처럼 내세우지 말라"며 충고하고 있다.[6]

외교의 세계에서는 자신이 원하는 것을 얻기 위해 상대방이 얻고자 하는 것을 줄 수 있어야 한다. 어떤 목적을 성취하기 위해 그에 상응하는 대가를 지불할 준비가 되어 있어야 한다는 것이다. 외교는 일종의 교환행위(trade-offs)와 같은 속성이 있다.

· 외교는 쌍방통행 도로다. 무엇인가를 얻고자 한다면 무엇인가

를 줄 준비가 되어 있어야 한다.
· 외교에서 '공짜 점심' 같은 것은 없다.
· 가장 이상적인 조약은 가장 불편부당(不偏不當)한 조약이다.

5) 외교에 있어서의 상호주의

· 최상의 동맹은 상호이익의 조화에 기반을 둔다.
Thomas A. Baily, The Art of Diplomacy, 1968.

· 상호주의는 모든 외교의 기본이다.
공로명 전 외무장관, 월간조선, 2002.6월호.

국제사회를 구성하는 국가들은 인구, 면적, 국력규모 등에서 다 다르다. 이렇게 서로 다른 국가들이 관계를 가져야 하기 때문에 국제법과 국제관행이 이들의 관계를 규율한다. 그런데, 이런 국제관행에 있어 기본을 이루는 것은 상호주의(reciprocity)다. 상호주의는 가장 단순하게 말하자면 상대방이 나에게 하는 만큼 내가 상대방에게 하는 것을 말한다.

공로명 전 외무장관은, "상호주의는 외교의 기본으로 서로의 이익을 첨예하게 추구하는 국가 간의 관계에서 이 원칙은 중요하다"고 말하면서, 상호주의를 통해 서로 신뢰를 쌓을 수 있다고 말하고 있다.

물론 상호주의를 엄격히 적용한다는 것은 현실적으로 어려울 때가 많다. 주고받는 것의 양과 질, 그리고 주고받는 타이밍과 방법이 같을 수 없기 때문이다.

6) 외교는 계속되는 과정

· 외교는 끝이 없는 길과 같다. 거기에는 수많은 오르막도 있고 내리막
도 있다. 꼬부라진 곳도 있고 갈라진 곳도 있다. 한 지평선을 넘은 것
을 승리(triumph)라고 생각해서는 안된다. 그것은 일보진전(a step
forward)에 불과하다. 더 많은 언덕이 기다리고 있기 때문이다.
Douglas Busk, The Craft of Diplomacy, 1967.

외교는 어느 한 순간에 시작되어 어느 한 순간에 끝나는 그런 성질의
것이 아니다. 지구상에 국가가 존재하는 한, 그리고 이들이 외부 세계
와의 관계를 단절하지 않는 한 계속되는 것이 외교다.

영국 외교관 왓슨(Adam Watson)은 외교를 '국가와 국가 간의 끊임
없는 대화'라고 정의했는데, 이런 의미에서 외교는 중단되지 않는 과
정이다. 어떤 협상이 합의 없이 종료되었다고 해서 그 협상이 끝난 것
은 아니다. 언젠가는 재개하게 된다. 그래서 외교관은 눈앞의 이익만을
보아서는 안된다. 장기적인 관점에서 보아야 한다. 당장에는 이익이지
만 지나놓고 보면 그렇지 않은 경우도 있다. 외교관에게 역사의식과 멀
리 내다볼 줄 아는 안목이 요구됨은 이런 이유에서다. 외교에서는 단견
(短見)과 일시적인 이익추구를 경계해야 한다.

· 외교에서는 스타도 수재도 필요없다. 외교는 또 당장의 이익보
다 유장(悠長)하게 흐르는 장강대하(長江大河)와 같은 자세로 중
지를 모아 하나하나 벽돌을 쌓듯 추진되어야 한다. (이성춘, 한
국일보, 1992.10.25.)
· 외교정책은 시작과 끝이 없다. 끊임없이 흐르는 강물과 같아 어
떤 구간으로 나눌 수 없다.
· 외교정책이 성과를 거둘 수 있기 위해서는 계속되는 과정 가운
데서 뉘앙스를 잘 관리할 수 있어야 한다. (Henry Kissinger,
Does America Need a Foreign Policy?, 2001.)

7) 외교는 원래 비밀을 요하는 과정

· 비밀은 외교의 핵심(the very soul)이다.

Francois de Callieres, 1716.

영국 외교관 켈리(David Kelly) 경은, "공개 외교란 용어 자체가 모순이다. 외교는 공개되면 더 이상 외교가 아니다"라고 말한 바 있다. 외교 제도나 기법(技法)은 변해 왔으나, 본질적으로 변하지 않은 것이 있다면 외교는 '조용하면서도 비밀스런 과정'이라는 것이다. 같은 맥락에서 프랑스 외교관 깜봉(Paul Cambon)은, "한번 비밀의 장막이 제거되는 날이면 어떤 종류의 외교교섭도 더 이상 진행될 수 없게 된다"라고 말했다.

제2차 세계대전 이후 비밀외교에 대한 비난이 높아졌으며, 오늘날 민주주의 국가에서는 국민들의 '알 권리' 차원에서 외교와 관련된 사항에 있어서도 공개성과 투명성을 요구하게 되었다. 정부정책의 투명성을 높인다는 면에서 외교정책도 예외가 될 수 없는 것이다. 뿐만 아니라 민주주의 국가에서 여론의 지지를 받지 못하는 외교정책이 성공할 수 없기 때문에 정부는 가능한 한 많은 사실을 국민들에게 알려 이해를 구하고, 국민적 합의 가운데 외교를 추진하고 있는 것이다.

그럼에도 불구하고, 외교에 있어 비밀유지의 필요성은 변하지 않고 있다. 외교사안은 대부분의 경우 민감하다. 한번 공개되면 원상복구가 불가능할 수도 있다. 항상 신중하고도 세심하게 다루지 않으면 안되는 것이 외교 이슈다. 그래서 미국의 외교전문가 베일리(Thomas A. Baily)는, "수다스러운 사람, 비밀을 쉽게 발설하는 사람은 외교관 직업에 적합하지 않다"고 말했다.

1978년 9월 카터 대통령이 이스라엘의 베긴(Menachem Begin) 총리와 이집트의 사다트(Anwar Sadat) 대통령을 캠프데이비드에 초청, 역사적인 타협을 시도했을 때의 일이다. 13일 동안 난항을 거듭한 협상은 우여곡절의 연속이었다. 이 협상에 미국 대표단의 일원으로 참석했던 루이스(Samuel Lewis) 대사는 이 협상이 엄청난 optimism과 pessimism이 수시로 교차한 그야말로 결과를 예상할 수 없었던 협상이었다"고 회고했다.

루이스 대사는 캠프데이비드 협상이 성공할 수 있었던 요인의 하나로 협상이 진행되는 과정이 언론에 알려지지 않았던 사실을 꼽았다. 미국 측 대변인 한 사람만이 언론을 상대하도록 하고, 그가 언론에 어떤 사항을 얘기해 줄 때에는 반드시 이스라엘, 이집트 대표단으로부터 사전 동의를 얻도록 했다.

당시 두 나라는 모두 협상에서 유리한 위치를 차지하기 위해 언론을 이용하고 싶은 충동을 느꼈다. 그러나, 자신들이 몰래 언론과 접촉을 시도하면 미국 측이 전화 도청을 통해 이를 알게 될 것을 우려해서 그렇게 하지 못했다고 한다.

· 외교관 직업에서 여성이 두각을 나타내지 못한 원인의 하나는 그들이 비밀을 잘 지키지 못했기 때문이다. (Frederick Van Dyne, 1909.)

3. 외교의 특징

1) 외교는 현실

외교는 현실이라고 한다. 현실을 떠난 외교는 이론적으로는 가능할지 몰라도 실제에서는 불가능하다. 외교의 세계에서는 국가이익이 판단의 기준이 되고, 이러한 국가이익을 추구하는 과정에서 동원 가능한 수단, 즉 힘이 문제가 된다.

그래서 외교에서는 항상 이상(idealism)과 현실(realism)을 조화시켜야 하며, 외교는 이러한 이상과 현실을 조화시키는 기술이다.

외교현장에서는 힘이 배경이 되는 만큼 현실을 도외시한 외교는 효과적일 수 없다. 약소국이 강대국을 상대할 때 특히 그러하다.

· 외교는 추상적인 이론이 아니다. 그것은 가장 실제적인 현실이다.
· 외교는 냉정하고 엄연한 정치적인 현실이다.
· 외교에서는 별로 내키지 않는 방안 중에서 그래도 가장 나쁘지

않은 방안을 선택해야 할 때가 많다.

2) 외교는 경쟁인 동시에 협력

· 인간은 이기적이다. 그러나, 인간은 단기적인 욕구를 누르고 다른 사
람들과 협력을 함으로써 장기적인 이익을 증진시킬 수 있다는 사실을
아는 존재다.

Paul Sharp, Herbert Butterfield and Diplomacy, 2002.11.

· 자기 나라에 도움이 되기 위해서는 다른 나라들에게도 도움이 되는
일을 하라.

Josef Joffe, New York Times, 2002.5.29.

외교의 세계에서는 항상 경쟁과 협력이 공존한다. 자기 나라의 이익
을 추구하는 과정에서 경쟁은 피할 수 없다. 그렇다고 항상 경쟁만 있
는 것은 아니다. 공동의 이익을 추구하거나 또는 협력을 통해 자신의
이익을 보다 더 증진시키기도 한다. 외교를 제로섬 게임의 세계로만 보
아서는 안된다. 외교는 경쟁과 협력을 잘 조화시키는(cooperative
competition) 기술이기도 하다.

· 단순하게 말하자면, 외교는 공통의 이해가 어디에 있는지를 찾
아내는 기술이다.

3) 외교는 기술

> · 외교는 다양한 기술(skills)이 종합된 하나의 예술(art)이다.
> Kai Falkman(스웨덴 외교관), The Art of Bio-Diplomacy

외교는 과학이라기보다는 예술이라고 한다. 어느 분야에서거나 기술은 짧은 기간 내에 높은 수준에 도달하기 어렵다. 오랜 기간의 연마(研磨)와 경험이 필요하다.

외교는 기술이기 때문에 외교관이 어떻게 일을 하느냐에 따라 그 결과가 달라질 수 있다. 도공이 어떻게 그릇을 굽느냐에 따라 만들어지는 작품이 달라지는 것과 마찬가지다. 그래서 외교의 현장에서는 이론보다 실제가 더 중요하다.

> · 외교는 결국 기회와 위험이 생겼을 때 외교를 수행하는 사람들이 이에 어떻게 대응하느냐에 따라 성패가 좌우된다. (Abba Eban, Diplomacy for the Next Century, 1998.)
> · 외교란 직업에는 정형(定型)이 없다. 정해진 패턴에 따라 이루어지는 일이 별로 없다. 외교관이 사용하는 캔버스는 대단히 넓다. (Kishan Rana 인도 외교관, 2001.)
> · 외교는 정밀한 과학이 아니다. 그것은 인간이 할 수 있는 판단과 기술의 영역에 속한다.

4) 외교는 지적 능력을 필요로 하는 일

외교는 '머리로 하는 일'이라고 한다. 예리한 지적(知的) 능력이 요구되는 일이라는 것이다.

정반대의 입장을 갖고 있는 상대방을 설득시키는 일, 이해관계가

24

첨예하게 대립되는 이슈를 놓고 협상하는 일, 당면한 교착상태를 풀어나가는 일, 긴급한 상황에 대처하는 일 등은 높은 수준의 지능을 필요로 한다.

필자가 한 중동국가에서 근무하고 있었을 때 그 나라 정보기관의 수장(首長)을 만난 일이 있다. 그가 건네는 명함에 직위가 "Head"라고 되어 있었다. 그는 필자에게, "You know why I used 'head' here?"라고 웃으면서 물었다. 필자가 고개를 갸우뚱하자, "Because my job is to use head."라고 말했다. 외교관도 마찬가지라는 생각이 들었다.

5) 외교는 방위의 최전방

· 외교는 가장 넓은 의미로 말하자면 장기적이고, 종합적이며, 예방 목적으로 사용할 수 있는 최상의 수단이다.
Coalition for American Leadership, Talking Points, 2001.

· 외교는 외교를 통해 무엇을 달성했느냐에 못지 않게 무엇을 예방했느냐에 의해 평가되어야 한다.
Abba Eban, The New Diplomacy, 1983

외교를 통해 성취하고자 하는 목적 중의 하나는 분쟁이나 전쟁을 예방하는 것이다. 외교의 실패는 곧 군인들이 전쟁터에 나가 싸워야 하는 상황을 의미한다. 이런 의미에서 외교를 방위(防衛)의 최전방이라 하기도 하고, 외교관을 국익을 지키는 첨병(尖兵)이라고 한다. 어떤 문제가 생겼을 경우 교섭을 통해 이를 해결하는 것도 외교의 목적이지만, 한편으로는 이러한 문제가 생기는 것을 예방하는 것도 외교가 추구하는 목적의 하나다.

국가의 안전을 지키기 위해서 군사적으로 방위태세를 갖추는 것이 중요하듯이, 분쟁이나 사태가 발생하여 심각한 안보문제로 발전하지 않도록 사전에 관리하는 것도 중요하다. 앞에 인용한 이스라엘 외무장관 이반의 말대로 외교를 통해 무엇을 달성했는가도 중요하지만, 위험한 사태를 얼마나 예방할 수 있었는가도 이에 못지 않게 중요하다.

국가 간의 분쟁이 군사적 충돌로 이어지게 되면 당사자들이 지불해야 하는 비용은 이러한 사태를 미리 예방했을 경우와 비교가 안될 만큼 크다. 외교가 조기경보(early warning) 기능을 수행해야 하는 이유다.

· 외교는 상황이 뜨겁게 달아오르지 않도록 하는 기술이다.
· 외교정책과 우리 외교관들은 방위의 최전방이라고 하기보다 공격의 최전방이다. (Colin Powell, State Magazine, 2001.5.)

6) 외교의 한계

· 외교는 어떤 다른 정치현상과 마찬가지로 가능성의 예술이며, 성취 가능한 것의 예술이고, 최상의 차선책(the second best)의 예술이다.
　　　　Thomas A. Baily, The Art of Diplomacy, 1968.

· 우리는 항상 가능한 것은 용기 있게 행하고, 가능하지 않은 것은 단념하는 태도를 가져야 한다. 물론 가능한 것과 가능하지 않은 것을 분간할 수 있는 지혜도 있어야 한다.
　　　　Smith Simpson, The Crisis in American Diplomacy, 1980.

영국 역사학자 테일러(A.J.P.Taylor)는, "비스마르크가 정치를 가능성의 예술이라고 정의했듯이, 외교도 가능성의 예술이다"라고 하면서, "훌륭한 외교관은 두 나라가 합의를 원하지 않을 때 합의에 도달하도록 만들 수는 없으나, 그들이 합의를 원할 때 그 합의를 좀더 수월하게 만들 수는 있다"고 말했다.

클린턴 대통령은 임기를 불과 6개월 남겨 놓고 이스라엘-팔레스타인 간 평화협상을 타결시키기 위해 2000년 7월 바락(Ehud Barak) 이스라엘 총리와 아라파트(Arafat) 팔레스타인 수반을 캠프데이비드로 초청, 마라톤 협상을 진행시켰다. 당시 바락 총리는 예상을 초월한 파격적인 타협안을 내놓았고, 클린턴 대통령도 협상 타결을 위해 전력을 다했으나 결국은 실패로 돌아갔다. 팔레스타인 측이 예루살렘의 지위, 난민귀환 문제 등에 있어 합의에 도달할 의사가 전혀 없었기 때문이다.

역시 중동평화협상과 관련된 사례다.

클린턴 대통령 집권 1기 중 국무장관을 역임한 크리스토퍼(Warren Christopher)는 무려 24번이나 시리아를 방문했다. 1996년 4월에는 아사드 대통령을 면담하기 위해 두 시간이나 대기실에서 기다려야 했다. 러시아 외무장관과의 면담이 길어져 그렇다는 것이 시리아 측의 해명이었다. 불과 며칠 후 그가 다시 다마스커스를 방문했을 때에는 아예 아사드를 만나지조차 못했다.[7]

미국 국무장관으로서는 수모에 가까운 일이었다. 아사드가 미국을 무시하는 태도를 보인 것이다. 그로 하여금 이러한 태도를 갖도록 한 데에는 미국도 잘못이 있었다. 당시 시리아가 미국이 원하는 방향으로 움직일 상황이 아니었음에도 불구하고 크리스토퍼 장관은 시리아에 대해 지나치게 관심을 보임으로써 시리아의 입지만 강화시켜 주었던 것이다.

외교도 정치와 마찬가지로 가능성의 예술이라고 한다. 외교 협상이 성공하기 위해서는 교섭 당사자가 타협할 준비가 되어 있어야 하고 (readiness), 또한 상황이 조성되어 있어야 한다(ripeness).[8]

· 외교관은 자신이 하는 일에 영향을 주는 상황에 대해 분명한 인식을 가져야 한다.
· 세상에는 당장 어떤 해결책이 없는 문제가 있다. (Robert Mc-Namara, In Retrospect, 1995.)

7) 외교에 있어서의 형식과 절차

· 외교에서는 흔히 스타일이 곧 실제 내용(substance)이다.
　　　　　　　　　Fareed Zakaria, Newsweek, 2003.3.24.

외교에서는 흔히 형식(style)이나 모양새(appearance)가 내용만큼이나 중요시된다. 절차나 과정을 소홀히 할 수 없다는 의미다. 이것은 '무엇을 해야 하는가'의 문제가 아닌 '어떻게 해야 하는가'의 문제다. 목표를 달성하는 과정에 관한 문제로서 외교에서는 이와 같은 과정이 축적되어 실질적인 내용이 된다.

1982년 8월 중국 여자 테니스 선수 후 나(Hu Na)가 미국으로 망명을 시도한 사건이 발생했다. 이 사건의 배후에 대만이 있다는 소문이 나는 등 이 문제는 미국 내에서 정치적으로 복잡한 문제가 되었다. 미 행정부는 여론, 의회의 입장 때문에 그를 송환시켜 달라는 중국 측의 요구를 수용하기가 힘든 상황이었다.

그런데, 등소평은 북경 주재 미국대사를 불러 그를 중국으로 돌려보내 줄 것을 개인적으로 요청했다고 한다. 이에 대해 흠멜(Arthur Hummel, Jr.) 대사는 사견임을 전제로 미국 제도나 법률상 망명을 신청한 사람의 의사에 반해서 강제 송환하는 것은 가능하지 않을 것으로 보이나 본국 정부에 보고하고 어떻게 할 수 있을지 알아보겠다고 답변했다. 미국 정부는 결국 그녀에게 정치적 망명을 허용했다. 그가 송환되어도 박해를 받는 일은 없을 것이라고 약속한 등소평의 체면이 손상되었음은 물론이다.

중국 측으로서는 이 문제가 대단히 중요하기 때문에 최고위선에서 나섰던 것이나, 외교적인 관점에서 볼 때에는 현명한 접근방법은 아니었다. 흠멜 대사는 등소평이 자신을 불러 이런 요청을 한 것 자체가 잘못이라고 생각했다.[9]

역시 미국과 중국 사이에 일어난 일이다.

1954년 4월 제네바에서 인도차이나 문제에 관한 제네바회의가 열렸다. 중국 대표로 참석한 주은래 수상은 개막회의에서 미국 대표로 참석한 덜레스 국무장관에게 악수를 청했으나 거절당했다. 대단한 모욕이었다.

양국 관계는 이런 해프닝이 있은 후 거의 17년 동안 아무런 개선의 조짐이 보이지 않았다. 그러던 중 주은래의 용의주도한 핑퐁외교로 양국 관계가 개선될 가능성이 열린 가운데 키신저 안보보좌관이 1971년 7월 9일 극비리에 북경을 방문했다.

공항에서 키신저는 예진잉 원수의 영접을 받아 선도 차에 탑승했고, 키신저를 수행 중이던 홀드리지(John Holdridge) 국가안보회의 동아시아 담당 선임보좌관은 황화(당시 주 캐나다대사로 내정, 후에 주 유엔, 주 미국대사, 외무장관 역임)와 2호 차에 탑승했다.

모터케이드가 영빈관을 향해 이동하고 있을 때 황화는 홀드리지에게 1954년 4월 제네바에서 있었던 일을 언급했다. 홀드리지는 직감적으로 중국 측이 키신저가 주 수상과의 악수를 거부할 가능성에 대해 우려하고 있음을 알아차렸다. 홀드리지는, "우리는 덜레스 장관 시절과 같은 실수를 되풀이하기 위해 이렇게 먼길을 잠행해 오지 않았다"라고 대답했다.

그날 오후 회담을 위해 주은래가 영빈관에 도착했다. 주 수상을 기다리고 있던 키신저는 손을 내밀어 악수를 청했다. 덜레스가 17년 전 악수를 거부해서 손상시켰던 중국 측의 자존심을 세워 주었다. 키신저는 주은래를 만나기 전에 홀드리지로부터 '제네바 악수거부 사건'에 관해 설명을 들어 이 사안의 중요성을 잘 알고 있었다. 이렇게 시작된 양국 간의 비밀협상은 성공적이었다.[10)]

외교에서는 겉모양도 중요하다. 일이 이루어지는 형식과 절차적인 측면을 소홀히 할 수 없다. 외교에서 의전적인 측면이 항상 고려되는 이유 중의 하나다.

4. 외교에 영향을 미치는 요소

1) 외교가 행해지는 환경

외교는 국가 간에 행해지는 정치적인 현상임을 이미 설명한 바 있다. 그러면, 이러한 외교가 행해지는 환경은 어떤 특징을 갖고 있는가?

첫째, 외교환경은 변화와 동시에 연속성의 성격을 띤다. 국제환경은 항상 변화한다. 단지 그 속도나 내용에 있어 차이가 있을 뿐이다. 외교는 변화하는 환경에 대한 적응과정이다.

둘째, 외교가 행해지는 환경은 불확실성을 특징으로 한다. 어떤 방침이나 정책을 결정하는 데 필요한 정보가 충분하지 않으며, 따라서 결정된 방침이나 정책이 어떤 결과를 가져올지 예상하기 어렵다.

셋째, 외교환경은 다양한 행위자들이 복잡하고도 밀접하게 얽혀있다. 오늘날 외교행위자는 국가와 정부에 국한되지 않는다. 각종 국제기구, 비정부기구, 다국적 기업 등 다양하다.

넷째, 국제사회에서는 질서와 무질서, 합리와 비합리, 일관성과 모순

등이 공존한다. 강자의 논리, 이중잣대, 도의적 의무 포기 등이 예외가 아니다.

다섯째, 외교는 서로 다른 역사, 문화, 심리, 가치관 등을 가진 국가들 간의 상호작용이기 때문에 외교에 대한 인식이나 외교를 수행하는 방식이 서로 다르다.

여섯째, 외교환경은 언제 어디서고 서로 다르다. 마치 별자리가 항상 다르듯이 외교가 행해지는 환경도 시시각각 변한다. 외교에서 과거 사례를 참고할 때 조심해야 하는 이유이기도 하다. 예를 들어보자.

1991년 봄 유고슬라비아연방이 분열 조짐을 보이면서 연방을 구성하고 있던 공화국들이 서로 충돌하기 시작했다. 사태 초기에 미국 정부는 이 문제는 유럽의 문제라고 하면서 관여하지 않는다는 입장을 취했다. 이 사태는 결국 30만 명이 넘는 인명이 무참히 살해되는 참상으로 비화되었다.

당시 미국은 왜 이러한 입장을 취했는가? 걸프전쟁과 소비에트연방 해체 때문이었다. 이들 문제를 다루느라 유고슬라비아 사태에 대해서는 신경을 쓸 겨를이 없었다. 또한 정치적으로는 대통령 선거를 1년 남짓 남겨놓고 있는 상황에서 뜨거운 감자인 발칸반도 사태에 개입하고 싶지 않았던 것이다.

또 다른 예를 들어보자. 1981년 6월 이스라엘은 이라크가 프랑스의 기술지원을 받아 바그다드 인근 오시락에 건설하고 있던 핵 원자로를 공중 폭격했다. 베긴 총리는 이러한 공격이 이집트와의 화해 프로세스에 악영향을 줄 것이라는 정보기관의 의견에도 불구하고 공격을 감행하는 결단을 내렸다. 방관하면 이라크가 핵을 보유하게 되어 이스라엘 안보에 결정적인 위협이 된다는 '자위적 선제공격론'을 내세웠다.[11]

국제사회는 이러한 이스라엘의 행동을 강력히 규탄했다. 프랑스는

"받아들일 수 없는 일" 이라 했고, 영국은 "심각한 국제법 위반" 이라고 했다. 이스라엘에 호의적인 태도를 갖고 있던 레이건(Ronald Reagan) 행정부조차 "규탄한다"고 했다.

이 일이 있은 22년 후인 2003년 3월 아이러니컬하게도 미국과 영국은 후세인(Sadam Hussein)이 대량살상무기로 평화를 위협한다는 이유로 이라크를 공격, 후세인 정권을 붕괴시켰다.

· 외교정책과 관련된 결정은 심사숙고해서 이루어지기보다 직관적으로 또는 임기응변식으로 이루어지기도 한다.
· 세상은 매우 우스꽝스럽게 돌아간다. (John Mearsheimer, 2002.)
· 각 상황은 제각기 다르고, 뉘앙스를 달리하며, 계량할 수 없다. (George Ball, Diplomacy for a Crowded World, 1976.)
· 적시에 충분한 인포메이션을 갖는 것은 불가능하다. 직관에 의존해서 판단을 내려야 할 경우가 더 많다.
· 강대국이라 할지라도 하나 이상의 사태를 동시에 다루기가 어렵다. (Warren Zimmermann 유고슬라비아 주재 미국대사)
· 다음 주에 위험한 사태가 생겨서는 안된다. 내 일정이 이미 꽉 차있다. (Henry Kissinger)

2) 외교정책

· 외교정책은 무엇을 하느냐에 관한 것이고, 외교는 그것을 어떻게 하느냐에 관한 것이다.

Lord Gore-Booth, With Great Truth and Respect, 1974.

· 외교정책은 국내적인 이해(interests)와 국제적인 가능성의 공생관계(symbiosis)가 되어야 한다.

Michael Kergin

외교는 대외정책 목표를 달성하는 수단 또는 방법의 하나이다.

'외교정책'과 '외교'라는 용어가 비슷한 개념으로 사용되기도 한다. 그러나, 이 두 용어의 차이를 좀더 명확히 하기 위해 '외교정책'은 '전략'(strategy)으로, '외교'는 '전술'(tactic)로 설명하는 사람도 있다.[12]

어떤 외교정책의 목표가 성공적으로 달성되기 위해서는 그 정책의 내용이 합리적이어야 하고, 그러한 정책을 추진할 수 있는 수단이 있어야 하며, 국제적인 환경, 타이밍이 좋아야 하고, 여기에 외교적 수완이 뒷받침 되어야 한다.

한국이 1988년 서울올림픽 개최를 계기로 추진해서 성과를 거둔 북방외교의 예를 들어보자.

1985년 소련에서는 고르바초프가 등장한 이래 동서(東西)진영 간 화해 분위기가 조성되기 시작했으며, 동구권 사회주의국가들이 개방과 개혁의 움직임을 보이고 있었다. 여기에 한국은 올림픽을 준비하는 과정에서 외교관계가 없었던 이들 국가들과 자연스럽게 접촉할 수 있는 기회를 갖게 되었다.

한국 정부는 북방외교 추진전략의 하나로 1988년 7월 7일 북한에 대해 공존과 공영을 제안하는 '7·7선언'을 발표, 동구권 국가들의 북한과의 관계에 있어서의 부담을 완화시켜 주었다. 이어 동구권 국가 중에서 가장 개방적인 움직임을 보였던 헝가리를 최초의 수교 대상국가로 정하고 이 나라에 총력을 경주하여 1989년 2월 1일 수교를 성사시킴으로써 북방외교에 있어 돌파구를 열었다. 이후 한국 정부는 소련, 중국과의 수교, 남북한 동시 유엔 가입이라는 외교목표를 달성할 수 있었다.[13]

미국이나 영국과 같은 선진국 외무부에는 정책기획실이 있다. 이 부서에서는 중장기 외교정책을 입안한다. 중요한 이슈에 대해 미리 대비책을 강구하고, 정책구상에 유용한 아이디어를 제공한다.

영국 외무부의 소련과장과 동구과장이 외교정책 입안에 기여한 일화를 소개한다. 브룸필드 소련과장은 1983년 모스크바 근무를 마치고 귀임했고, 버치 동구과장도 같은 시기에 헝가리, 루마니아 근무를 마치고 본부에 들어왔다. 당시 외무장관이던 하우(Sir Geoffrey Howe)는 이들에게 영국의 새로운 대소련·동구정책에 관한 보고서를 제출하도록 했다.

이들이 제출한 보고서는 대처(Magaret Thatcher) 총리가 미국보다 한 발 앞서 소련에 대해 새롭고도 과감한 조치를 취하는 계기를 마련해 주었다. 대처는 이들의 건의에 따라 고르바초프를 런던에 초청하면서 자신이 직접 용의주도하게 일정을 마련했다.[14]

이후 영국은 동·서 관계에 있어 다른 어떤 나라의 추종을 불허하는 영향력을 행사할 수 있었다. 당시 대처 총리가 고르바초프를 "He is a man I can do business with."라고 한 레토릭은 서방의 소련에 대한 태도를 변화시키는 데 결정적인 역할을 했다.

전략:

· 외교와 전략의 차이는 완전히 상대적인 것이다. 이 두 개념은 국가이익을 증진시키기 위해 행해지는 정치라는 예술에 있어서 상호보완적인 두 측면이다.

Raymond Aron, Peace and War, 1962.

· 전략은 무엇을 어떻게 할 것인가에 대한 판단이다. 그리고 그것
은 일을 하는데 있어 어떻게 하면 그 비용과 부작용을 줄일 수
있을 것인가에 대한 판단이다.

Chas Freeman, Jr., The Diplomat's Dictionary, 1997.

외교는 전략, 전술 개념과 관련이 있다. 영국의 이든(Anthony Eden)
경은 "외교는 전략과 쌍둥이 관계"라고 했다.

전략이란 무엇인가? 간단히 말하면, 주어진 목표를 가장 효과적으로
달성하기 위한 행동계획이다. 무엇을 할 것이며, 어떻게 할 것인지, 그리
고 어떻게 하면 가장 적은 대가로 가장 큰 효과를 거둘 수 있을 것인지에
대한 장기적인 안목에서의 판단이며 선택인 것이다.

전략은 외교정책 목표를 달성하는 데 있어 필요 불가결한 요소다. 국
익의 관점에서 용의주도하게 접근해야 하는 것이 외교이고, 그래서 외교
에서는 전략적인 접근, 전략적인 사고가 필요하다.

전략은 장기적인 방책(方策)에 속한다. 반면, 전술은 주어진 상황에서
짧은 시간 내에 어떤 목적을 달성하기 위해 사용하는 술수(術數)다. 앞서
설명대로 전략은 '외교정책'과 관련이 있으며, 전술은 '외교술책'과 관
련이 있다.

역사적으로 선견지명 있는 전략을 선택함으로써 어려운 환경을 극복
하고 국가의 독립을 지킨 사례가 많이 있다. 타일랜드와 핀란드의 경우
를 예로 들어보자.

타일랜드는 동남아시아 국가 중에서 식민통치를 받지 않은 유일한 나
라다. 왕조 성립 후 740년 동안이나 독립을 지킬 수 있었던 외교전략은
현실주의, 실용주의였다.[15]

19세기 영국과 프랑스 틈에 끼어 영토 보존이 위협받는 상황에 놓였을
때 이 두 나라의 어느 쪽에도 기울지 않는 전략을 택했다. 프랑스와의 충
돌을 피하면서, 타일랜드를 완충지대로 만들려는 영국의 의도를 활용했

다. 제1차 세계대전 때에는 침략자였던 영국과 프랑스 편에 섰다. 제2차 세계대전 때에는 중립을 선언했다. 일본이 참전하자 일본 편에 섰다. 일본의 기세를 도저히 거스를 수 없다고 판단했기 때문이다.

냉전 시대 동서대결 상황에서는 친 서방 외교노선을 택했으나, 이미 1974년부터 중국, 동유럽 국가들과 관계를 개선했고, 1976년 미국이 베트남에서 철수하자 베트남과 외교관계를 수립했다.

핀란드는 역사적으로 600여 년간 스웨덴의 지배와 100여 년간 러시아의 지배를 받았다. 1917년 볼셰비키 혁명의 와중에 독립했으나 1939년에는 독일-소련 간 비밀협약에 의해 소련에 합병될 위기에 처하기도 했다.

제2차 세계대전 후 핀란드는 냉전이 시작되자 미국과 소련 사이에서 균형을 유지하면서, 생존전략을 모색했다. 전후 유럽의 경제적 부흥을 지원하는 미국의 마샬 플랜도 거절할 정도로 엄격한 등거리 외교를 고수했다. 1975년에는 유럽안보협력회의(CSCE)가 헬싱키에서 개최될 수 있도록 하는 외교역량을 발휘하기도 했다.[16]

소련이 동유럽 국가들을 모두 절대적인 영향권 안에 넣었으면서도 바로 이웃하고 있는 핀란드를 그렇게 하지 못한 것은 이 나라를 섣불리 침략했다가는 큰 골칫거리가 될 수 있다는 판단을 했기 때문이다. 핀란드가 외부로부터의 침략에 대한 저항 의지를 확실하게 보여주었던 것이다. 스탈린은 처칠에게, "핀란드 사람들처럼 자기 나라를 위해 싸울 각오가 되어있는 사람들을 높이 평가하지 않을 수 있겠는가?"라고 실토한 적이 있다고 한다. 뛰어난 외교전략과 국가의 독립을 지키려는 국민들의 의지가 만들어낸 결과라 하겠다.

· 외교는 전략과 더불어 시작된다.
· 외교관에게는 전략적 마인드가 있어야 한다.

3) 외교와 인텔리전스

> · 인텔리전스는 다른 나라의 실체(entities)를 이해하거나 이들에게 영향
> 력을 미치기 위해 비밀리에 행해지는 국가활동이다.
>
> Michael Warner, 2002.

> · 인텔리전스는 국제관계, 세계정치, 외교를 깊이 있게 이해할 수 있는
> 열쇠와 같은 것이다.
>
> Gordon Thomas, Gideon's Spies, 1999.

인텔리전스는 외교, 국방과 함께 한 나라의 주요한 대외정책 수단이기 때문에 외교관들은 이 분야에 대해서도 잘 알아야 한다.

'intelligence'와 'information'은 우리말에서는 모두 '정보'라고 하나, 엄밀한 의미에서는 차이가 있다. 즉, intelligence는 수집된 자료를 분석, 평가하여 생산된 산물(finished intelligence)을 의미하는 반면, information은 수집된 재료 그 자체(raw data, factual information)를 의미한다(Intelligence is basically information, but mere data is not intelligence).

intelligence를 달리 정의하면, 정보기관이 어떤 사실(known facts)이나 기밀(secrets)을 미리 알아내어 정책을 결정하는 사람들이 사용할 수 있도록 제공하는 선견(先見, foreknowledge)이다. 이런 의미의 인텔리전스를 'strategic intelligence'라고 부르는데, 구체적으로는 다음과 같은 사항들이 여기에 속한다.

- 자국(自國)의 이해관계에 직접적인 영향을 미칠 수 있는 국가의 정책결정과정에 관한 정보
- 해당 국가의 정책결정과정에서 영향력을 행사하는 인사에 관한

정보
- 해당 국가의 경제상태를 알 수 있는 통계 자료 중 공개를 꺼리는 자료
- 해당 국가의 군사, 국방력
- 핵, 화학, 생물 무기 등 대량 살상무기 개발 관련 사항
- 마약, 테러 등 범세계적 범죄 관련 사항
- 해당 국가의 자기 나라에 대한 태도, 의도

흔히 인텔리전스라고 하면 비밀(secrets)을 연상하게 되는데, 비밀 사항만이 인텔리전스가 되는 것은 아니다. 공개된 것이라도 인텔리전스가 될 수 있다. 인텔리전스는 정책 결정자가 사용할 수 있도록 수집, 분석, 배포된 인포메이션이기 때문에 공개된 것이냐 아니냐가 기준이 되지 않는다.

제2차 세계대전 중 미국은 미드웨이 전투에서 일본을 패배시켰다. 일본 해군이 사용하던 암호를 해독하는데 성공한 것이 결정적인 요인이었다. 당시 일본은 『시카고 트리뷴』지가 암호해독 사실을 보도했음에도 불구하고 이 보도가 인텔리전스가 되지 않음으로써 결정적인 고려요인이 정책결정에 반영되지 못했다.

왜 비밀 정보수집 활동이 필요한가? 말할 것도 없이 공개적으로는 입수할 수 없는 정보가 있기 때문이다. 어떤 사태에 대한 대응방침을 결정하는 지도자들이 제일 먼저 묻는 것은 "What's going on?"이다. 이에 대한 대답은 공개적으로 수집한 정보만 가지고는 불충분하다. 공개적으로 수집한 정보 가운데는 허위 정보(disinformation)나 부정확한 정보(misinformation)가 있을 수 있기 때문이다.

어떤 정책을 추진함에 있어 그 정책결정의 근거가 되는 사실들이 정

확하면 할수록 그 정책이 성공할 가능성이 커지는 것은 물론이다. 이런 이유로 비밀리에 수집한 정보는 의사결정과정에서 대단히 중요한 역할을 한다.

1967년 6월 5일 이스라엘과 아랍진영 간에 소위 6일 전쟁이 일어났을 때의 일이다. 당시 미국은 유엔주재 대표부를 통해 즉각적인 휴전을 요구하는 안전보장이사회 결의안을 추진하고 있었다. 유엔에서 소련, 인도 등은 미국의 이러한 움직임에 반대하고 나섰다. 그러나, 미국은 1967년 6월 6일 모스크바에서 유엔 대표부에 보낸 비밀전보를 해독, 소련이 미국이 추진하는 결의안을 수락할 것이라는 사실을 미리 알았다고 한다.

다른 나라의 의도를 정확히 이해하거나, 그 나라의 행동을 예측하는 일은 매우 어려운 일이며, 어느 나라거나 정보기관에 의한 정보의 뒷받침이 없이는 효과적인 대외정책을 추진하기 어렵다. 정책을 결정하는 위치에 있는 사람들은 그때그때 결정에 참고할 수 있는 정보를 원하지만 원하는 정보가 아예 존재하지 않거나, 있어도 입수가 불가능한 경우가 많다.

월남전 당시 중앙정보국장을 지냈던 헬름스(Richard Helms)는 자신의 회고록에서 미국은 북(北)베트남, 즉 호치민 정부에 관한 정보를 전혀 입수할 수 없었다고 실토했다. 하노이에서 누가 어떤 결정을 어떤 과정을 통해 내리고 있는지 전혀 알지 못했다고 한다. 이와 같은 정보 부재 상태에서 존슨(Lyndon Johnson) 행정부의 주요 정책 결정자들은 북베트남 지도부나 국민들이 모든 것을 희생하는 일이 있더라도 싸우겠다는 각오로 전쟁에 임하고 있었다는 사실을 알 수가 없었다. 당시 CIA의 한 정보분석가는, "한마디로 말해, 존슨 행정부의 정책 결정자들

은 자신들이 무엇을 모르는지를 몰랐다"고 개탄했다.[17]

각국의 정보기관은 정책 결정자들이 참고할 수 있는 정보를 수집, 제 공한다는 면에서 외교기관과 비슷한 역할을 한다. 정보기관의 임무나 활동 중에서 외교분야와 관련이 있는 사항을 살펴보자.

정보기관이 대외정책의 실질적인 수행과정에 관여하는 것은 바람직 하지 않다. 정보기관이 정책시행과정에 관여하게 되면 그 정보기관이 정보를 공정하고 불편부당(不偏不黨)하게 관리하기가 어려워진다는 것이다. 소위 정보의 선별적 사용 현상이 나타난다는 것이다. 정보 분 석가들이 자기들이 생산한 정보를 사용하는 사람들을 의식해서 정보분 석 작업을 하게 되면 분석의 정확도가 떨어진다는 것이다.

외무부 내에서도 정보분석을 담당하는 부서와 정책입안 및 시행을 담당하는 부서 사이에 이런 현상이 나타날 수 있다. 예를 들어, 미국 국 무부에서 정보분석을 담당하는 정보조사국(Bureau of Intellignece and Research; INR)과 지역국(地域局)을 비교해 보면, 정보조사국이 보다 더 객관적인 정보분석을 할 수 있다는 것이다. 정보조사국은 정책집행 과정에 전혀 관여하지 않기 때문이다.

정보기관이 외교문제에 개입하여 실패한 대표적인 케이스로 이란-콘 트라 사건(Iran-Contra affair)을 들 수 있다. 이는 1985년 당시 케이시 중 앙정보국장과 맥팔레인 및 포엔덱스터 안보보좌관이 슐츠(George Shultz) 국무장관과 상의 없이 추진하다가 세간에 알려져 문제가 된 사 건이다. 그 내용은 미국이 이란에 무기를 제공, 당시 이란에 억류되어 있던 미국인 인질들의 석방을 도모하고, 이 무기거래에서 생기는 차액 을 니카라과 반군(叛軍, contras)을 지원하는 데 쓴다는 것이었다.

당시 레이건 대통령은 이란에 대한 무기판매가 장기적으로는 미국-

이란 관계를 개선하는 데 도움이 될 것으로 믿었다. 이 과정에서 CIA와 국가안보회의(NSC)는 레이건 대통령에게 불충분하고 때로는 사실과 거리가 있는 보고를 함으로써 그의 판단을 흐리게 했다. 슐츠 국무장관은 그의 회고록에서 자신은 이러한 공작(工作)의 부당성과 문제점을 들어 사의(辭意)까지 표명하면서 레이건 대통령에게 이를 중단할 것을 진언했다고 밝히고 있다.[18]

다음으로, 정보기관의 정보업무가 외교기관의 정보업무와 중첩된다는 지적이다. 해외공관에 근무하는 외교관들의 일차적인 임무가 정보수집 활동인데 여기에 정보기관이 유사한 정보를 이중으로 수집할 필요가 있는가 하는 문제다. 그러나, 각 국은 이러한 이중적인 구조를 그대로 유지하고 있다.

이와 관련하여, 외교기관의 정세판단이 정보기관의 그것보다 더 정확하고 유용한 경우가 많다는 주장이 있다. 이것은 외교관들이 공개적으로 만나는 사람들이 보통 신뢰할 만한 위치에 있는 사람들이어서 정보의 신뢰도가 상대적으로 높고, 현지에서 상황을 연속성 있게 관찰하는 과정을 통해서 정보가 수집되기 때문이라는 것이다.

사람들은 대체적으로 정보기관의 정보수집, 판단 능력을 과대 평가하는 경향이 있다. 정보기관이라고 하면 모르는 것이 없는 것처럼 생각하기 쉽다. 특히 미국의 CIA나 이스라엘의 모사드 같은 경우에는 과거에 놀라운 인텔리전스 능력을 과시함으로써 사람들로 하여금 이들이 상상을 초월하는 정보수집 능력이 있는 것으로 착각하게 만들었다.

그러나, 정보기관의 정보수집 능력에도 분명히 한계가 있다. 미국의 경우, 1998년 5월 인도의 핵실험 계획을 알아내지 못했으며, 그 해 8월에는 북한이 장거리 미사일을 시험 발사하는 것을 미리 알아내지 못했다.

뿐만 아니라, 1999년 5월에는 유고슬라비아 주재 중국대사관 건물을 유고연방 조달청 건물로 오폭하는 실수를 저질렀다. 또한 같은 시기에 북한 금창리 지하시설의 핵 관련 의혹이 증폭되고 있을 때 미 국무부의 카트먼 특사는 정보기관의 판단을 근거로, "이 시설이 핵 시설로 나아가고 있다는 분명한 증거(compelling evidence)가 있다"고 말했으나, 그 후 전문가들로 구성된 조사팀의 현장 방문결과 핵 관련 시설이 아닌 것으로 판명되기도 했다.[19]

정보업무의 속성상 성공한 정보활동 사례는 공개되지 않는다. 실패한 사례는 어차피 실패한 것이기 때문에 문제가 되지 않을 수 있으나, 성공한 사례는 세간에 알려지게 되면 정보기관이 개입되었던 사실이 확인되고, 아울러 정보원(sources)과 정보수집 방법(method)이 노출되기 때문이다.

정확한 정보판단이 어려운 원인이 어디에 있는가?

무엇보다도 지도자의 의중(意中)을 읽는 것이 무척 어렵다는 것이다. 가령, 사담 후세인이 갖고 있는 병력의 위치, 무기의 종류, 성능 등에 관해서는 알 수 있어도 그가 이런 군사력을 가지고 언제 어디서 어떤 행동을 할 것인지에 대해서는 예상하기 어렵다는 것이다.

정보판단은 어쩔 수 없이 객관적인 사실에 근거한 합리적인 사유(思惟) 과정을 거쳐 이루어진다. 상대방도 이성적, 합리적으로 행동한다는 가정(假定) 가운데 분석과 판단이 이루어진다. 상대방도 자신의 이익을 극대화하는 방향으로 생각하고 행동한다고 가정하는 것이다. 그러나, 합리적으로 생각하면 있을 수 없는 일이 얼마든지 있다.

인간은 일단 어떤 생각에 빠지면 이와 일치되지 않는 사실들은 간과하거나 무시하는 경향이 있다. 제2차 세계대전 때 일본군이 진주만을 공격하기 전 미국은 일본이 감히 미국 영토를 공격해 올 것이라고는 상상하지 못했다. 그래서 일본군이 공격해 올 수도 있다는 징후들이 여기 저기에서 나타났음에도 불구하고 번번이 간과되거나 무시되었다.

정보판단이 정책을 결정하는 사람들이 원하는 방향에 맞추어 이루어지는 경우도 있다. 이것은 대단히 위험하고, 경계해야 할 일이다. 정보 분석가들이 이런 경향에 빠지면, 잘못된 결론이 도출되어 여기에 기초하여 어떤 결정이나 판단이 내려질 경우 큰 화를 초래할 수 있다.

한 나라가 다른 나라 정부의 결정이나 상황이 자기 나라가 원하는 방향으로 전개되도록 비밀리에 영향을 미치는 활동을 하는 경우가 있다. 이를 '비밀활동'(covert action) 또는 '비밀공작'(clandestine operation)이라고 하는데, 국가의 외교나 군사활동은 공개적으로 이루어지는데 반해, 이는 비공개적으로 이루어진다.

비밀활동은 극비리에 이루어지기 때문에 나중에 발견되더라도 이를 부인할 수 있다. 상대방 정부에 대해서뿐만 아니라, 여론에 대해서도 마찬가지이다. 따라서, 나중에 부인을 할 수 없는 활동은 비밀활동이라고 할 수 없다.

그러면 왜 이런 비밀활동이 필요한가? 무엇보다도 추후 책임을 지지 않으면서 목적을 달성하기 위해서다. 달리 말하자면, 설사 알려지더라도 이로 인해 상황이 악화되는 것을 피하고, 또한 상대방으로부터 상응하는 대응조치가 취해지지 않도록 하기 위해서다.

정보기관을 통해 추진되는 이러한 비밀활동은 발견될 가능성이 있고 따라서 위험성이 높다. 그리고, 비밀활동은 항상 비용이 많이 들며, 용의주도하게 모든 가능성에 대비해서 계획되어야 하기 때문에 매우 복잡하게 이루어진다. 또한, 민주주의 체제에서는 어떤 경우에도 책임문제가 따른다. 정보기관의 활동을 책임지는 위치에 있는 행정수반이 국회에 대해 어떻게 어느 정도로 책임을 지느냐 하는 문제가 있다.

· 인텔리전스의 역할은 정책 결정자들이 최상의 정보를 갖고 판단할 수 있도록 돕는 데 있다.
· 좋은 외교정책은 좋은 정보가 없이는 만들어질 수 없다.
· 여건이나 상황이 좋지 않아도 좋은 정보가 있으면 피네스 (finesse)가 가능하다.
· 정보분석은 그 분석 결과에 이해관계가 있는 사람들로부터 분리되어 행해져야 한다.

4) 국내정치

· 외교 일선에서 외교정책을 시행하는 외교관들은 국가이익, 국가전략, 전쟁, 평화에 관한 제 결정들이 본질적으로 대외적인 고려보다는 국내적인 고려에 의해서 이루어진다는 사실을 잊지 말아야 한다.
　　　　Robert Miller, Asia Society Washington Center 연설, 2003.1.16.

· 미국이 국내적으로 강하지 않으면 외교에 있어서도 강할 수 없다.
　　　　　　　　　　　　　　　　　John F. Kennedy, 1960.

외교는 국내정치와 불가분의 관계다. 한 나라의 대외적인 행동을 분석하는 데 있어서는 그 나라의 국내정치에 대한 이해가 앞서야 한다.

클린턴 대통령 시절 영국과의 관계에서 있었던 일을 예로 들어보자.

클린턴은 주 영국대사를 역임한 바 있는 조셉 케네디(Joseph P. Kennedy)의 딸인 스미스 케네디(Jean Kennedy Smith)를 주 아일랜드 대사로 임명했다. 매사추세츠 주 출신 민주당 상원의원인 에드워드 케네디가 그의 오빠였다. 기실 그는 외교적인 경험이나 식견이 전무했음도 이러한 배경 때문에 대사로 임명되었던 것이다.

스미스 대사는 부임하자 예상대로 주재국인 아일랜드의 입장을 무조건 옹호했다. 영국의 입장은 상관할 바가 아니었다. 그는 1994년 Sinn Fein(아일랜드의 완전 독립을 주장하여 1905년 결성된 정치조직) 지도자인 아담스(Gerry Adams)의 미국 입국을 추진했다. 아담스는 그의 테러 지원 입장 때문에 8번이나 미국 입국이 거부된 사람이었다. 영국 정부로서는 아담스의 미국 입국 허용을 받아들일 수 없는 일이었다. 주영 미국대사는 이러한 영국 측 입장을 존중해 줄 것을 본부에 강력히 건의했다.

테러 문제에 있어 양보가 있을 수 없다는 원칙을 견지해 온 미국이 아담스의 입국을 허용한다는 것은 대단히 이례적인 일이었다. 그럼에도 불구하고 클린턴 대통령은 그의 입국을 허용했다. 당시 클린턴은 국내정치적으로 케네디 의원의 지원이 필요했고, 힘겨운 재선 운동을 벌이고 있던 케네디로서도 아담스의 입국은 득표에 큰 도움이 되는 상황이었다.

클린턴은 정치적인 고려 때문에 둘도 없는 우방인 영국의 입장을 배려해 주지 못했다. 아담스는 미국 방문으로 자신의 위상이 높아졌고, 이로 인해 메이저(John Major) 총리는 국내적으로 어려운 상황에 놓이게 되었다. 이 일이 있고 난 후 영국은 백악관에 제공하던 IRA(Irish Republican Army)와 관련된 예민한 정보를 더 이상 제공하지 않았다. 제공된 정보가 미국을 거쳐 IRA 손에 들어갈 것을 우려했기 때문이다.[20]

· 국내정치는 건전한 외교정책을 수행하는 데 있어 고질적인 적(敵)이다.
· 국내정책이 잘못되면 아무리 최상급의 외교라도 그런 국내정책

을 증진시킬 수 없다.

· 오늘날만큼 외교정책과 국내정책이 서로 분리될 수 없게 연계된 때는 없었다. (Quentin Peel, Financial Times, 2003.12.4.)

5) 국가이익

· 어떤 나라가 우리나라의 영구적인 우방(eternal ally)이라고 규정한다거나 혹은 영속적인 적(perpetual enemy)이라고 못 박는다면 이것은 속 좁은 정책이다. 우리에게는 영구적인 우방도 영속적인 적도 없다. 우리의 이익만이 영구적이고 영속적이며, 이러한 이익에 따르는 것이 우리의 의무이다.

Lord Palmerston(영국 외무장관), 1848.

· 영국의 외교정책은 영국의 이익을 보호하고 신장시키기 위해 존재한다. 오늘날 세상에서 수많은 변화가 일어나고 있음에도 불구하고 이 기초적인 진리는 조금도 변하지 않았다.

Douglas Hurd(영국 외무장관), 1993.

· 국익은 국가 간 게임에서 국력$(p)=(c+e+m)\times(s+w)$의 극대화다. c는 영토와 인구 등 국가규모, e는 경제력, m은 군사력이다. 이 셋의 합이 유형(有形)의 국력이다. s는 국가전략, w는 이를 따르는 국민의 의지다.

변상근, 국익이냐 국가적 체리냐, 중앙일보, 2003.10.27.

각 국의 외교정책, 외교행위를 분석하고 이해하는 데 있어 국가이익이라는 개념은 여타의 어떤 개념보다도 유용하다. 각국 지도자들은 국가이익을 앞세우고, 국가이익이라는 이름으로 자신들의 결정을 합리화하기 때문이다.

국가이익의 내용은 일반적으로 국가안보, 경제적 번영, 가치 증진, 국위선양이라고 할 수 있다.

국제사회는 국가이익이라는 에고이즘이 항상 충돌하는 세계다. 국가도 유기체(有機體)와 마찬가지로 생존을 위한 경쟁을 계속한다. 이러한 환경 가운데 외교가 행해지고 있고, 따라서 외교관은 언제 어디서든지 국익이라는 잣대로 판단하고 행동하게 된다.

외교관의 임무는 국가이익을 보호하고 증진시키는 것이다. 국가이익에 기여할 수 있도록 생각하고 판단을 해야 한다.

그러나, 국가이익의 구체적인 내용이 무엇인가에 대한 분명한 인식을 갖는 것은 쉬운 일이 아니다. 어떤 특정 시점과 상황에서 국가이익이 구체적으로 무엇이냐 하는 판단은 외교정책의 최종 결정권자인 국가원수나 정부수반이 하게 된다.

국정을 운영하는 지도자는 국가이익을 꿰뚫어 보고 이를 추구함에 있어 전략과 비전이 있어야 한다.

역사적으로 강대국이 자국의 이익을 추구하기 위해 약소국의 이익을 희생시킨 경우가 허다하다. 동티모르의 사례를 들어보자.

1975년 12월 7일 인도네시아는 450여 년 동안의 포르투갈 식민지로부터 벗어나 독립을 추진하던 동티모르를 침공했다. 인도네시아로서는 동티모르가 지리적으로 국경을 맞대고 있다는 사실 이외에는 무력공격을 감행할 명분이 없었다.

유엔 안전보장이사회는 즉각 인도네시아의 침략을 비난하고, 동티모르에 진주한 군대를 철수할 것을 요구하는 결의안을 채택했다.

그러나, 미국의 태도는 달랐다. 포드 대통령과 키신저 국무장관은 수하르토가 침공을 개시하기 하루 전 자카르타를 방문했다. 이때 미국이 인도네시아의 동티모르 침공을 묵시적으로 양해한 것으로 알려졌다.[21]

인도네시아군의 침공으로 동티모르는 두 달 만에 총 인구의 10%인 6만 명이 목숨을 잃게 된다. 그 후 인도네시아 지배 기간 동안 인구의 3분의 1이 넘는 20여 만 명이 목숨을 잃은 것으로 추측되었다.

키신저는 1975년 12월 18일 국무부 간부들에게 다음과 같이 말하면서 '국가이익'이라는 이름으로 포드행정부가 취한 입장을 합리화했다.[22]

"여러분들은 국익을 추구할 의무가 있다. 나는 미국이 인도네시아에 무기를 팔든 안 팔든 상관하지 않는다. 내가 그런 거래에서 얻는 것은 아무 것도 없다. 리베이트를 받는 것도 아니다. 그러나, 여러분들은 미국을 위해서 어떻게 봉사할지 골똘히 생각해야 하는 사람들이다. 국무부나 미국 외교관들은 스스로를 위해 있는 것이 아니다. 여러분들 스스로가 아니라 미국을 위해 일하는 사람들이다."

이와 같은 발언은 미국의 국익 관점에서는 인도네시아의 동티모르 침공이 별 문제가 되지 않는다고 생각했음을 나타내 준다. 다만, 인도네시아가 미국이 지원한 무기를 사용함으로써 미국 국내법을 위반한 사실이 의회에 알려지면 자신의 입장이 곤란해지는 것을 우려했던 것이다.

그러면, 당시 미국의 국익은 무엇이었나? 미국은 8개월 전에 패망한 베트남에 이어 거대한 인구와 풍부한 자원을 갖고 있는 인도네시아가 공산화되는 것을 우려했다. 만약 인도네시아가 공산화되면 도미노이론에 의해 이 지역 전체가 공산화될 것으로 믿었던 것이다. 한 외교관은, "미국에 관한 한 인도네시아는 문제가 되나 동티모르는 문제가 되지 않는다"라고 말했다.

흥미 있는 사실은 당시 오스트레일리아도 미국과 같은 태도를 취했다는 것이다. 울콧(Richard Woolcott) 주 인도네시아대사는 1975년 8월, "동티모르 침공이 임박한 것 같다. 우리는 이를 용인하지 않으면 안된다. 티모르 갭(Timor Gap) 유전 협상을 포르투갈이나 동티모르와 하는 것보다 인도네시아와 하는 것이 더 유리하다"라는 내용의 전문을 본부에 보냈다. 그는 이 전문에서, "본인의 건의가 어떤 원칙보다는 실제적인 필요성에 근거를 두고 있음을 잘 안다. 그러나, 이것이 국익이고 이것이 외교가 아니겠는가"라고 말함으로써 자신의 판단 근거를 역시 국가이익에서 찾았다.[23]

동티모르 사례를 든 김에 필자의 경험 한 가지를 소개한다. 한국은 1999년 말 동티모르에 평화유지군의 일원으로 상록수부대를 파견했고, 비록 소규모였지만 무상원조를 통해 목불인견(目不忍見)의 고초를 겪고 있는 현지 주민들을 돕고 있었다.[24]

필자는 2001월 6월 25일 동티모르에 입국, 한국 대표부를 개설하고 이 나라와의 관계에서 어떤 일을 하면 좋을지 고심했다. 신생 독립국이 될 이 나라의 후세들이 선조의 독립을 위한 희생을 기억할 수 있는 기념관을 한국 정부가 건립해 주면 좋지 않을까 하는 생각이 들었다. 같은 정부예산을 써서 하는 사업이라 하더라도 컴퓨터나 자동차 등의 물자지원 사업은 지원된 물자가 못쓰게 되면 그만이지만 이런 건물은 오래 남아 있을 수 있어 두고두고 효과를 거둘 수 있을 것으로 생각되었다.

필자는 임시 정부의 외무 차관을 만나 이런 아이디어를 설명해 주었다. 그는 즉시 총리 및 관계 장관들과 협의, 한국 정부에 공식으로 이 사업을 추진해 줄 것을 요청했다. 이렇게 해서 이 나라 수도 딜리에는 2003년 5월 30일 훌륭한 건축미와 시설을 자랑하는 건물이 세워졌다. 포르투갈 사람들이 최초로 상륙한 역사적인 지점에 이러한 건물이 건립되어 기증된 것이다. 이 건물은 오랜 세월 한국과 동티모르의 우호를 상징하는 건축물로 남아있어, 이곳을 찾는 동티모르 국민이나 외국인들은 한국이 이 건물을 기증했음을 알게 될 것이다.[25] 필자 나름대로의 국익 계산에서 한 일이었다.

> · 외교라는 게임에서 다른 나라의 반응을 예측할 수 있는 방법의 하나는 그 나라의 이해관계가 어디에 있는지 알아내는 것이다.
> · 국가이익은 외교정책을 시행하는 데 있어 안내표지판과 같은 역할을 한다.
> · 외교는 국익의 번견(番犬: 도둑을 지키거나 망을 보는 개)이다. (공로명 전 외무장관, 월간조선, 2002.6.)
> · 국가이익은 단기가 아닌 장기적인 관점에서 보아야 한다.
> · 어떤 특정시점에서 국가이익이 어디에 있는지를 분명히 알아내는 일은 쉬운 일이 아니다. (Hugh Cortazzi 전 주 일본영국대사, Japan Times, 2002.8.3.)

6) 국력 - 힘

> · 국력은 한 국가가 갖고 있는 능력의 총 집합이다. 이것은 국가의 이익을 지키고 목표를 달성하며 정책과 전략을 추구하는 데 사용하는 능력이다. 이 능력은 설득하거나 강요하는 형태, 평화적이거나 폭력적인 형태, 실제적이거나 잠재적인 형태 등 어느 형태로든 나타날 수 있다.
> Elmer Plischke, 1988

> · 본인과 같은 평범한 사람이 배운 유일한 교훈은 어떤 나라도 힘이 없으면 의미 있는 외교정책을 가질 수 없다는 것이다. 약자에게 정책이란 없다. 약자는 고려 대상이 되지 않으며 쉽사리 무시의 대상이 된다.
> Mahindar Singh(인도 외교관), Undiplomatic Memoirs, 1991.

국제정치학자들은 한 나라의 국력을 구성하는 요소로서 경제 · 산업 능력, 과학 · 기술 능력, 정보기술 수준, 군사 · 국방 능력, 보유 자원, 재정 · 금융 상태, 국제사회에서 차지하는 정치 · 외교적인 위치 및 능력, 문화 수준, 민주주의 전통 등을 들고 있다.

외교에서 힘, 국력이 어떤 역할을 하는가는 이해하기 어렵지 않다. 힘의 뒷받침이 없는 외교에는 한계가 있지만, 외교에 의해 국력의 부족한 부분이 보충될 수도 있다. 그러나 외교의 세계에서는 항상 힘이 강한 나라가 약한 나라에 대해 자신의 입장을 강요하게 마련이다. 고대 아테네 외교관은, "세상이란 강자는 그들이 할 수 있는 일을 하고, 약자는 그들이 하지 않으면 안되는 일을 받아들이는 곳이다"라고 말했다.

모르겐소 같은 학자는 외교역량이 국력을 구성하는 매우 중요한 요소라고 하면서, 다른 요소들이 외교역량에 의해 대외적으로 통합되어 최대의 힘이 발휘되도록 하지 않으면 이런 요소들은 아무런 쓸모가 없다고 주장했다. 뛰어난 정치, 외교적인 수완으로 모자라는 국력을 보충하여 국가의 안보를 튼튼하게 하고 대외적인 위상을 높였던 예가 많다.

외교는 정치현상이기 때문에 외교와 힘은 서로 떼어놓을 수 없는 관계다. 슐츠 전 국무장관은, "힘과 외교는 수레의 두 바퀴와 같은 역할을 한다"라고 하면서 외교를 수행하는 과정에서 힘이 차지하는 중요성을 특히 강조했다.

- 힘은 설명이 필요 없다(Power speaks for itself). 힘이 궁극적으로 국가 간의 관계를 결정한다.
- 국제사회에서 국가는 그 국가가 과시할 수 있는 능력과 힘에 따라 대우를 받는다.
- 힘에 의해 뒷받침 되지 않은 외교는 악기가 없는 음악과 마찬가지다. (프레드릭 대제, 1744~1797))
- 외교정책은 힘의 문제를 다루며, 국제관계는 원천적으로 힘의 방정식에 관한 문제다.
- 우리가 이 시대에 배운 교훈의 하나는 중요한 이해관계가 걸려 있을 때에는 힘과 외교를 병행해야 한다는 것이다. (Warren Christopher 전 국무장관, 1996.)

- 무력사용 가능성을 분명하게 시사하지 않거나, 실제로 무력을 사용하지 않으면서 수행하는 외교는 속 빈 강정과 같은 것이며, 궁극적으로는 위험하기까지 하다. (Warren Christopher)
- 협상테이블에서 힘의 그림자를 드리우지 않으면 협상은 항복의 다른 이름에 불과하다. (George Shultz)
- 외교가 가능성을 던져줄 수 있기 위해서는 군사적인 대응 가능성을 완전히 배제시켜서는 안된다. (Dennis Ross, Don't Rule Out Force, Washington Post, 2002.1.10.)
- 힘이 동원되지 않는 외교는 탄알이 장전되지 않은 무기와 같다. 그런 외교는 무기력하고 터무니없는 것이다. (Warren Zimmermann 전 유고 주재 미국대사, Origins of a Catastrophe, 1996.)

7) 국민여론, 국민감정

- 민주주의에서는 여론이 외교정책을 형성한다(shape).
  Thomas A. Baily, The Art of Diplomacy, 1968.

- 외교정책은 인기투표와 같이 수행되어서는 안 된다.
  Ronald Spiers, IHT, 2002.12.13.

여론은 민주주의 국가에서 정부의 외교정책 결정에 큰 영향을 미친다. 정책 결정과정에 영향을 미칠 뿐만 아니라, 결정된 정책을 시행하는 과정에서도 영향을 미친다. 외교정책은 여론이 뒷받침 되지 않으면 소기의 성과를 거두기 어렵다.

그렇다고 정부가 여론, 특히 국민감정(sentiment, mood, emotion)만을 고려하여 외교문제를 다룰 수도 없다. 외교문제에 있어 국민들은 정부가 갖고 있는 만큼의 정보를 갖고 있지 않기 때문에 여론의 판단이 항상 정확하다고 할 수 없다. 그래서 민주주의 국가에서는 가능한 많은 사실을 국민에게 알려 현명한 여론이 형성될 수 있도록 해야 하며, 여기에 언론의 역할이 중요시된다. 미국과 같은 서방 선진국에서 외무부가 공보활동(public affairs)에 큰 비중을 두는 것도 이 때문이다.

국민들이 갖고 있는 감정이나 정서(情緒)가 즉각적으로 외교에 반영되는 것은 바람직하지 않다. 정부는 일시적으로 국민감정에 영합함으로써 오히려 국익에 해가 되는 결과를 초래하지 않도록 해야 한다. 국가의 외교정책을 결정하는 지도자들은 국민들이 어떤 외교 이슈에 대해 감정적인 반응을 보일 때 감정을 누르고 냉철한 이성(理性)으로 문제를 인식할 수 있도록 하면서 여론을 선도해야 한다.

· 외교에서는 감정과 기분을 멀리해야 한다.
· 기분(sentiment)은 변한다. 그러나, 이기(利己)는 변하지 않는다.
· 여론은 변덕스러운 것이다.

8) 정책 결정자의 가치관

· 나는 자유(freedom)는 소멸될 수 없는 하나의 권리, 책임, 운명, 힘이라고 믿는다. 그래서 자유는 내가 일을 하는 과정에서 신념 이상의 것이다. 자유가 곧 외교정책이다.
　　　　　　　　　　　Richard Boucher(미 국무부 대변인), 2002.11.28.

· 미국은 왜 그렇게 자유 민주주의를 강조해 왔는가? 가장 기본에 있어 미국은 민주주의를 원칙의 문제로서 지지해 왔다. 민주주의는 우리가 하나의 국가로서 그리고 하나의 국민으로서 존재하는 이유를 상징해 주는 핵심(at the very heart)에 있다.
　　　　　　　　　　　Richard Haass(미 국무부 정책실장), 2002.12.4.

한 나라의 외교정책이 결정되는 과정에서 국익 못지 않게 영향을 미치는 요소는 정책 결정자가 갖고 있는 가치관(values), 신념(beliefs, convictions)이다. 가치관이나 신념은 정책을 결정하는 사람들이 국익이 무엇인지를 인식하고 판단하는 단계에서부터 영향을 준다. 상대국가의 의도나 행동을 이해하기 위해서는 그들이 추구하고 있는 이익뿐만 아니라 그 나라 지도자들이 갖고 있는 신념이나 가치관도 이해해야 한다.

국가의 외교정책을 결정하는 지도자들은 어떤 주어진 국내외 상황에서 우선 상황을 인식하고, 이를 해석하며, 이를 토대로 방침과 태도를 결정하게 된다. 이렇게 상황을 인식하고 해석하는 데 있어 결정적으로 중요한 영향을 미치는 요소가 바로 그들이 갖고 있는 태도(outlook), 신념, 가치관, 세계관(world-views), 경험 등이다.

카터 행정부 하면 연상되는 것이 인권외교다. 미국 남부지역 출신으로 침례교인이었던 카터는 인권을 외교정책의 최우선 순위에 올려 놓았다. 그는 취임 직후 소련의 반체제 인사인 사하로프로부터 편지를 받았다. 소련의 반체제 인사 문제에 관해 관심을 갖고 도와달라는 내용이었다. 카터 행정부의 고위관리들은 갑론을박(甲論乙駁)을 벌였다. 사하로프 요청을 들어줄 경우 소련 지도층을 자극, 미·소 관계가 악화되어 냉전이 심화될 가능성이 우려되었다. 그러나, 카터는 소련의 인권문제에 대해 공개적으로 비난하기로 결정했다.

어느 나라에서든 집권자는 자기의 가치체계를 확대하고자 하기 때문에 다른 나라의 행동을 분석하는 데 그 나라 지도자가 갖고 있는 가치관, 종교적 신념 등은 유용한 분석자료가 된다.

> · 미국의 외교정책은 미국의 가치관을 반영해야 한다. (Alexander Haig, Jr. 전 국무장관, Caveat, 1984.)

종교적 신념

종교문제가 국가 간의 관계에도 영향을 주기 때문에 외교관은 종교에
관한 지식을 갖고 있어야 한다. 예를 들어 종교에 관한 지식 없이 이스라
엘-팔레스타인 갈등 문제를 이해할 수 없다.

앞에 언급한 카터 대통령의 인권외교의 기저에도 그의 종교적 신념이
자리 잡고 있었음은 두말할 나위 없다. 1979년 6월 그가 한국을 방문했을
때는 박정희 대통령에게 기독교를 믿었으면 좋겠다는 말을 했다고 한
다.[26]

조지 W. 부시 대통령의 경우도 좋은 예가 된다. 그가 김정일 국방위원
장에 대해 가진 감정도 그의 종교적 신념에서 연유했으며, 이에 따라 대
북한 정책이 영향을 받았다.

9) 외교 수행자들 간의 인간관계

외교도 결국 사람이 하는 일이다. 유엔 사무총장을 지낸 부트로스 갈리(Boutros-Boutros Ghali)는, "나의 경험으로 볼 때 사적인 관계가 외교에서 결정적이었다"고 말했다.[27]

24년 동안이나 주미대사를 역임한 도브리닌(Anatoly Dobrynin)도, "인간성, 즉 인간관계가 얼마나 심대하게 외교에 영향을 미쳤는지 모른다"고 술회한 바 있다.[28] 외교관의 사적(私的)인 관계가 공적(公的)인 관계에 영향을 미친다는 말이다.

이와 관련하여 한승수 외교통상부 장관이 2001년 6월 30일 한 월간지와 가진 인터뷰에서 한 말도 의미가 있다. IMF 외환위기 직전인 1997년 3월까지 부총리 겸 재정경제부 장관을 지낸 바 있는 그는, "IMF 사태에 책임이 없느냐"는 질문에, "당시 정부에서 경제정책에 관여했던 사람은 누구 하나 책임이 없다고 할 수 없다"고 하면서 다음과 같이 말했다.

> "대외관계가 조금 더 스무스하고, 대미, 대일관계를 원만히 했더라면 그런 위기가 왔을까 그런 회의가 느껴질 때가 있어요. 만일 미국, 일본과의 파이프 라인이 제대로 가동됐다면? 그렇기에 국가 간의 신뢰와 중요한 직책에 있는 사람과의 관계가 중요합니다. 그런 관계가 있었으면 위기도 넘길 수 있었지 않았을까요."[29]

사적(私的)인 인간관계가 특정한 외교 이슈를 다루는 데 있어 미치는 영향은 그 사안과 당시의 상황에 따라 다를 것이다. 사적인 관계를 결부시키는 것이 문제해결에 반드시 도움이 된다고 할 수 없으며, 다만, 솔직한 의사소통이 가능함으로써 그렇지 않은 경우보다 신뢰를 바탕으로 문제를 풀어나가는 데 더 도움이 되는 차이는 있을 것이다. 사적인 관계에 너무 의존해서도 안된다는 말이다.

소위 인맥(人脈)외교, 파이프 외교란 개인적으로 각별한 관계에 있는 인사를 통해 외교문제를 풀어나가는 방식을 말하는데, 대개의 경우 외교관 또는 정부관리들 간의 공식적인 교섭으로는 더 이상 효과를 기대하기 어려울 때 사용된다.

인맥외교의 가장 큰 단점은 투명성이 부족하다는 점이다. 막후 대화, 비밀 채널을 통한 대화이기 때문이다. 그렇다고 해서 이런 방식의 해결 노력을 배제할 필요도 없다. 왜냐하면, 때로는 이런 방식이 어려운 사태를 풀어 위기를 넘기는 데 도움이 될 수 있기 때문이다. 어느 나라든 마찬가지겠으나 유사(有事)시 활용할 수 있는 대화 채널을 확보해 놓는 것은 어느 면에서 보아도 필요하고 유용하다.

주요 정책을 결정하거나, 정책 결정에 영향을 미칠 수 있는 사람들과의 대화 채널은 하루아침에 만들어질 수 없다. 오랜 시간을 두고 꾸준히 구축해 놓아야 한다. 인맥관리는 현직에 있지 않은 상태에서도 계속되어야 한다. 사람에 대한 투자이기 때문에 불확실성을 감수할 수밖에 없다.

한국 사람들은 외국인과 관계할 때 지금 당장만 생각하는 경향이 있다. 또한, 한국보다 못사는 나라 사람들은 무시하거나 푸대접하기도 한다. 이러한 태도가 외교에 도움이 되지 않음은 물론이다.

1966년 9월 닉슨이 1박2일의 짧은 일정으로 한국을 방문했을 때의 일이다. 그는 1960년 대통령 선거에서 케네디에게 패했고, 고향인 캘리포니아에서의 주지사 선거에서도 패해 정치적인 장래가 불투명한 사람으로 여겨졌다. 박정희 대통령은 그를 청와대에서 잠깐 만나주는 정도로 대했다.

당시 주한 미국대사였던 브라운 대사는 박 대통령이 닉슨을 위해 만찬을 주최해 주었으면 좋겠다는 의사를 전달했었다. 브라운 대사는 이러한 요청이 받아들여지지 않자 자신이 주최하는 만찬을 계획하고 여기에 한국의 일부 각료를 초청했다. 그런데, 박 대통령은 같은 시간에 장관들을 불러 청와대에서 만찬을 했다. 이 때문에 브라운 대사의 초청을 받은 장관들은 닉슨을 위한 만찬에 참석할 수 없었다. 닉슨은 한마디로 푸대접을 받고 박 대통령에 대해 좋지 않은 인상을 갖고 돌아갔다. 그런데 공교롭게도 닉슨은 험프리 후보를 누르고 제37대 대통령에 당선되었다.

1968년 8월 박 대통령의 미국 방문이 추진되었다. 닉슨은 박 대통령이 2년 전 자신을 푸대접한 사실을 잊지 않았다. 그는 박 대통령을 워싱턴이 아닌 샌프란시스코에 있는 한 호텔에서 겨우 만나 주었다. 결과적으로 닉슨 집권 6년 내내 한·미 관계에 어려움이 많았다.[30]

또 다른 예를 들어보자. 1990년 9월 최호중 외무장관과 셰바르드나제 소련 외무장관은 유엔 총회 참석 기회에 양국 간 수교 문제에 대한 최종합의를 시도했다. 소련 측은 1991년 1월 1일부로 수교 일자를 정하자고 했으나 최 장관이 그때까지 기다릴 것 없이 즉시 수교 합의를 발효시키자고 제의해 셰바르드나제 장관이 이를 수락, 1990년 9월 30일을 수교 일자로 잡았다.

최 장관은 2000년 9월 그루지아 대통령으로 재임하고 있던 셰바르드나제를 만났다. 그는 이때 다음과 같이 말했다.

"한국과 수교 교섭에 앞서 소련이 한국과 수교하기로 한 사정을 설명하기 위해 1990년 9월 2일 평양을 방문했다. 북한 측은 김일성 주석과의 면담을 거절했을 뿐만 아니라, 협박에 가까운 비난을 했고 이렇다 할 대접도 없었다. 1990년 9월 뉴욕에서 최 장관과 회담했을

때 최 장관의 제의를 받아들인 데에는 이러한 배경도 있었다.[31]

외교에서 인맥은 그 자체가 중요한 것은 아니다. 가까운 사이라고 해서 국가 간 이해관계가 걸려 있을 때 자기 나라의 이익을 양보할 사람은 없기 때문이다. 그러나, 분명한 것은 좋은 인간관계는 외교에 도움이 될 수 있다는 것이다. 경우에 따라서는 결정적인 도움이 될 수도 있다. 사람을 잘 관리하는 일, 그것은 효과적인 외교를 수행하는 데 꼭 필요한 일이다.

· 다른 어떤 활동에서와 마찬가지로 외교에서도 사람이 가장 중요하다.
· 인품은 어떤 다른 공직에서보다 외교관 직업에서 훨씬 더 중요하다. (Lord Cranborne)
· 외교관은 사람을 다룬다. 사람을 다루는 일에서는 인품이 결정적일 수 있다.

5. 국가 간의 관계

●네덜란드 국제법학자 그로티우스에 의해 제창된 모든 국가는 평등하
며 주권을 지키기 위한 전쟁은 정당화된다는 국제법은 너무나 유토피
아적인 것이었다. 전쟁과 평화의 경계가 모호하고, 국제적인 합의도
힘과 이익이 이를 지킬 가치가 있을 때에만 이행되는 현실에는 맞지
않는다.

Robert Kaplan, Warrior Politics, 2002.

1) 독립, 주권

외교는 독립, 주권 국가 간의 대화다. 주권 국가는 자국 영토 내에서
권위 있는 정치체제를 유지하고, 다른 나라와의 인적·물적 이동을 통
제하며, 다른 나라의 간섭 없이 정책을 결정할 수 있어야 한다.

주권 개념에 의한 국제질서가 확립된 것은 1648년 웨스트팔리아 평
화체제에 의해서다. 이로부터 국내문제 불간섭 원칙, 국제적인 조약 체
결, 국제기구 설립, 국제법 원칙 형성이 이루어졌다.

역사적으로 엄청난 희생을 감수하면서 국가의 독립·주권을 지킨 사
례는 무수히 많다. 베트남의 예를 들어보자.

필자는 파리평화협상(1972~73) 당시 북베트남 대표단의 일원으로
협상의 모든 과정에 참여했던 루 반 로이(Luu Van Loi, 1970~78년 외무
장관보좌관)를 면담할 기회가 있었다.

그는 미국은 당시 무력공격에서 실패했을 뿐만 아니라, 협상에서도

패배했다고 주장하면서, 약소국 베트남이 강대국인 미국에 대항하여 결국 독립을 쟁취할 수 있었던 배경을 다음과 같이 설명했다.

　　당시 베트남 지도부는 언제 싸움을 시작하고 언제 그만두어야 하는지를 알면서 시기를 조절할 수 있는 능력이 있었다. 우리는 우리의 능력과 미국의 능력을 정확하게 비교, 가늠할 수 있었다. 또한 우리는 국가와 국민의 힘을 결집시키는 능력과 더불어 국제적인 동정을 얻을 수 있는 능력이 있었다. 압도적인 힘의 우위에 있는 중국의 끊임없는 침략을 받아가며 살아온 우리는 강대국을 다루는 전략과 지혜를 경험적으로 터득했다.

　　베트남은 오랜 역사나 전통을 통해 독립과 자유가 없는 평화는 진정한 평화라고 생각하지 않았다. 그리고 이러한 독립과 자유는 어느 누구한테도 의존할 수 없으며, 스스로 지키지 않으면 안된다고 생각했다. 이러한 정신이 전쟁이나 외교에서 공히 적용되었다. 우리는 진정으로 평화를 사랑하고 민족의 독립을 원했기 때문에 싸우는 것을 두려워하지 않았다. 언제든지 피를 흘릴 태세가 되어 있었다.

　　우리로서는 전투와 외교는 별개가 아니었다. 강한 나라가 무력으로 굴복을 강요하는데 모든 것을 동원해 이에 대항하지 않았으면 어떻게 독립을 지킬 수 있었겠는가. 우리는 전투를 하면서 협상을 했다. 전투와 협상은 실과 바늘과 같은 관계다. 1972년 3월 말 춘계대공세에서 상당한 성공을 거두어 미국과의 협상에서 유리한 위치를 차지할 수 있었다. 전쟁터에서는 지압(Vo Nguyen Giap) 장군이, 협상 테이블에서는 레 득 토(Le Duc To)가 미국을 요리했다.

　　이와 더불어 베트남 지도부는 항상 국제정세를 정확하게 파악하고 있었다. 베트남 사태에 직·간접적으로 관련되어 있는 모든 플레이어들, 특히 소련, 중국, 프랑스 등의 생각과 움직임을 주의 깊게 관찰했다. 미·중 관계, 미·소 관계가 어떻게 변화해 나갈 것인지, 그리고 미국의 국내정치 상황이 어떻게 변화하고 있는지도 잘 파악하고 있었다.

근자 들어 국가주권 개념이 조금씩 퇴색하고 있다. 국경을 마음대로 넘나드는 정보의 흐름을 차단할 수 없게 된 것이 하나의 배경이다. 이제는 '국경'이 아니라 'time zone'이 더 중요해졌다고 할 만큼 국경의 개념이 달라지고 있다. 뿐만 아니라, 종래 '국내문제'로 불간섭의 대상이었던 사안들이 이제는 간섭의 대상이 되었으며, 교통과 통신의 발달, 인권 및 안보문제의 공동해결 노력을 추구함에 따라 종래 주권에 속하던 사항들을 어느 정도 양보하지 않으면 안되게 되었다.

이러한 추세에 결정적인 영향을 미친 것은 9·11테러였다. 이 사건은 기존의 국제정치 패러다임을 근본적으로 변화시켰다. 부시 행정부는 9·11테러 1년이 지난 2002년 9월 20일 '국가안보전략'을 발표했다. 이 전략은 칼럼니스트 파프(William Pfaff)의 지적대로 웨스트팔리아 체제에 의해 이루어진 국제질서의 근간을 흔들어 놓았다.

즉, 웨스트팔리아 체제는 국가의 주권과 상호평등을 국제질서의 근간으로 하고 있는데 반해, 이 국가안보전략은 미국의 안보를 달성하기 위해서는 더 이상 주권을 존중하지 않을 것임을 분명히 했다. 주권존중 원칙이 절대적이 아님을 천명한 것이다. 이 국가안보전략은 또한 어떤 나라가 장래 미국의 안보에 위협이 되거나 위협이 될 가능성이 있는 집단을 은닉시키고 있다고 판단할 경우 그 위협을 제거하기 위해 정권교체를 포함하여 선제공격도 가능하다고 했다.

이에 대해 파프는, "International law is not law at all." 이라고까지 말

하면서, "힘이 센 나라가 항상 규칙을 만들어 온 것이 국제사회가 아니냐"고 했다.[32]

미국 국무장관 애치슨(Dean Acheson)은 이미 40여 년 전 "미국의 위신, 지위, 힘, 영향력이 결부된 문제에서 국제법은 아무 의미가 없다"고 말했는데, 파프의 말도 같은 맥락에서 이해된다.

2) 국가 간의 관계

국가 간의 외교관계는 어느 일방의 희망이나 요구로 수립되지 않는다. 서로의 필요에 의해, 그리고 서로의 합의에 의해 수립된다. 외교관계가 수립되면 양국 간에 정치적인 대화가 가능하게 된다.

역사적인 경험에 비추어 보면, 국가와 국가 간의 관계가 아무리 악화되어도 외교관계를 단절하는 것은 바람직하지 않다. 한번 단절된 관계는 다시 복원하는데 많은 시간이 소요될 뿐만 아니라, 양측이 대화에 의해 문제를 해결할 수 있는 제도적 장치를 갖지 못하기 때문이다.

1967년 소련이 이스라엘과 외교관계를 단절한 사례를 들어보자. 이스라엘 주재 소련대사는 본국 정부의 외교관계 단절 방침을 통보하기 위해 이반 이스라엘 외무장관을 만났다. 이때 양측은 다음과 같은 대화를 나누었다.[33]

• 소련대사:
"양국 사이에 첨예한 갈등이 있어 우리 정부가 귀국과의 관계를 단절하기로 결정했다는 사실을 통보하라는 지시를 받았습니다."
· 이스라엘 외무장관:

"만약 우리 양국 간의 갈등이 그렇게 날카로운 상태라면 우리 양국은 외교관계를 좀더 확대시키고, 양국 대사관에 더 많은 외교관을 배치시켜 한층 더 열심히 일하도록 하며, 우리들이 더욱 자주 만나야 합니다. 분쟁이 있을 때야말로 외교가 필요합니다. 양국 관계가 평화로운 상태라면 칵테일 파티나 하면 되지요."

• 소련대사:

"지금 하시는 말씀은 지극히 논리적이십니다. 그러나, 본인은 논리적이기 위해서가 아니라, 외교관계를 단절하기 위해 장관님을 만나고 있는 것입니다."

소련은 이스라엘과 관계를 단절함으로써 중동문제에 있어서 미국에게 외교적인 주도권을 잃게 되었다. 이스라엘과 외교관계가 없는 상태에서 중동문제의 한 당사자인 이스라엘을 상대할 수 없었기 때문이다. 이 두 나라가 외교관계를 재개하는 데는 무려 24년이 걸렸다.

외교관계 단절까지 가지 않으면서 강한 불만과 불쾌감을 전달하기 위해 대사를 소환하는 경우가 있다. A국이 B국 주재 대사를 소환했다면 이는 두 나라 관계가 더 이상 악화될 경우 외교관계 단절까지 갈 수도 있다. 이러한 조치를 취한 후 관계가 개선되거나 상황이 좋아지면 대사를 다시 부임시켜 관계를 정상화시키게 된다. 이러한 배경에서 상주대사를 오랫동안 공석으로 놔두면 이 역시 양국 관계가 냉각되어 있음을 의미한다. 사례를 들어보자.

2000년 7월 클린턴 대통령이 주선한 캠프데이비드 협상이 실패로 돌아간 후 9월 28일 이스라엘과 팔레스타인 간에 유혈 충돌이 시작되었다. 연일 계속된 충돌로 많은 팔레스타인 사람들이 죽거나 부상 당했다. 그러던 중 가자(Gaza)지구에서 스쿨버스에 가해진 폭탄공격으로 유대인 정착민 2명이 사망하고, 10여 명의 어린이들이 부상 당했다. 바락 총리는 보복 조치로 11월 21일 헬기 등을 동원, 팔레스타인에 대해 대대적인 공격을 감행, 많은 건물을 파괴시키고, 인명을 손상시켰다.

당일 무바락 이집트 대통령은 이스라엘 주재 대사에 대해 소환 명령을 내렸다. 이에 따라 텔아비브에서 20년 가까이 주재하고 있던 이집트 대사는 그 다음날 텔아비브를 떠났다.

이집트 정부의 대사 소환 조치는 분명히 이스라엘에 대한 강한 항의와 불만의 표시였다.

국제사회를 구성하는 지구상의 190여 개 국가들이 서로 맺고 있는 관계는 모두 다르다. 여기서는 좀 유별난 영국-미국 관계와 이스라엘-미국 관계를 예로 들어본다.

영국과 미국은 역사적으로 특수한 동맹관계를 유지해 왔다. 대처 총리가 레이건 대통령과의 개인적인 친분관계를 통해 양국 관계를 특수한 관계("very, very special relationship")로 발전시킨 일화는 널리 알려진 바다. 대처는 1956년 스웨즈 운하 사건에서 영국이 배워야 할 교훈은, "영국의 이익에 영향을 주는 국제적인 사건이 발생했을 때 결코 다시는 미국의 반대편에 서서는 안된다는 것" 이라고 결론을 내렸다.[34]

대처는 이와 같은 결론이 역사를 통해 얻은 '교훈' 이자, 역사가 주는 '경고' 로 간주하고 자신의 집권 기간 내내 미국과의 관계를 돈독히 하기 위해 무척 애를 썼다. 레이건 대통령과 부딪치는 일은 무슨 일이 있어도 요령 있게 피하면서, 항상 그와 긴밀한 관계를 유지했다.

대처 총리는 이와 같이 미국과의 관계를 특수한 관계로 여김으로써 안보 면에서 실리를 챙겼을 뿐만 아니라, 국제사회에서 영국이 실제 갖고 있는 능력 이상의 영향력을 발휘할 수 있었다.

영국의 이러한 외교전략은 2001년 9월 11일 뉴욕, 워싱턴에 대한 테러 공격이 발생했을 때에도 잘 나타났다. 블레어(Tony Blair) 총리는 다른 어느 나라 지도자보다도 먼저 워싱턴을 방문했고, 아프가니스탄에 대한 병력 파견을 약속했으며, 파키스탄, 인도, 이집트를 방문, 탈리반에 대한 무력공격에 필요한 협조를 요청했다. 그는 미국에 대한 외교적 지원을 위해 시리아, 사우디아라비아, 요르단도 방문했다. 파이낸셜 타임스, 워싱턴 포스트 등은 이런 그를 가리켜 "부시 행정부의 순회대사"라고까지 불렀다.

블레어 총리는 부시 대통령이 2003년 3월 이라크 공격을 감행하는 과정에서도 흔들림 없이 미국의 편에 섰다. 시라크 프랑스 대통령과 슈레더 독일 총리가 미국에 반대하고 나선 것과는 크게 대조적이었다. 블레어는 이러한 입장 때문에 정치적으로 어려운 상황에 빠지기도 했다. 이라크와의 전쟁에 대해 영국 국민의 19%만이 지지했고, 집권 노동당 의원의 3분의 1밖에 찬성을 하지 않는 상황이었음에도 그는 자신의 정치적인 생명을 건 용기 있는 결단을 내렸던 것이다. 이라크 전쟁 후 프랑스와 독일은 미국과 불편한 관계에 있었으나, 영국은 변함없이 좋은 관계를 유지할 수 있었다.

이스라엘-미국 관계도 특수하다. 양국 관계는 1948년 5월 14일 이스라엘이 국가 건설을 선포한 지 불과 11분 만에 트루먼 대통령이 이를 승인하면서부터 시작되었다.

미국은 이스라엘 독립 이후 처음 10여 년 동안은 이스라엘에 대해 거의 원조를 제공하지 않았다. 1960년대 들어와 비로소 약간의 원조가 제공되기 시작했다. 닉슨 행정부에 와서 연간 약 3억 불 규모에 머물던 원조를 무려 22억 불 수준으로 올려놓았다. 냉전시대 미국의 정치·군사적 전략에 따른 조치였다.

알려진 바와 같이 미국에서는 유태계 사람들이 중심이 된 친(親)이스라엘 로비조직들의 영향력이 증대되었다. 이들의 활동에 힘입어 이스라엘은 1986년에는 45억 불이나 되는 경제원조를 받을 수 있었고, 이후 매년 평균 30억 불에 달하는 경제적 지원을 받을 수 있었다. 미국 대외 원조자금의 무려 5분의 1이 이스라엘 한 나라에 제공된 것이다.

이스라엘의 입장에서 볼 때 미국은 절대적으로 중요한 나라임에 틀림없다. 그러나, 미국의 입장에서 볼 때에는 꼭 그렇지만은 않다. 이스라엘에 대한 전략적 가치가 변할 수 있다는 것이다. 이스라엘 지도자들의 국가안보전략은 이러한 가정에서 출발했다. 라빈 총리는 1972년 6월 다음과 같이 말했다.

> "이스라엘에 있어서 변하지 않는 한 가지 진리는 이스라엘의 안전이다. 우리 유태인들은 이스라엘의 안전문제에 관한 한 우리 자신 이외에는 어느 누구도 믿지 않는다.
> 이스라엘이 어떤 국가와 방위조약을 체결하면 그 순간부터 이스라엘의 안전보장 문제에 대한 자신의 자유 결정권을 스스로 제한하는 결과를 초래한다."[35]

이러한 판단에서 이스라엘은 미국과도 상호방위조약을 체결하지 않았다.[36] 이스라엘은 1967년 6월 이집트에 대해 선제공격을 감행했고, 1973년 10월 전쟁 때에는 미국의 요구를 무시하고 독자적인 군사행동을 계속했으며, 1982년 7월에는 레바논을 침공했다.

이와 같이 이스라엘은 자신의 안보는 어느 누구한테도 의존하지 않는다는 원칙을 확고부동하게 견지하면서, 다른 한편으로는 미국과의 관계를 긴밀하게 유지했다. 미국에 안보를 의존하지 않는다고 해서 미국과의 관계를 등한시한 것은 아니었으며, 미국 내 유태인 커뮤니티의 영향력을 십분 활용했다.

이스라엘과 미국이 정치·외교적으로 가까운 관계를 유지했음에도 양국 관계가 순탄한 것만은 아니었다. 긴장과 대립, 충돌 양상을 보일 때도 있었다. 이럴 때마다 양국은 실리에 입각해서 문제를 풀어나갔다. 이러한 과정에서 현지 대사가 수행한 역할은 대단히 컸다. 미국은 유능한 직업외교관을 이스라엘에 파견했고, 이스라엘은 정치적으로 비중이 있으면서도 외교·안보문제에 경험이 많은 인사를 주미대사로 임명했다.

1981년 6월 이스라엘은 전폭기를 동원하여 바그다드 인근 핵 시설에 대한 폭격을 단행했다. 이스라엘 측은 잠재적 안보위협을 제거하기 위한 것이라고 자신의 행동을 정당화했다. 베긴 총리는 전폭기들이 임무를 무사히 마치고 돌아온 직후 이스라엘 주재 미국대사에게 전화를 걸어 이 사실을 긴급히 레이건 대통령에게 보고해 달라고 했다. 루이스 대사는 백악관에 초긴급 전문을 보냈다. 백악관이 발칵 뒤집혔다. 이스라엘이 그럴 수가 있느냐는 것이었다. 미국과 협의는커녕, 이런 계획을 끝까지 비밀로 한 데 대해 레이건 대통령은 진노했다. 알렌 안보보좌관 등 국가안보위원회 보좌관들도 할말을 잃었다.

미국은 이 사건을 통해 이스라엘이라는 나라는 국가 안보문제와 관련해서는 무슨 일이든 할 수 있는 나라라고 믿게 되었다.

· 오늘의 친구가 다 좋은 것도 아니며, 내일의 적이 다 나쁜 것도

아니다.
· 우방과 싸우는 일보다 더 나쁜 일이 단 하나 있다. 그것은 우방 없이 싸우는 일이다. (Winston Churchill)
· 지금까지 항상 분쟁이 있어 왔고, 현재에도 있으며, 앞으로도 있을 것이다. 이것은 어쩔 수 없는 현상이다. (John Mearsheimer)

3) 국제사회에서 개별 국가의 위치

· 국가는 항상 국제사회에서 자국이 어떤 위치에 있는지를 알아야 한다.

Tony Blair 영국 총리, 2003. 1. 6.

· 외교관이나 일반 국민이나 자신과 국가의 위상을 제대로 파악하는 것이 중요하다.

선준영 전 주 유엔대사, 동아일보, 2003. 4. 3.

베드린(Hubert Vedrine) 전 프랑스 외무장관은 각국의 국민총생산, 과학기술 수준, 핵무기 보유 여부, 유엔 안전보장이사회 상임이사국 여부, G-8 국가 여부, 사용하는 언어, 문화적인 영향력, 과거 역사에서 나오는 영향력, 미래 잠재력 등을 기준으로 전 세계 국가들을 5개 그룹으로 구분했다.[37]

이러한 구분에 의하면 미국은 "hyperpower", 프랑스, 영국, 독일, 러시아, 중국, 일본, 인도 7개국은 "globally influential powers", 오스트레일리아, 인도네시아, 브라질, 멕시코, 남아프리카공화국, 나이지리아, 이집트, 이란, 터키, 이스라엘, 이탈리아, 스페인, 폴란드, 캐나다 등 20~30여 개 국가는 "powers"라고 했다.

'powers' 다음에 "보통국가"들이 있는데, 이들은 독자적으로 어떤 상황에 영향을 줄 수 없고, 어쩔 수 없이 다른 나라에 의존해야 하는 나라들이다. 그 다음에는 스스로 주권을 행사하지 못하고 외국의 원조에 의해 생존하는 "pseudostates" 그룹이 있다.

일본 국제정치학자 이노구치 다카시는, "190개국 정도 되는 유엔 회원국 중에서 150개국은 전 세계를 상대로 하는 외교 능력이 없다"고 했는데,[38] 결국 40여 개 국가, 즉 베드린이 구분한 powers 이상 되는 국가들만이 독자적인 목소리를 내는 외교를 할 수 있는 위치에 있다는 말이 된다.

그래서 중간 규모 국가 및 그 이하 규모 국가들이 국제사회에서 발언권이나 영향력을 갖는 방법은 서로 연합하는 것이다. 유럽연합(European Union)이 통합과정을 통해 단일 외교 · 안보정책(Common Foreign and Security Policy)을 추구하는 것이 대표적인 예다.

사람이 자신의 위치에 대해 착각을 할 수 있듯이 자기 나라가 놓여있는 위치에 대해서도 착각을 할 수 있다. 국가 지도자들이 정치적인 이유로 자기 나라를 실제보다 과대평가, 국민들로 하여금 환상을 갖게 만드는 것도 하나의 원인이다. 문제는 자신의 위치나 능력을 착각하면 외교에서 차질이 생길 수 있다는 것이다.

힘이 나라의 위치를 결정하는 국제사회에서 다른 나라와의 관계를 현명하게 다루어 나가려면 우선 자신의 능력을 정확히 알아야 한다. 다른 나라에 대해서도 정확히 알아야 하지만, 이에 못지 않게 자기 나라의 능력이나 객관적인 위치에 대해서도 정확히 알아야 한다.

19세기 말 해가 지지 않는 제국(帝國)이었던 영국은 계속된 국력의 감소에도 불구하고 오늘날까지 국제적으로 영향력 있는 위치를 지키고 있다. 그 배경은 다음과 같은 요인에서 찾을 수 있다.[39]

- 경제, 산업 능력: 세계 제4위의 경제규모, 제5위의 교역국, 제2위의 해외 투자국
- 군사, 국방력: 연간 국방비 340억 USD(2001), 세계적으로 우수한 군대 및 국방기술 보유
- 과학기술: 과학분야에서 미국 다음으로 많은 노벨상 수상자(90명) 배출, 세계적으로 중요한 발명의 70%가 영국인에 의해 이루어짐
- 지도자의 국제사회에서의 발언권: 역대 총리가 국제적으로 강력한 발언권 보유, 미국과 가장 가까운 동맹관계 유지, 적극적인 국제평화유지 활동 및 공적원조(ODA) 시행
- 중요 의사결정 기구의 일원: EU, G8, 유엔 안보리 상임이사국, 영연방, NATO 회원국
- 대외홍보 능력: BBC World Service, British Council, British Tourist Authority
- 역사, 문화전통: 영어 사용, 역사 · 문화적인 영향력, 인류 보편적인 가치 추구
- 외교력: 오랜 외교 전통과 외교실무진의 높은 외교수행 능력(블레어 총리는 2003년 1월 6일 영국 외교관이 세계에서 가장 우수하다고 언급)

중위권 국가의 외교

캐나다, 오스트레일리아, 네덜란드, 벨기에, 스웨덴, 노르웨이, 터키, 멕시코, 아르헨티나, 말레이시아 등은 국력규모 면에서 중위권 국가라 할 수 있다. 여기서는 중위권 국가가 외교력을 발휘한 사례로 말레이시아의 경우를 들어보자.

말레이시아는 인구 2천만 명이 채 안되는 나라다. 독립국가로 출발한 이래 말레이공산당의 위협과 말레이, 중국, 인도계로 구성되는 인종 간 갈등으로 국내정치적인 불안 요인이 내재하고 있었다. 마하티르 총리는 1981년 7월 집권한 이래 정치 안정과 경제 발전에 국정의 우선 순위를 두었다. 그 결과 1990년대에 이르기까지 연간 7~8%의 고도 경제 성장을 이룩했다.

이러한 경제분야에서의 성과와 더불어 마하티르 총리는 외교분야에서도 선견과 독창성을 발휘했다. 외교의 범위를 ASEAN과 같은 역내 문제에 국한하지 않고 범세계적인 문제까지 포함시켰다. 1990년 12월에는 일본, 중국, 한국, 대만, 홍콩을 아세안과 경제적으로 연계시키자는 East Asian Economic Caucus(EAEC)를 제안했다. 미국이 이 제안에 반대하자 1993년 11월 개최된 APEC 정상회담에 보이콧하기도 했다.

마하티르는 인권문제에 있어서도 미국 등 서방의 태도를 신랄하게 비난했다. 서방이 서구적인 민주주의 가치관을 아시아에 일방적으로 강요하는 것은 적절하지 않다는 주장을 폈다. 1992년 6월 리오 세계환경 정상회의를 준비하는 과정에서도 선진국들이 일방적으로 개도국들의 희생을 강요한다고 주장하면서 독자적인 대안을 내놓기도 했다.

말레이시아는 1987년 1월 'In Search of Peace: Confidence Building and Conflict Reduction in Pacific' 이라는 라운드 테이블을 주최했다. 아

시아·태평양 지역에서의 안보 대화인 ASEAN Regional Forum(ARF)이 출범하기 이미 6년 전의 일이었다. 마하티르 총리는 1992년 4월에는 아세안이 머지 않은 장래에 베트남, 라오스, 캄보디아, 미얀마를 포함하는 10개국 협력체가 될 것으로 내다보았다. 그의 예상은 적중했다. 이와 같이 마하티르 총리하의 말레이시아는 독자적인 외교적 이니셔티브를 취함으로써 중간 규모 국가로서의 높은 수준의 외교력을 과시할 수 있었다.[40]

· 다른 나라 정부에 영향을 미칠 수 있는 능력이 그 나라 외교력의 척도가 된다.
· 외교는 약소국이 강대국에 맞설 수 있는 도구가 될 수 있다. (Niall Ferguson, Foreign Policy, 2003.1-2.)

4) 국가의 명예, 국민적 자부심

· 개인과 마찬가지로 정부도 다른 나라로부터 경시 당한 일을 오랫동안 기억한다.

John Barry Kotch, Japan Times, 2003.5.10.

국가도 개인과 마찬가지로 명예(prestige, honor, dignity), 자부심(pride), 체면(face), 지위(status, standing)에 예민하다.

미국 국무장관을 역임하고 노벨 평화상을 수상한 바 있는 루트(Elihu Root)는, "국가는 개인보다도 오히려 더 모욕에 예민하다. 모든 문명화된 정부들이 국제적인 교류를 행함에 있어 배운 가장 유용하고도 긴요한 교훈 중의 하나는 표현에 있어서의 정중함과 절제의 필요성이다"라고 말했다.[41]

외교에서는 불만이나 불쾌감을 간접적으로 표시하는 방법으로 경시(slights), 모욕(insults, humiliation) 등의 방법이 사용된다.

1965년 2월 10일 소련의 코시긴 수상이 하노이를 방문하고 있었다. 미국은 이 사실을 알고도 베트남 북부지역에 대한 폭격을 단행했다. 코시긴은 미국의 이러한 처사를 모욕적으로 받아들이고 격분했다. 비밀리에 존슨 대통령에게 메시지를 보내 항의했다.[42]

상대방이 업신여기거나 경멸하는 태도를 보일 때 이에 대응하는 방법으로는 상대가 주최하는 행사에 참석하지 않거나, 행사에 참석하고 있을 때에는 퇴장하는(diplomatic walk-out) 방법이 있다. 상대편이 보낸 문서를 접수하지 않고 돌려보내기도 한다. 프랑스 외무부 직원이 파리 주재 이스라엘대사관의 국경일 행사 초청장을 돌려보낸 사례가 있다. 이것은 외무부 직원이 개인적으로 한 행동이 아니라, 당시 이스라엘의 팔레스타인에 대한 정책에 불만을 표시하기 위해 프랑스가 정부 차원에서 한 행동이었다.

오늘날 CNN이나 BBC 등은 국제적으로 일어나는 사건을 전 세계 어느 곳이든 실시간으로 전달한다. 이로 인해 국가의 명예나 자존심과 관련된 일들이 더욱 민감한 사안이 되었다. 9·11사태 당시 CNN 등이 미국 심장부에 가해지는 테러 공격의 가공스런 모습을 적나라하게 보여줌으로써 미국의 명예와 자존심이 심히 손상되었던 것이다.

2002년 7월 모로코는 12명의 군인을 Leila섬에 상륙시켜 모로코 국기를 게양했다. 이 섬은 모로코에서 200미터 떨어져 있는 무인도로서 스페인과 영유권 분쟁이 있는 섬이었다. 모로코 측이 취한 조치는 영유권을 주장하기 위한 상징적인 것이었다. 모로코 군인들이 이 조그만 섬에 상륙, 국기를 휘날리는 모습이 TV에 비추어지자 스페인도 즉각 75명의 군인을 파견, 양국 간에 군사적 충돌 가능성이 고조되었다. 이 사태는

Leila섬이 경제적인 가치가 있어서가 아니라, 양국의 명예와 자존심 때문에 일어난 일이었다.[43]

최근의 사례를 하나 더 들어보자. 중국은 2003년 10월 15일 오전 9시 최초의 유인 우주선 선저우(神丹) 5호를 발사, 다음날 오전 6시 성공적으로 귀환시킴으로써 세계 3번째 유인 우주국이 되었다. 13억 중국인들은 최초의 우주인 양리웨이(楊利偉)가 건강한 모습으로 귀환하는 모습을 TV를 통해 시청하면서 환호했다. 국민적인 자부심을 느끼게 해 주었다. 이와 같은 유인 우주선 발사 성공이 국제사회에서 중국의 위상과 이미지를 높여 주었음은 물론이다.

· 일반적으로 약소국일수록 외부로부터의 반응에 더 민감하다.
· 능수 능란한 외교관은 어떤 상황에서도 이유 없이 상대방의 체면을 손상시키는 일을 하지 않는다.

5) 국가 이미지

개인과 마찬가지로 국가도 국제사회에서 형성된 평판(reputation)과 이미지가 있다. 국제사회의 한 구성원으로서 특정 국가가 주는 이미지는 그 나라의 역사와 문화, 국제적인 영향력 등에 의해 오랜 시간을 두고 형성된다.

특정 시점에서의 평판이 쌓여 그 나라의 이미지가 형성된다. 그 나라가 국제적으로 신용이 있는 나라인지, 국제 규범과 인권을 존중하는 나라인지, 국제 평화를 증진시키는 데 기여하는 나라인지 등등이 국가 이미지를 형성하게 된다.

오늘날 국가 이미지는 그 나라에서 생산되는 상품의 이미지에도 영향을 미친다. 수출 증진, 외국인 투자유치 등에서의 경쟁력과 직결된다. 프랑스, 이탈리아 정부 등이 국가 이미지 제고를 위해 많은 노력과 예산을 투입하는 것은 자국 상품의 브랜드 가치를 높이려는 노력의 일환이기도 하다.

한국의 경우 1988년 서울올림픽을 성공적으로 개최하여 그때까지 한국에 대해 잘 모르던 외국인들에게 '신선한 충격'을 주었으며, 2002년 월드컵을 일본과 공동으로 성공적으로 개최하면서 4강 진출의 신화를 창조한 일은 한국의 이미지를 한층 높여준 좋은 예라 할 것이다.

- 우리 스스로를 허심탄회하게 들여다보고, 다른 사람들이 우리를 어떻게 보고 있는지 살펴보아야 한다.
- 다른 나라들이 자기 나라에 대해 어떤 이미지를 갖고 있는지 걱정하지 않아도 되는 나라는 지구상에 하나도 없다.
- 신뢰(credibility)는 국제사회에서 한 국가가 가질 수 있는 최고의 자산이다. (John McCain 미국 공화당 상원의원, Washington Post, 2002.10.25.)

6) 전쟁과 평화

- 외교관은 평화의 사도다. 외교관이 궤양(ulcers)에 걸리는 것이 군인이 총알(bullets)에 맞는 것보다 낫다.

    Thomas A. Baily, The Art of Diplomacy, 1968.

- 움직일 수 없는 사실은 평화는 염원에 의해서보다 두려움에 의해 훨씬 더 잘 유지되었다는 것이다. 많은 경우 평화는 적대행위가 이렇다 할 효과를 보지 못했을 때 찾아오기 시작했다.

    Abba Eban, Interest & Conscience in Modern Diplomacy, 1985.

외교는 평화적인 방법, 즉 대화로 자국의 이익을 보호하고 확대시키며, 이러한 과정에서 이해관계를 조정하는 일이다. 외교는 인류의 역사와 더불어 시작되었고 인류가 지구상에 존재하는 한 계속될 것이다. 인류는 어떤 형태로든 집단을 이루어 살게 되고, 이러한 집단과 집단 간에는 이해관계가 충돌하는 현상이 발생할 것이므로 전쟁과 평화는 인류사에서 소멸되지 않는 현상이 될 것이다.

외교의 궁극적인 목표는 평화를 유지하는 것이다. 평화를 유지하기 위해서는 이해관계를 조정하고, 대화를 통해 문제를 해결해야 한다. 이러한 과정에서 서로 이해하고 협력하는 분위기와 정신을 함양해야 하는 것이다. 그러므로, 이상적으로 말하자면, 각국이 추구하는 외교, 즉 국가이익을 대외관계에서 증진시키는 행위도 자제(restraint)와 신중(prudence)의 미덕이 발휘되는 가운데 추진되어야 한다.

평화란 무엇보다도 무력 충돌이 없는 상태다. 군사적인 충돌이 진행되고 있다고 해서 외교가 없는 것은 아니다. 외교는 평화 상태에서뿐만 아니라 전쟁 상태에서도 계속된다. 주은래가 "모든 외교는 다른 수단에 의한 전쟁의 연속이다"라고 말했듯이 외교는 정치, 군사와 함께 국제사회에서 자신의 이익을 지키는 방법인 것이다. 이런 의미에서 전쟁은 정치·외교적인 수단의 연장선상에 있다.

· 외교에 의해서 전쟁이 방지된 상태가 곧 평화다.
· 평화를 원하거든 전쟁을 준비하라.
· 외교는 평화를 유지하려는 의지가 없을 때 와해된다. (Thomas A. Baily, The Art of Diplomacy, 1968.)
· 우리는 너무 쉽게 평화를 말하는 경향이 있다. 평화는 그렇게 단순한 것이 아니다. (김경원, 北核 평화적 해결의 의미, 중앙일보, 2002.10.21.)

외교의 중요성

· 외교는 노름이 아니다. 국제사회는 본질적으로 무정부 상태에 놓여 있다. 그렇기 때문에 외교는 국가의 생존 문제를 다루는 심각한, 수단을 달리한 전쟁이다.
> 김경원 전 주미대사, 조선일보, 2003.8.23.

· 오늘날 국가나 시민, 가족 모두 국경 건너편에서 자신들과 상관 없이 일어난 일에 의해 영향을 받는다.
> Michael Kergin, 2002.4.23.

· 외교관은 총 없는 전사지만 성공적인 외교는 수십만 명의 대군 이 동원되는 전쟁도 막을 수 있는 위력을 지니고 있다.
> 박동진 전 외무장관, 길은 멀어도 뜻은 하나, 1992.

역사적으로 외교의 실패가 주권의 상실로 이어진 사례를 많이 보아왔다. 강대국은 약소국에 비해 상대적으로 외교의 중요성이 덜 했다. 행사할 수 있는 힘으로 다른 나라의 행동을 강요할 수 있었기 때문이다.

정보통신의 발달과 세계화로 전 세계가 하나의 마을처럼 가까워진 오늘날에는 앞에 인용한 커긴 대사의 말처럼 지구촌 어디에서 어떤 일이 일어나든 다른 나라 사람들이 영향을 받게 되었다. 외교의 중요성이 더욱 새롭게 인식되어야 하는 이유다. 전혀 상관없는 곳에서 일어난 일이 당장 자신에게 영향을 줄 수 있는 상황은 외교에 대한 일반 국민들의 이해와 관심을 요구하고 있다.

> · 역사적으로 외교정책이 잘못 되었을 때 폭력과 파괴가 일어난 예를 자주 보았다.
> · 외교에는 국가와 국민의 사활적인 이해가 걸려 있다.

Ⅱ. 외교관

외교관 직업・외교관의 직무

외교관의 자격

외교관의 능력・외교관 선발, 교육・훈련

1. 외교관 직업

외교관은 어떤 사람들인가? 외교관 직업은 또한 어떤 것인가? 이 장에서는 이러한 물음에 대해 설명하고자 한다. 우선 프랑스 외교관 주스랑(J.J.Jusserand)이 한 말을 소개한다.

"악마들이 판도라의 상자에서 도망 나왔을 때 시작된 외교관의 임무는 아마도 이 악마들이 다시 판도라의 상자 속으로 되돌아가는 날 끝나게 될 것이다. 그러나 그런 행복한 날은 가까운 시일 내에는 오지 않을 것이다."

1) 외교관 직업은 전문직업인가?

· 외교업무를 수행하는 일은 하나의 전문직업이다. 게다가 공복(公僕)으로서의 전문직업이다. 이것은 물건을 사고 파는 일이나 공예 등과 다르다. 외교관 직업은 변호사, 의사, 건축가 등과 마찬가지로 직업적

인 개발과 전력 투구를 요구한다. 그러나, 외교는 국가와 국민을 위한 일이기 때문에 더 엄청난 헌신을 요구한다. 외교는 건성으로 하는 일이 아니며, 안락한 근무환경이나 생활환경을 원하는 사람이 가질 직업이 아니다.

Robert Hopkins Miller, Inside an Embassy, 1992.

외교관 직업을 의사나 변호사 등과 같이 전문직업이라고 할 수 있는가?

결론부터 말하자면 외교관 직업은 역사적으로나 제도적으로 전문직업으로 간주되어 왔다. 그러나, 대사직을 비롯한 외교관 충원에 중도영입(lateral entry) 현상이 빈번해짐으로써 전문직업이라는 이미지가 빛을 바랜 것도 사실이다. 물론 외교 역사가 오랜 영국이나 독일, 프랑스, 일본 등의 경우에는 미국과 달리 정치적 임명 제도가 배제되어 왔다. 그래서 이들 나라에서는 외교관 직업이 완전한 전문직업으로 여겨져 왔다.

조지 케난(George Kennan) 같은 사람은 외교가 전문직이라는 사실을 역력히 보여준 사람이다. 그는 소련전문가가 되기 위해 러시아어를 배운 후 주 소련대사관에 근무했고 이후 줄곧 미국의 대소련 정책을 연구, 냉전시대 미국 외교정책의 기본 틀을 제공해준 사람이다.

일찍이 외교관 직업의 전문성을 강조한 사람은 프랑스 외교관 깔리에르였다. 그는 루이 14세를 도와 격변기 프랑스 외교를 성공적으로 이끄는 데 기여한 외교의 대가(大家)였다. 그는 1716년 자신의 경험을 바탕으로 쓴『군주와의 교섭론』에서 외교전문가가 아닌 사람을 외교관으로 해외에 파견하는 것은 크게 잘못된 일이라고 주장했다.[1]

조지 케난, 찰스 볼렌과 함께 소련전문가로 프로페셔널이즘의 진정한 면모를 보여준 톰슨(Llewellyn Thompson) 대사의 예를 들어보자.[2]

1904년에 태어난 그는 1928년 콜로라도 대학을 졸업한 후 직업외교관의 길을 걷기 시작했다. 1940년 2등서기관으로 주 소련대사관에 배치되어 독일군이 공격했을 때는 모스크바에 혼자 남아 4년 동안 대사관을 지키는 고생을 하기도 했다. 본부에서는 동구과장, 구주담당 부차관보를 역임한 후 주 이탈리아대사관 차석, 주 오스트리아대사를 거쳐 1957년 주 소련대사로 부임했다.

이 시기는 미국과 소련이 냉전으로 첨예하게 대립하고 있던 시기였다. 모스크바에 주재하는 외교관들은 열악한 근무환경뿐만 아니라, 소련 당국이 외교관들의 행동을 일거수 일투족 감시했기 때문에 외교관으로서의 정상적인 활동이 거의 불가능한 상황이었다. 당시 모스크바에 근무하고 있던 외교관들은 사무실이란 사무실은 모두 도청되고 있다고 믿고 있었다. 이런 가운데 1958년 5월에는 대사관의 한 주니어 직원이 소련 학생과 사귄 것이 문제가 되어 기피인물(persona non grata)로 추방을 당한 일이 생기기도 했다.

이런 상황이었음에도 톰슨 대사는 흐루시초프와 서로 터놓고 이야기할 수 있는 사이가 되었다. 주말에는 가족들과 함께 흐루시초프 별장에서 한가한 시간을 갖기도 했다. 이들 사이의 대화가 3~4시간이나 계속되는 경우도 있었다. 이들은 서로 이해하고 신뢰하는 가운데 양국 관계와 관련된 중요한 이슈들에 관해 서로의 입장을 분명히 밝힐 수 있었다. 흐루시초프와의 이런 관계를 통해 톰슨 대사는 당시 소련 권력층의 생각과 의도, 추구하는 목표 등에 관해 핵심적인 정보를 입수할 수 있었고, 이를 바탕으로 정확한 판단을 내릴 수 있었다.

1959년 7월 닉슨 부통령이 모스크바를 방문했을 때의 일이다. 미 의회가 소련에서의 인권 탄압을 비난하는 결의안을 통과시켜 양국 관계가 좋지 않은 상황이었다. 이로 인해 소련 당국은 닉슨의 방문에 냉담한 반응을 보였다. 그런 가운데 흐루시초프는 닉슨에게 방문 마지막 날 TV와 라디오를 통해 연설을 할 수 있는 기회를 주었다. 닉슨은 미국의 국내 분위기를 의식, 연설문에 소련을 자극하는 내용을 담았다. 톰슨은 이에 끝까지 반대했다. 결국 닉슨은 톰슨 대사의 건의를 받아들여 연설 문을 다시 썼다. 그의 연설은 소련 측으로부터 좋은 반응을 얻었고, 이로 인해 양국 관계가 개선되는 데에 큰 도움이 되었다.

톰슨 대사는 케네디 대통령이 쿠바 미사일 위기(1962.10.16-18)를 성 공적으로 해결하는 데에도 결정적으로 기여를 했다. 국가안보회의에서 유일한 소련전문가로 정확하고 시의 적절한 보고서를 케네디 대통령에게 제출할 수 있었기 때문이다.

전문가가 전문성을 발휘한 사례를 더 들어보자.

인도 정부대표단이 한 국제회의에 참석하고 있었다. 당시 인도 대표 단을 인솔하고 있던 사람은 네루 총리에 대한 존경심이 깊고 국가적 자 부심이 매우 강한 장관이었다. 회의에서 이집트 대표의 발언 중에 'Bandit Nehru'라는 말이 자주 들렸다. 인도 대표단장은 자기가 존경 하는 총리를 bandit(무장강도)라고 부르는데 아연실색해 옆에 앉아 있 던 현지 대사에게 당장 강력히 항의하라고 했다. 현지 대사는 조금 기 다려 보라고 했다. 단장은 안절부절을 못했다. 회의가 잠시 휴회를 하 고 있는 동안 대사는 단장에게 다음과 같이 설명했다.

"저들은 우리의 위대한 지도자 Pandit Nehru 총리에 대해 대단한 존경과 사랑을 갖고 있습니다. 단지 아랍어에는 'p' 발음이 없고, 'b' 발음만 있어서 그렇게 들린 겁니다."[3]

현지 대사가 아랍전문가로서 주재국의 제반 사정을 잘 알았기 때문에 가능한 일이었다. 그렇지 않았으면 이러한 경우에 적절한 대응이 어려웠을 것이다.

비슷한 사례가 또 있다. 미국의 한 민간회사가 케냐의 회사와 계약을 체결할 마지막 단계에서 성사가 지연되자 현지 대사관에 도움을 요청했다. 계약서 서명이 지연되고 있는 배경에는 케냐 정부의 한 고위 관리가 개입되어 있었다. 아무런 진전이 없이 이런 상태가 계속되자 그 회사는 볼드리지 상무장관에게 협조를 요청했다.

상무부(商務部)는 나이로비 주재 대사에게 모이(Moi) 대통령에게 보내는 서한을 전달하도록 지시했다. 이 서한에는 케냐 정부의 선임장관이 부정에 개입되어 있다는 내용이 포함되어 있었다. 미국대사는 고민 끝에 모이 대통령에게 서한을 전달하지 않고 서한에서 언급된 장관을 직접 만나 그 편지를 보여 주었다. 그는 노발대발하며 자신의 연루 사실을 부인했다.

미국대사는 편지를 집어넣으며, "만약 거래가 성립되면 이런 얘기가 나오지 않고, 지나간 일로 잊혀지지 않겠느냐"고 넌지시 말했다. 이 일이 있고 난 후 얼마 안되어 계약서가 서명되었다.[4] 현지 사정을 잘 아는 대사의 프로페셔널이즘이 발휘된 사례다.

쿠웨이트 주재 중국대사의 예를 들어본다. 그는 1934년생으로 아랍어, 중동지역전문가였다. 그는 1957년 카이로대학에서 아랍어를 연수한 후 이라크, 남예멘 주재 대사관에서 2등서기관으로 10년 동안 근무했다. 이후 다시 북예멘 주재 대사관에서 참사관으로 3년 근무한 다음 1985년 오만 주재 대사를 거쳐, 1987년부터 1993년까지 쿠웨이트 주재 대사를 역임했다.

1990년 8월 2일 이라크가 쿠웨이트를 침공했을 때, 중국대사관도 다른 나라 공관과 마찬가지로 철수했다. 1991년 2월 28일 사담 후세인이

휴전을 제의하자 중국 정부는 철수했던 공관원들이 즉시 복귀하도록 지시했다. 대사와 공관원 5명은 연락을 받은 이틀 뒤 북경을 출발, 리야드를 거쳐 육로로 3월 10일 쿠웨이트에 도착했다.

이들은 전기와 물을 구하기 어려운 가운데 리야드에서 준비해 간 라면과 통조림으로 한 달을 견디는 등 열악하기 이를 데 없는 상황에서 버티어 나갔다. 또 다른 어려움은 본부와의 교신방법이 없는 것이었다. 국제전화가 가능한 곳에서 몇 시간을 기다려 겨우 본부와 연락을 하기도 하고, 다른 나라 대사의 위성전화를 잠깐씩 빌려쓰기도 했다.

이런 가운데 그는 쿠웨이트 정부의 중요한 관리들과 접촉, 양국 관계를 증진시키고자 하는 중국 정부의 의지를 전달했다. 당시 쿠웨이트 정부는 중국에 대해 좋지 않은 감정을 갖고 있었다. 유엔 안전보장이사회 상임이사국인 중국이 이라크 침공을 격퇴하기 위한 유엔의 노력에 마지못한 지지를 보냈기 때문이었다.

중국대사는 경제적인 진출을 강화할 수 있는 방안을 백방으로 찾았다. 그래서 생각해 낸 것이 이라크가 방화한 유전의 불을 끄는 프로젝트에 참여하는 것이었다. 미국 회사가 이 사업을 독점하고 있어 다른 나라 회사는 참여가 어려운 상황이었다. 중국대사는 끈질기게 쿠웨이트 정부인사들을 설득했다. 이러한 노력에 힘입어 중국은 마침내 1991년 7월 이붕 총리의 방문을 계기로 유전 화재 진화 프로젝트를 수주할 수 있었다.[5] 외교관으로서의 직업정신이 유감없이 발휘된 사례다.

· 외교관 직업은 전문직업이 되지 못하면 하나의 직업으로서 성공적일 수 없다. (Chas Freeman, Jr., 1997.)
· 외교는 실무 경험을 쌓아야 성숙될 수 있는 직업이다.
· 직업외교관들을 존중하는 풍토가 정착되어야 한다. 외교관에게는 그들 특유의 감(feeling)이라는 것이 있다. 말로는 표현이 잘 안 되는 것인데, 국익과 관련된 사활적 외교현장에서는 매순간

마다 오랜 경험의 축적 위에서나 발휘되는 감이 결정적인 작용을 하는 경우가 빈번하다. 슈퍼파워인 미국을 제외한 세계 모든 나라가 직업외교관을 존중하는 이유는 외교관들의 현장감이 국익에 긴요하기 때문이다. (김용식 전 외무장관, 조선일보, 1993.7.4.)

· 국가의 대외관계를 다루는 일은 가장 재주가 있고, 가장 헌신적이며, 가장 집요한 사람들이 맡아야 할 일이다.

2) 외교관 직업의 매력

· 나의 외교관 시절을 회상해 볼 때 그것은 단순히 생계를 유지하는 수단 이상의 것이었다. 나의 외교관 생활은 내가 갖고 있던 모든 소망을 이루어 주었고 직업적인 만족을 충분하게 느끼게 해준 하나의 생활방식이었다. 재미없다는 생각이 든 적이 한 번도 없었고 똑같은 날이 하루도 없을 만큼 다양하고 흥미가 있었다. 물론 힘들고 위험한 때도 있었지만.

   　Sir Horace Phillips(영국 직업외교관), Envoy Extraordinary, 1995.

· 평생직업이라는 개념이 구시대적인 것이 되어 사람들은 더 많은 물질적인 이득을 얻기 위해 이 직업에서 저 직업으로 쉽게 옮겨 다닌다. 이러한 현실에서 국가를 위해서 일한다는 개념이 과거와 달리 점점 더 인기가 없어지고 있는 것도 사실이다. 그럼에도 불구하고 외교관 직업은 아직도 많은 사람들에게 보람을 주는 직업으로 인식되고 있다.

   　John Coles(영국 직업외교관), Making Foreign Policy, 2000.

· 당신이 개인적으로 어떤 희생이 따르더라도 프로가 되어 열심히 해보고 싶다는 의지가 있고 미국의 국익에 절대로 중요한(vital) 과정에 참여해 보고 싶다면 어느 모로 보나 외교관 직업보다 더 도전적인 직업은 없다.

   　John Thomas(국무부 차관 역임), ADST Oral History, 1989.6.

외교관 직업의 가장 큰 매력은 아마도 국가를 대표해서 그리고 개인의 이익이 아닌 국가의 이익을 위해서 일한다는 보람일 것이다. 흔히 외교관은 국익의 최전방에서 싸우는 전사(戰士)에 비유되듯이 특정 집단이나 개인의 이익이 아닌 국가의 이익을 위해 일하는 데서 보람과 긍지를 느끼는 직업이다.

외교관 직업은 인간사의 모든 문제를 다룬다고 해도 과언이 아닐 만큼 다양한 분야를 다룬다. 그래서 고무적이고 변화 있는 일을 좋아하거나, 새로운 문화, 환경에 대해 관심이 많은 사람에게 적합한 직업이라고 할 수 있다. 새로운 지식과 경험을 끊임없이 쌓고자 하는 사람에게는 더할 나위 없이 매력 있는 직업임에 틀림없다.

그러나, 근자 들어 외교관 직업의 매력이 떨어져 대학을 졸업하는 우수한 젊은이들이 외교관 시험에 응시하지 않을 뿐만 아니라, 이미 외교관으로 수년 간 경력을 쌓은 사람들도 다른 직장으로 옮기는 사례가 늘고 있다. 가장 큰 원인은 아마도 민간분야가 더 좋은 보수와 장래를 제시해주기 때문일 것이다. 여기에 더하여 외교관 직업에 수반되는 다음과 같은 애로 사항에도 원인이 있을 것이다.

3) 외교관 생활에서 어려움

· 나는 외교관 경력에 있어 가장 중요한 자산을 하나만 들라고 하면 강철 같은 소화력(消化力)을 들 것이다. 이런 소화력에 더하여 세상 어디에 갖다 놓아도 통나무처럼 잠을 잘 수 있으면 더할 나위 없이 좋을 것이다.

Douglas Busk, The Craft of Diplomacy, 1967.

· 외교관 직업은 독특하고 보람 있으며, 때로는 낙담도 되고 어려운 직업이다. 외교관이 되기 전에 외교관 직업이 어떤 것인지, 당신과 당신

부인이 어떤 생활을 하게 될 것인지 꼼꼼히 따져 보아야 한다. 외교관 직업은 당신이 기혼자일 경우 가족 모두의 생활에 영향을 주는 직업 이다.

George Vest(미국 직업외교관), ADST Oral History, 1990.

외교관 직업은 국가를 위해서 봉사하는 직업이다. 봉사하는 직업은 헌신(commitment, dedication)과 어느 정도의 희생을 요구한다.

외교관은 전 세계 어느 곳이든 발령을 받으면 개인적으로 어려움과 희생이 따르더라도 부임해야 한다. 근무지역이나 상황에 따라서는 목숨을 잃는 경우도 있다. 외교관이 겪게 되는 어려움, 위험은 일일이 열거할 수 없을 정도다.

외교관은 섭씨 영상 50도에서 살다가, 영하 50도에서도 살아야 하는 사람들이다. 이라크 수도 바그다드는 수은주가 50도까지 올라가는 도시이며, 몽골 수도 울란바토르는 반대로 수은주가 50도까지 떨어지는 도시이다.

기후 조건이 나쁜 예는 한두 가지가 아니다. 사막 기후의 경우 공기가 건조한 것은 물론이고 모래 바람 때문에 눈을 뜰 수가 없는 날씨도 있다. 일년 내내 비 한 방울도 내리지 않는 기후가 있는가 하면, 연중 습도가 너무 높아 옷이나 전기 제품을 쉽게 못쓰게 되는 기후도 있다.

외교관은 또한 위험한 풍토병에 노출되기도 한다. 말라리아 등으로 생명을 잃은 외교관의 예는 흔하며, 지금도 많은 나라에서는 의료 수준이나 시설이 낙후하여 제대로 치료를 받지 못해 사망하는 경우도 있다. 우리나라의 예를 들면, 주 사우디아라비아대사가 예멘 출장 중 바이러스에 감염되어 생명을 잃은 일이 있다.

필자는 동티모르에 근무한 적이 있다. 당시 그 나라에는 병원이 없었다. 평화유지군(軍)을 위해 임시로 운영하는 간이 의료시설이 유일했는

데 그나마 민간인은 이 시설마저도 이용할 수 없었다. 말라리아와 댕기열 등이 심한 지역이었고, 하수처리 시설과 쓰레기 수거 시스템이 전무해 위생 상태도 상상을 초월할 정도로 나빴지만, 위급한 상황이 발생하면 대처할 방법이 없었다.

외교관이 테러나 납치의 대상이 되는 경우도 자주 있다. 1986년 1월 31일 베이루트에서 근무하던 도재승 1등 서기관이 아침 출근길에 납치되어 1987년 10월 말 석방될 때까지 말할 수 없는 고통을 당한 적이 있다.[6] 2002년 6월에는 주 필리핀 한국대사관 직원이 실종되어 숨진 채로 발견되기도 했다.

외교관은 치안이나 정세가 불안한 지역에서는 항상 무장 강도의 공격을 받을 위험에 노출된다. 노상 강도의 공격을 받아 타고 가던 차량을 절취 당하는 것은 말할 것도 없고, 강도가 주택에 침입하여 생명까지 빼앗는 경우도 있었다. 테러 위험을 피하기 위해 어떤 외교관들은 아침에 출근할 때 대여섯 개의 루트를 정해 놓고 주사위를 굴려 그날 가는 길을 정하고, 출발 시간도 조금씩 다르게 할 정도다.[7] 외교관이나 외국공관에 가해진 테러로서 가장 규모가 컸던 것은 1998년 8월 케냐와 탄자니아 주재 미국대사관에 가해진 차량 폭탄 테러였다. 당시 많은 외교관들이 목숨을 잃었다. 그 전에는 레바논과 쿠웨이트 주재공관이 테러의 대상이 되었다. 미국의 경우 과거 20여 년 동안 6명의 대사가 테러나 무장 강도에 의해 무참히 살해되었다.

미국 국무부 현관 돌기둥에는 미국 외교관으로서 공무수행 중 테러나 납치 등으로 사망한 직원들의 이름이 새겨져 있다. 2003년 5월 현재 215명의 이름이 새겨져 있다.[8]

2003년 8월에는 바그다드 유엔 사무소에 차량폭탄 테러가 가해져 22명의 유엔 외교관들이 졸지에 목숨을 잃었는데, 이들 중에는 드 멜로

(Sergio Vieira de Mello) 유엔 사무총장 특사도 있었다. 필자는 동티모르에 근무하는 동안 당시 유엔 사무총장 특사로 일하고 있던 그가 탁월한 능력과 자질을 가진 외교관이라는 인상을 받았었다. 이보다 3개월 후에는 이스탄불에 있는 영국 총영사관에 역시 차량폭탄 테러가 가해져 총영사가 목숨을 잃었다.

외교관에게 자녀 교육문제도 피할 수 없는 어려움의 하나다. 어린 아이들이 부모와 함께 외국에서 생활하다 보면 좋은 점도 있지만 잘 못되는 경우도 있다. 자녀 교육 때문에 부부가 장기간 떨어져 살아야 하는 경우도 허다하다.

2002년 5월 파키스탄 주재 대사로 근무하고 있던 미국대사(여, 53세)는 부임한 지 9개월 만에 국무장관에게 전임을 요청했다. 본국에 두고 온 청소년기의 두 딸이 엄마의 신변안전을 걱정해 귀국을 간청했기 때문이다. 그는 자신의 직업과 자녀 중에서 자녀를 택했다.[9]

외교관은 언어, 문화적 차이를 잘 극복하도록 훈련된 사람들이다. 그러나, 외교관이라고 해서 언어나 문화적 차이에서 생기는 쇼크나 스트레스가 없는 것은 아니다. 임지를 옮겨 다닐 때마다 현지 언어를 익혀야 하나 여기에도 많은 노력이 필요하므로 가는 곳마다 현지 언어를 배운다는 것은 그 자체가 스트레스다.

생활 여건의 차이는 어떻게 보면 당연한 것이어서 외교관들이 별로 신경을 쓰지 않는 문제처럼 보인다. 그러나, 나라나 지역에 따라 생활 여건에 큰 차이가 있기 때문에 재외공관 인사발령 때마다 생활환경이 조금이라도 더 나은 지역에 발령을 받기 위해 노심초사하게 된다. 그러나 생활 여건이 좋은 지역에서만 근무할 수 없으므로 생활여건이 어려운 곳에서도 불만 없이 근무한다는 마음자세를 갖고 있어야 함은 물론이다.

외교관 생활은 투명한 어항 속에 들어있는 물고기와 같다. 일거수 일투족이 외부에 다 드러나 보인다. 외교관 생활은 지나칠 정도의 사회성을 요구한다. 개인 생활이 심하게 노출되고, 사생활이 침해되어도 어쩔 수 없다. 따라서, 성격적으로 이러한 상황을 싫어하는 사람은 외교관 직업이 적성에 맞지 않는다고 할 것이다.

외교관 생활은 떠돌아다니는 생활이기 때문에 어느 한 곳에 뿌리를 내릴 수 없을 뿐만 아니라, 이미 내린 뿌리도 얼마 후 뽑히게 된다. 원하든 원하지 않든 간에 가지고 있던 기반을 잃게 된다. 해외에서 오래 생활을 하다 보면 가까웠던 사람들이 어느새 멀어지고, 본국 사정이나 분위기에도 어두워지게 된다.

외교관은 근무 환경에 따라 심리적인 갈등을 느끼게 된다. 외교관 자신뿐만 아니라 배우자나 자녀들도 비슷한 심리적인 갈등을 겪게 된다. 때로는 무력감, 고독감을 느끼게 되며, 경우에 따라서는 불안정한 심리 상태를 경험할 수도 있다.

외교관에게 남다른 자기 수양과 인내심이 필요한 이유다. 강인한 정신자세를 유지할 수 있도록 의도적으로 노력하지 않으면 안된다.

· 외교관은 국가를 위해 고통을 이겨낼 준비가 되어 있어야 한다.
· 궤양은 외교관에게는 직업병에 해당된다. 나는 외교관이 조국을 위해 바칠 수 있는 위(胃)가 하나밖에 없다는 사실을 유감으로 생각한다. (Robert Murphy, 국무부 차관, 주 일본대사 역임)
· 외교관 직업보다 더 위험한 직업은 별로 없다. (Richard Armitage, 국무부 부장관, 2002.9.11.)
· 어떤 면에서 외교관은 군인과 같다. 그들은 한 순간의 통보를 받으면 짐을 싸 다른 곳으로 이동해야만 한다.
· 인간사에 대해 관심이 없거나, 특히 외국인이나 떠돌이 생활을 싫어하는 사람은 외교관이 되어서는 안된다.
· 외교관은 외교관 생활에 몸담는 한 한시도 비번(off duty)인 때

가 없다.
- 외무공무원은 정예전문가(elite)로서 자부심과 사명감을 가지고 국가를 위하여 헌신 봉사하려는 각오와 준비가 된 공무원이어야 한다. (윤석헌 전 외무부 차관, 먼길을 후회 없이, 1993.)

4) 외교관 생활을 시작하는 사람들에 대한 충고

- 외교관 직업은 항상 탁월함(excellence)을 요구하기 때문에 도전의식을 느끼게 해 주는 직업이다. 그것은 가장 높은 수준의 정직과 가장 높은 수준의 업무수행 능력을 요구한다. 외교관 직업은 또한 우리들 모두에게 인류의 보다 나은 삶을 위해 일한다는 만족감을 느끼게 해준다.

  Colin Powell 국무장관, '외교의 날' 기념사, 2003.5.9.

- 우리들은 우리들의 삶을 바쳐야 한다. 외교관이 하는 일이란 근무시간에 맞추어 시작되고 끝나지 않는다. 가정생활이 언제나 지장을 받는다. 대부분의 다른 직업과 달리 특별한 절제와 희생을 요구한다. 외교관 직업이 우리 자신보다 더 중요하다고 생각할 때 비로소 우리는 우리의 일을 제대로 할 수 있다.

  Lady Kirkpatrick(영국 외교관 부인), 1960.

홍순영 전 외무장관은, "외교관은 생각하고 공부하는 데서 즐거움을 찾는 직업"이라고 하면서, 외교관 생활을 막 시작하는 외교 초년생들에게 다음과 같이 충고하고 있다.[10]

"외교관 직업은 좋은 직업이다. 다른 직업도 마찬가지겠지만, 외교관 직업은 특별히 더 공부하는 것이 직업의 일부이기 때문이다. 공부하는 것, 즉 지식이 바로 직업의 도구다. 세상 돌아가는 이치, 돌아가는 방향을 제대로 파악하고 예측할 수 있어야 하고, 이에 대응하고

이를 향도하는 지혜와 비전이 필요하다. 다른 사람들에게 이를 설명
하고 납득시킬 수 있는 논리와 용기도 필요하다."

1950년대 주 유엔 및 소련대사를 역임한 중국의 장웬치엔(張聞天)
대사도 외교관은 끊임없이 공부하고 연구하는 직업이라고 생각하고 스
스로 이를 실천했다. 외교관은 유용한 건의가 담긴 보고서를 제출할 수
있어야 하는데, 그러기 위해서는 평소 깊이 있는 연구, 분석을 게을리
하지 말아야 하고, 아울러 독자적인 사고(independent thinking)를 할
수 있어야 한다고 생각했다.[11]

미국 직업외교관으로 국무부 정무 차관을 역임한 피커링(Thomas
Pickering) 대사도 외교관 직업은 기본적으로 끊임없이 배우는 직업이
며, 또한 그것이 가능한 직업이라고 믿었다. 그는 1959년 외교관 생활
을 시작, 2001년 퇴직할 때까지 42년 동안 외교관으로 일했다. 요르단,
나이지리아, 엘살바도르, 이스라엘, 유엔, 인도, 러시아에서 공관장을
역임했으며, 직업외교관이 오를 수 있는 최고 계급인 career
ambassador까지 올랐다. 그래서 그는 미국 외교관들 사이에 "국무부의
대부(代父)", "Mr. Foreign Service"로 불리었다.[12]

"외교관 직업은 근본적으로 배우는 직업이다. 나는 이 점이 나에
게 가장 중요한 것이라고 생각했다. 외교관이 매일 새로운 것을 배우
지 않으면 나는 그 외교관이 외교관 직업의 장점을 최대한 활용하고
있다고 생각하지 않는다."

소련에 대한 봉쇄정책(containment policy)을 입안하는 등 외교관,
학자로서 명성을 날린 케난은, 외교관은 인간사에 대해 호기심을 가지

면서도 초연하고 사심 없이 관조(觀照)하는 자세를 가져야 한다고 다음과 같이 말했다.

"외교관 직업에서 의미를 발견하고 만족감을 얻기 위해서는 무엇보다도 외교관 직업을 하나의 생활방식으로서 즐겨야 한다. 외교관은 자연과 인간의 엄청난 다양성을 사랑할 줄 알아야 한다. 때로는 자기 자신을 잊기도 하고, 사물이나 사람에 대해 호기심을 가지며, 경우에 따라서는 초연하면서도 유심히 관찰해서 보는 태도를 가져야 한다. 아름다움과 비극을 예민하게 느끼기도 하며, 인생을 여러 각도에서 바라볼 수 있는 기회를 갖는 데 대해 감사할 줄도 알아야 한다."

케난과 함께 모스크바 주재 대사관에서 근무한 바 있고, 역시 직업외교관으로서 가장 성공적인 사람 중 한 사람으로 평가를 받는 헨더슨 대사의 충고를 들어보자.

"외교관 생활에서는 잘 나갈 때도 있고 그렇지 못한 때도 있을 것이다. 그러나, 결국은 마찬가지가 될 것이다. 그러므로 매일매일 하는 일에 최선을 다하라. 승진문제 같은 것은 저절로 해결될 것이다."

35년 동안 외교관 생활을 하면서 주 소련대사를 역임한 바 있는 미국의 매틀럭(Jack Matlock) 대사는 외교관은 다양한 문화와 변화를 기꺼이 수용하는 자세를 가져야 한다고 다음과 같이 충고한다.[13]

"역사나 철학, 어학 같은 분야에 관심을 많이 가져라. 외교관에게는 인간과 관련된 모든 사항이 중요하다. 외교관은 인간을 다루고,

96

문화를 다루게 된다. 이(異)문화에 대해 편안한 느낌이 들어야 한다. 만약 그렇지 않으면 외교관 직업이 맞지 않는다고 할 수 있다. 변화를 예상하라. 예상하지 못한 변화에 지적인 호기심을 느끼면 훌륭한 외교관이 될 수 있다. 그리고 자신이 하는 일이 중요하다고 생각을 하되, 자신이 세상을 바꿀 수 있다고 착각하지 말아라."

영국 외교관으로서 34년 간 외교관 생활을 한 바 있는 마샬(Peter Marshall)은 어떻게 하면 외교관 생활을 보람있게 할 수 있는지에 관해 다음과 같이 말했다.[14]

"외교관으로서 자신의 직업을 행복하고 보람있게 하는 요령은 자기가 하는 일에 대해 대단히 큰 기대나 선입관을 갖지 않는 것이다. 그저 항상 긍정적인 마음자세로 맡겨진 일을 묵묵히 하는 것이다."

한국의 2대 외무장관을 역임한 임병직 장관은 외교관이 되고자 하는 젊은이들에게 다음과 같이 충고했다.[15]

"최선의 충고는 외교관에 나서지 말라고 충고하고 싶다. 그러나, 꼭 하겠다고 하면 자기 나라와 전 세계의 과거와 현재에 대해서 모든 것을 배우고 또 일찍이 뜻을 세워야 한다. 어학에 힘쓰고 무엇보다도 인간성을 배워야 한다. 그리고 남이 알아듣게 또 때로는 좀처럼 알아들을 수 없게끔 말하는 방법을 깨우쳐야 한다. 모든 사회적 환경과 사람답지 못한 여러 가지 자극적인 행동에 부딪쳐서도 마음을 턱 놓고 평형된 자세를 유지하도록 습관을 길러야 한다. 그리고 모든 사물과 사람에게 관심을 기울이도록 해야 한다. 좀더 본격적으로 말한다면

외교란 필요한 재능을 가졌을 뿐만 아니라 무엇보다도 국제적 봉사
에 헌신한다는 투지를 가진 사람이라야 택할 수 있는 직업이다."

끝으로, 1907부터 25년 동안 외교관 생활을 한 이탈리아 외교관 베르
(Daniele Vare)의 해학적인 충고를 소개한다.[16)

"Laugh at success and laugh at failure.
Laugh at the way the world is governed.
Laugh at others and above all laugh at yourself!"

2. 외교관의 직무

외교관이 하는 일은 어느 나라 외교관이든 다를 것이 없다. "외교관 계에 관한 비엔나 협약"의 제3조는 외교관의 기능을 대표, 이익보호, 교섭, 관찰, 보고, 양국 관계 증진 등 다섯 가지로 규정하고 있다. 이제 외교관이 수행하는 이러한 기능의 구체적인 내용을 살펴보자.

1) 국가 · 정부 대표 (representation)

· 외교관은 무엇보다도 자신이 국가를 대표하는 사람이며, 국가를 대표 하는 것이 자신의 존재 이유라는 사실을 명심해야 한다. 국가를 대표 하는 일은 외교관이 하는 다른 어떤 일보다 앞선다.

Paul Sharp, "Who Needs Diplomats?", 1998. 2.

외교관의 기본적인 임무는 나라를 대표하는 일이다. 외교관은 일 상적으로 나라를 대표하여 주재국 정부가 주최하는 각종 행사에 참가한다.

외교관은 주재국에서 자기 나라를 대표하는 위치에 있기 때문에 말과 행동에 유의해야 한다. 한 나라의 대사나 외교관에게 부여되는 존경이나 영예는 그 개인에 대한 것이 아니고 그가 대표하는 나라에 대한 것이다. 그래서 외교관이 주재국으로부터 정중한 대우를 받지 못하면 그것은 곧 그 외교관이 아닌 그 외교관을 파견한 나라에 대한 태도로 읽혀질 수 있다.

외교관이 주재국으로부터 높은 대우를 받기 위해서는 본국에서 자신의 위치가 확고하다는 인상을 주어야 한다. 또한 자신이 평소 신뢰하고 의존할 만한 사람이라는 평판을 쌓아야 한다.

외교관은 국가를 대표하여 공적인 임무를 수행하기 때문에 자신의 정치적 소신에 관계 없이 본국 정부의 정책에 충실히 따를 의무가 있으며, 그래서 외교관에게는 특별한 충성심과 규율, 정직이 요구된다.

외교관이 자신의 신념이나 가치관, 양심상 국가를 대표할 수 없어 외교관직을 그만 두는 사례가 종종 있다.

1989년 6월 4일 중국 천안문 사태 당시 주 프랑스대사관 소속 주니어 외교관이 본국 정부의 조치를 받아들일 수 없다고 하여 사표를 낸 일이 있다. 이때 주 캐나다대사관 주재관 3명은 캐나다 정부에 정치적 망명을 신청하기도 했다. 최근의 사례로는 2003년 3월 세 명의 미국 외교관들이 부시 대통령의 이라크 공격에 동의할 수 없다는 이유로 사직했다.

본국 정부를 가장 충실히 대표한 외교관으로 소련의 그로미코(Andrei Gromyko) 외무장관을 들 수 있을 것이다. 그는 28년 간 외무장관직을 수행하면서 스탈린, 흐루시초프, 브레즈네프의 외교철학을 한 치의 오차도 없이 대변했다. 흐루시초프는 모스크바 주재 대사들에게, "내가 그로미코에게 얼음장 위에 앉아 몇 달 간 그대로 있으라고 하면

그는 아무 말 없이 그렇게 할 사람이다"라고 말한 적이 있다.[17]

국가 간에도 어떤 참사나 천재지변으로 큰 인명이나 재산 손실이 발생했을 때 또는 중요한 인물이 사망했을 때 위로나 조의를 표하게 된다. 이것은 의례적인 것으로 생각될 수 있으나, 경우에 따라서는 형식 이상의 의미를 지니게 된다. 2001년 9월 11일 미국에 대한 테러가 발생했을 때 일부 국가 지도자들은 시간을 다투어 부시 대통령에게 전화를 걸거나 전문을 보내 위로의 뜻을 전했다.

교통과 통신이 눈부시게 발달한 오늘날 언뜻 보기에는 외교관의 대표기능의 중요성이 감소된 것처럼 보인다. 그러나, 외교관의 대표기능은 실제적인 중요성을 지닌다. 외교관을 파견, 상주시킨다는 것은 국제사회에서 자국의 존재를 과시하고 영향력을 행사하기 위한 것이다. 외교관이 주재(present)해야 자기 나라의 존재를 과시(represent)할 수 있다. 크고 작은 나라들이 가능한 한 여러 나라에 상주공관을 유지하려고 하는 것도 이런 연유 때문이다.

> · 외교관은 국가를 대표해서 권위 있게 말할 수 있어야 한다. 그렇지 않으면 어느 누구도 그를 진지하게 대하지 않을 것이다. (Geroge Shultz)
> · 다른 나라에서 영향력을 발휘하고자 하면 그곳에 국가를 대표하는 사람이 있어야 한다. 이것은 외교에서 고전적인 교훈이다.

2) 정부 훈령 이행

> · 어떤 외교관에게도 주재국 외무부에 들어가 설교를 하고 나오도록 훈령을 내려서는 안된다. 미국대사나 외교관들이 하는 일은 설교하거나, 가르치거나 혹은 단순히 메일을 전달하는 일이 아니라, 외교를 성과 있게 수행하는 일이다. 외교가 효과적일 수 있기 위해서는 본부에

서 보내는 텍스트만으로는 부족하다. 목적이 분명해야 하고, 믿을 만한 정보가 있어야 하며, 미국의 입장을 잘 설득할 수 있는 세련되고 순발력 있는 센스가 있어야 한다.

미국 국무부, New Guidance on Demarches, 1997.8.21.

외교관이 하는 일 중에 **빼놓을** 수 없는 것은 주재국 정부에 본국 정부의 견해나 입장을 전달하는 일이다. 전달에 그치는 것이 아니라, 주재국 정부로부터의 지지와 호의적인 반응을 이끌어 내는 일이다.

외교관은 자신의 생각이나 견해와 관계 없이 본부로부터의 훈령을 충실하게 이행해야 한다. 그래서 본국 정부 정책에 동의할 수 없어 양심에 따라 외교관직을 떠나는 경우도 있다. 1990대 초 유고슬라비아 사태 당시 클린턴 대통령의 정책에 동의할 수 없다고 하여 국무부의 유고슬라비아 담당관이 사직한 사례가 있다.

외교관은 본부의 훈령이 주재국 입장과 상반될 때 본부가 원하는 정도로 강도 높게 이를 전달하지 않거나 또는 주재국 정부가 표시한 입장이나 반응을 본부에 그대로 전달하지 않기 쉽다. 외교관에게 정직과 용기라는 자질이 부족한 경우에 일어날 수 있는 현상이다.

본부에서 훈령을 잘 입안하고 재외공관에서 이를 효과적으로 집행하는 일은 외교목표를 달성하는 데 있어 매우 중요하다. 외교진의 실무능력을 가늠해 볼 수 있는 척도의 하나다.

훈령 이행이 효과적으로 이루어지기 위해서는 훈령이 정확하게 작성되어야 한다. 내용이 모호하다거나, 목표가 불분명하면 이러한 훈령은 시행과정에서 차질이 생길 수 있다. 잘 작성된 훈령은 재외공관에서 잘못 해석할 여지가 없는 훈령이다.

재외공관은 본부로부터의 훈령을 이행함에 있어 현지 사정을 최대한 참작함과 아울러 창의력과 상상력을 발휘해야 한다. 훈령을 누가 누구에게 전달하는가 하는 것도 중요하다. "Level sends a message."라는 말이 있듯이 훈령을 전달하는 수준이 훈령 내용의 중요도를 암시하게 된다.

대단히 중요한 메시지를 3등 서기관이 외무부의 하위 직원에게 전달했다고 가정하면, 이는 사안의 중요성을 정확하게 전달했다고 할 수 없다. "The wrong messenger will kill the correct message."라는 말처럼 똑같은 사안이라도 누가 누구에게 전달하고 설명을 하느냐에 따라 결과가 달라질 수 있다. 신뢰도가 높고 역량이 있는 인사를 통해 전달하는 것과 그렇지 못한 인사를 통해 전달하는 것은 결과에 있어 큰 차이가 있을 수 있다.

훈령을 전달하고 난 다음에는 주재국의 반응을 신속하고도 정확하게 파악, 본부에 전달해야 한다. 주재국 인사가 쓴 용어와 표정, 제스처 등도 함께 전달하는 것이 좋다. 때로는 상대방이 쓴 단어를 원어로 표시해 주는 것이 좋다. 미묘한 사안에 있어서는 특히 그러하다.

현지 대사가 본부의 훈령이 있어야만 어떤 조치를 취할 수 있는 것은 아니다. 본부로부터의 훈령이 없는 상태에서 중요한 조치가 취해지는 경우도 있다. 본부의 지시를 받아 대응할 수 있는 시간적인 여유가 없는 경우 공관장은 자신의 판단에 따라 우선 시급한 조치를 취하게 된다. 물론 결과에 대해서는 책임을 져야 한다. 그래서 외교관에게 판단력과 용기라는 덕목이 요구된다.

1973년 8월 8일 동경에서 김대중 씨 납치사건이 발생했을 때의 일이다. 하비브(Philip Habib) 주한 미국대사는 정보요원들을 통해 사건의 진상을 파악하기 위해 애쓰는 한편 대사관 간부회의를 긴급히 소집, 다음과 같이 지시했다.

"나는 한국에서는 일을 어떻게 하면 되는지를 안다. 한국 관계당국은 24시간을 기다릴 것이다. 만약 이 시간 내에 우리가 아무 말을 하지 않으면 김 씨는 살해될 것이다. 여러분들은 여러분들이 아는 어떤 사람이든 찾아가서 만나라. 만약 그들이 사무실에 없으면 집으로 찾아가라. 한밤중이라도 상관없다. 오히려 늦은 시간이 더 낫다. 한밤중에 찾아가면 미국이 이 문제를 얼마나 심각하게 생각하고 있는지를 더 잘 알게 될 것이다. 그들을 만났을 때에는 누가 저지른 일이냐를 놓고 왈가왈부하지 말라. 그저 미국은 김 씨가 살아있기를 원한다고만 분명히 말하라."

하비브 자신은 즉시 국무총리를 만나 김 씨의 생명에 이상이 있을 경우 한국 정부는 큰 어려움에 직면하게 될 것이라고 말했다. 그는 또한 국무부 한국과 부(副)과장과 통화, 미국 정부가 이 납치사건을 테러행위로서 개탄한다는 내용의 성명이 발표되도록 했다. 이와 같이 하비브는 국무장관 등 워싱턴의 고위층에는 보고를 하지 않고 자신의 판단에 따라 제반 조치들을 신속히 취했던 것이다. 미국측 관련 인사들이 나중에 증언한 바에 의하면 하비브 대사가 본부에 훈령을 요청했더라면 이 사건의 결과가 사뭇 달라졌을 것이라고 한다.[18]

홍순영 전 외무장관이 주중대사로 있을 때의 일화다. 2001년 4월 1일 해남도(海南島) 근처 공해 상공에서 미국 정찰기와 중국 전투기가 충돌, 전투기 조종사는 실종되고 정찰기는 해남도에 불시착한 사건이 발생했다. 당시 이 사건은 부시 행정부 등장 직후 예상치 않게 발생한 심각한 사건으로 양측이 첨예한 대립을 보였다.

강대국 간에 일어난 사건에 한국과 같은 위치에 있는 나라가 어떤 역할을 한다는 것은 현실적으로 기대하기 어려운 일이었다. 그러나, 홍

대사는 이 사건이 원만히 해결되지 않을 경우 한국에 미칠 부정적인 영향을 염려하여 중국 측 고위인사를 만나는 기회에 이 사건에 관한 자신의 생각을 개진하기로 결심했다. 사건 발생 나흘 후 중국 정부의 고위인사들을 만나 사건이 조속히 해결되는 것이 바람직하다는 의견과 정찰기 승무원 출국허가 문제와 사건자체 처리 문제를 따로 떼어 해결하는 것이 좋을 것이라는 견해를 피력했다. 이와 같은 조치는 본부의 훈령이 없었기 때문에 어려운 일이었다.

이 사건은 발생 11일 만에 미국 승무원들이 전원 송환되었고, 2~3개월 후에는 불시착했던 정찰기도 분해되어 미국으로 돌아가 양국 간의 대립이 풀렸다. 이 사건을 계기로 미·중 양국 관계는 기대 이상으로 개선되었다. 사건이 원만히 해결되고 난 다음 홍 대사는 미·중 양국 정부로부터 정중한 사의(謝意)를 전달받았다 한다.[19]

3) 관찰 · 보고

· 외교업무를 수행하는 데 있어서는 무슨 일이 일어나고 있는지를 분명하게 이해하고 또 그것을 명확하게 기록하여 정직하고 깊이 있는 보고를 할 수 있어야 한다. 이 일은 자명하고도 쉬운 일인 것처럼 보인다. 그러나, 실제에 있어서는 그렇지 않다. 이 일은 대단한 지적 능력, 인격 및 훈련을 필요로 한다.

George Shultz 전 국무장관, 2002.5.

· 오늘날에는 해외에서 일어나고 있는 사태를 알리는 일은 언론의 몫인 것 같은 인상을 받게 된다. 그러나, 나는 단연코 그렇지 않다고 생각한다. 언론 보도는 마감시간에 쫓기고 또한 뉴스거리로 만들어 보도해야 하기 때문에 왜곡될 가능성이 있다. 물론 속도 면에서는 언론을 따라갈 수 없다. 그런데, 정부기관은 다른 종류의 정보를 필요로 한다. 예컨대, 어떻게 해서 그런 사태가 발생했으며, 그 나라 지도자들은 이

사태를 어떻게 해결하고자 하는가에 대한 정보가 필요하다.
John Coles, Making Foreign Policy, 2000.

외교관은 본국 정부의 눈과 귀라고 한다. 현지 상황과 현지에서 일어나는 일들을 보고 들어서 본국 정부에 알리는 역할을 하는 사람들이라는 의미다.

외교관이 하는 일 가운데 이와 같은 관찰·보고 활동은 가장 기본적인 임무에 속하면서도 가장 중요한 임무의 하나다. 외교관을 외국에 파견하는 근본적인 이유가 여기에 있다.

그런데 이 일은 생각만큼 쉽지 않으며, 그 능력이나 기술이 단시일 내에 습득될 수 없다. 오랫동안 의식적으로 노력하고 훈련을 쌓지 않으면 안되는 일이다.

무엇이 관찰과 보고의 대상이 되는가? 물론 본부에서 지시한 사항이 일차적인 보고의 대상이 된다. 대개의 경우 본부는 본부가 알기를 원하는 사항이 있으면 이를 파악, 보고하도록 지시한다. 그러나, 재외공관에서는 본부의 지시만 기다리고 있을 수 없다. 외교관 각자가 어떤 정보가 본부에서 유용하게 사용될 것인지에 관해 늘 관심을 갖고 중요한 정보를 찾아 다녀야 한다. 한 예로, 1997년 타일랜드, 한국 등에서 외환위기가 발생했을 당시 미국 재무부나 국무부는 해외공관으로부터 이런 가능성에 관한 조기경보를 전혀 받지 못했다 한다.

각국 외교관들은 평소 다음과 같은 사항에 대해 관심을 갖고 보고하게 된다.

- 주재국의 중요 정책 결정과정에 관련된 사항
- 주재국의 중요 정책 결정과정에서 영향력이 있는 인사에 관한 사항

- 주재국의 경제상황, 정책과 관련된 사항
- 주재국의 국방, 군사에 관한 사항
- 주재국의 본국 및 주요 국가에 대한 태도, 특이 동향
- 대량살상무기(핵, 화학, 생물무기), 테러, 마약 등 관련 사항

보고 대상을 선별하는 기준은 일차적으로 본부가 알기를 원하는 사항(need to know)이 될 것이다. 정보통신기술의 획기적인 발달로 정보의 홍수현상이 나타나고 있어 외교관들이 보고대상을 잘 선택해야 할 필요성이 더욱 커지고 있다.

CNN, BBC, 인터넷 뉴스 등이 전 세계에서 일어나는 일들을 거의 실시간대로 전해주고 있는 오늘날 외교관도 관찰·보고 임무를 수행함에 있어 이러한 현실을 잘 감안해야 한다. 언론 매체를 통해 즉시 알려질 수 있는 사항에 관한 보고는 줄이는 대신 현지에서의 깊이 있는 관찰이 담긴 분석적인 보고를 많이 해야 한다. 그래야 본부에서 관심 있게 읽히는 보고가 될 수 있다. 1999년 11월 워싱턴에 부임한 파미(Fahmy) 이집트대사는 다음과 같이 말했다.

"나는 워싱턴에 부임하면서 정보를 본부에 전달하는 일을 놓고 언론과 경쟁하지 않기로 결심했다. 언론보다 앞서 뉴스가 본부에 도착되도록 애쓰는 일은 쓸데없는 일이다. 그래서 나는 그때그때 일어나는 일을 본부에 보고하는 일을 그만 두었다. 본부에 있는 사람들이 CNN을 본다는 가정 하에 일을 했다."[20]

재외공관에서 단편적인 사실에 관한 보고를 자주 하는 것은 소위 정보의 과적(information overload) 현상만 가중시킬 뿐이다. 이렇게 되면

본부에서는 보고가 너무 많아 정작 중요한 내용의 보고를 간과할 수도 있다.

재외공관에서 본부에 보내는 보고는 거의 100% 전문(電文)으로 하게 된다. 요즘에는 통신기술이 발달해서 전과 달리 엄청난 양의 정보를 순식간에 전달할 수 있게 되었다. 여기에 소요되는 통신요금도 비교할 수 없을 만큼 저렴해졌다.

재외공관에서 본부에 보내는 보고는 본국 정부가 외교정책을 수립하는 데 참고가 되고, 정책을 집행하는 과정에서 정확한 판단을 하는 데 도움이 되면 그 효용도가 높게 된다. 이러한 보고가 되기 위해서는 무엇보다도 시의 적절하고, 유용한 내용이 담기며, 깊이 있는 분석과 판단이 들어 있어야 한다. 더 바람직한 것은 본부가 취할 조치나 정책방향에 대한 건의를 포함시키는 것이다. 주재국 정세에 관한 보고일 경우에는 단편적인 사실을 나열하는 데 그치는 대신에 사태의 원인과 향후 추세까지 포함시키는 것이 좋다.

외교관의 관찰·보고 임무는 특히 국제적으로 영향력 있는 국가에 주재하는 공관원들에게는 대단히 중요하다. 이들 나라의 움직임이 국익에 직접적이며 즉각적인 영향을 주기 때문이다. 현지 사정과 돌아가는 분위기, 고위 정책 결정 인사들의 생각 등을 깊이 있고, 정확하게 본부에 전달하는 것은 현지에 주재하는 외교관들이 가장 잘 할 수 있는 일이다. 향후 문제가 될 수 있는 사안에 대한 징후를 조기에 포착하여 경종을 울리는 것도 외교관들이 잠시도 게을리 해서는 안되는 일이다.

외교관이 관찰·보고 임무를 수행하는 과정에서 은연 중 나타나는 바람직하지 않은 현상이 있다.

가장 흔한 현상은 본부를 의식해서 보고서를 작성하는 것이다. 본부가 듣기 좋아하는 사항을 보고대상으로 선택하고, 본부가 싫어하는 내용, 본국 정부 정책이나 방침과 다른 내용, 본부 입장을 곤란하게 할 가능성이 있는 내용은 보고를 꺼리는 것이다.

1948~51년 기간 중 주한 미국대사관 차석으로 근무했던 드럼라이트(Everett Drumright) 참사관이 경험한 일을 예로 들어보자. 이승만 대통령은 주한 미국대사에게 북한에 의한 남침 가능성이 실제적일 뿐만 아니라 임박했다고 하면서 미국의 군사적인 지원을 호소했다. 그러나, 무초(John Muccio) 대사는 워싱턴 분위기를 의식, 이를 본국 정부에 강력히 건의하지 않았다. 당시 트루먼 대통령과 그의 참모들은 제2차 세계대전을 승리로 이끌기 위해 미국이 할 만큼 했으니 더 이상 미군을 해외에 파견하거나 군사적인 예방조치를 취할 필요가 없다는 생각을 갖고 있었다. 이러한 워싱턴의 분위기를 의식, 주한 대사관은 북한의 남침 가능성에 대비할 것을 적극적으로 건의하지 않았다.[21]

본부 분위기, 국내정치 상황에 영합하거나 이를 의식해서 보고를 하는 경우, 보고의 정확성, 객관성이 떨어지며, 본부로 하여금 어떤 사태에 미리 대비하도록 할 수 없고, 경우에 따라서는 본국 정부가 정책을 결정하는 과정에서 중요한 사실을 고려에 넣지 않는 결과를 초래할 수 있다.

1989~92년 기간 중 사우디아라비아 주재 대사를 역임한 미국의 프리만 대사는 본부 입장을 거북하게 만드는 보고를 자제해 달라는 본부의 분위기를 전달받고 다음과 같이 말했다.

"미안합니다. 나는 당신들이 본부에서 듣기를 원하는 내용을 보고하기 위해 여기에 나와 있지 않습니다. 나는 이곳에서 무슨 일이 일어나고 있는지를 사실대로 알려주기 위해 여기에 나와 있습니다. 이런 과정에서 당신들이 거북스럽고 불편하게 느낀다면 유감입니다. 그러나, 본인은 당신들의 비위를 맞추기 위해 현실을 왜곡할 수는 없습니다."[22]

공관장이 통찰력 있는 보고를 했으나 본국 정부로부터 별로 주목을 받지 못하고 오히려 개인적으로 불이익을 당한 사례도 있다. 1936년부터 주 소련대사로 근무하던 끌롱드(Robert Coulondre) 프랑스대사는 소련이 나치 독일과 타협할 것으로 확신한다고 하면서, 이를 전제로 히틀러의 야욕을 막을 수 있는 대응전략을 수립하는 것이 긴요하다고 보고했다. 당시 공산주의의 소련이 파시즘의 독일과 손을 잡는다는 것은 상상할 수 없는 일이었다. 끌롱드 대사의 예상은 적중했다. 그러나, 그는 비중이 떨어지는 공관으로 전임되었다.[23]

재외공관의 통찰력 있는 보고가 본국 정부의 정책 결정자들에 의해 무시되는 경우도 드문 일이 아니다.

카터 행정부 시절 주 이란대사를 역임한 설리반(William Sullivan) 대사의 경우를 예로 들어보자. 그는 1979년 1월 16일 팔레비 국왕 체제가 붕괴되기 전 이란의 국내 상황이 악화되는 실상과 추세를 정확하게 보고했다. 밴스(Cyrus Vance) 국무장관은 그의 보고를 신뢰했으나, 안보보좌관이었던 브레진스키와 카터 대통령은 그의 보고를 묵살했다. 인권외교에 집착했던 카터는 팔레비 정권이 붕괴될 가능성을 믿으려 하지 않았다. 브레진스키는 설리반 대사 채널을 배제하고 별도의 채널을 통해 이란 측과 접촉하기까지 했다. 1979년 11월 3일 이란 주재 미국대사관이 폭도들에 의해 점령되고 대사관 직원들이 인질로 잡히는 심각한 상황이 발생했다. 현지 대사의 보고에 좀더 귀를 기울였더라면 피할 수도 있었던 엄청난 실수였다.[24]

재외공관 보고가 본부의 외교정책 수립이나 대책 마련에 참고가 되는 것은 사실이나, 항상 그런 것은 아니다. 2003년 3월 미국이 이라크를 무력으로 공격하기 직전의 일이다. 부시 행정부는 이라크에 대해 무력을 사용하는 문제를 놓고 프랑스와 독일, 러시아 등의 강력한 반대에 부딪쳤다. 프랑스는 안전보장이사회에서의 거부권 행사 가능성까지 공개적으로 밝히기도 했다. 유럽에 주재하고 있던 한 미국대사는 부시 대통령이 주재국에서 적(敵)이 되었다고 솔직하게 보고하면서 워싱턴에 경종을 울렸으나 본부의 결정에 이렇다 할 영향을 주지는 못했다.[25]

본국 정부가 추진하는 정책라인에 맞지 않는 내용이나 건의를 하는 일은 쉬운 일이 아니다. 사심(私心)을 배제한 용기와 공인(公人)으로서의 투철한 사명감이 없이는 어려운 일임에 틀림없다. 이유는 간단하다. 이러한 보고를 하는 공관장은 본국 정부정책에 충실히 따르지 않는 사람으로 오해나 의심을 받을 수 있기 때문이다.

미국 국무부는 해외공관에 근무하는 외교관이 본부 정책이나 방침에 어긋나는 의견을 개진하고 아울러 대안을 제시해 결과적으로 좋은 성과를 얻었을 경우에는 이를 표창하는 제도가 있다. 다양한 의견을 존중하고, 그런 분위기를 고무시킴으로써 집단적 사고(group thinking)가 초래할 수 있는 결점을 줄이자는 의도에서 나온 것이다.

외교관은 보고서를 작성할 때 에고(ego)를 경계해야 한다. 외교관 보고가 다른 어떤 보고보다도 가치가 있을 수 있는 것은 그 객관성과 정보원의 신뢰도 때문이다. 그런데, 외교관이 철두철미 정직하지 않을 경우, 보고서 작성과정에서 자신의 능력, 기여도 등을 과시하고자 하는 에고가 발동할 수 있다. 이렇게 되면 보고서가 각색되어 정확성이 떨어지게 된다. 외교관이 정직성을 견지하지 않으면 안되는 실제적인 이유의 하나다.

주 독일대사를 역임한 인도 외교관이 공개한 사례를 들어보자. 인도

111

정부는 1995년 유엔 안전보장이사회 비상임이사국에 입후보하고 지지교섭을 전개했다. 투표는 다음 해 유엔 총회가 끝날 때쯤으로 예정되어 있었다. 아시아지역에서는 일본이 입후보를 했기 때문에 인도로서는 힘겨운 득표경쟁을 해야 했다. 그래서 유엔 주재 대표부는 물론 전 세계 115개 공관이 나서서 활발한 지지교섭을 벌였다.

재외공관으로부터의 보고를 종합해 본 결과, 80개국 정도의 지지가 확실한 것으로 나타났다. 그러나 1996년 11월 투표에서 인도를 지지한 나라는 불과 40개국인 반면, 일본을 지지한 나라는 142개국이었다. 어떻게 이런 결과가 나왔을까? 재외공관 보고에 문제가 있었던 것이다. 많은 공관이 주재국으로부터 지지의사를 받아낸 것으로 보고를 했으나, 실제에 있어서는 그렇지 않았다.[26]

재외공관에서 본부에 보내는 보고사항 중 빼놓을 수 없는 것은 주재국의 중요한 인사에 관한 정보다. 본국과의 관계에 영향력이 있는 사람들의 신상이나 동향에 관한 정보를 입수, 보고해야 한다. 미국의 경우에는 이 일을 전문적으로 담당하는 biographic officer가 있으며, 이들은 인물정보를 체계 있게 정리, 관리한다.

> · 무엇보다도 재외공관 보고는 정확해야 한다. 색칠을 하거나 감정이 섞여서는 안된다. 편파적이어서도 물론 안된다. (George Shultz, Diplomacy in the Information Age, 1997.4.2.)
> · 외교관이 필요한 존재가 되기 위해서는 본부의 귀에 거슬리는 보고를 하는 것을 두려워해서는 안된다. (Charles Thayer, Diplomat, 1959.)
> · 본부 상사들의 비위를 맞추기 위해 보고서를 짜 맞추는 아첨꾼 공관원은 필요 없다. (John Tuthill, Some Things To Some Men, 1996.)
> · 장기적으로 중요성을 지니는 보다 더 근원적인 문제에 관하여 보고하라.

4) 경제 · 통상관계 증진

　어느 나라의 경우든 외교기관이 하는 역할 중의 하나는 다른 나라와의 경제 · 통상관계가 증진되도록 지원하는 일이다. 선 · 후진국에 관계 없이 해외에 주재하는 공관원들은 세일즈맨으로서 자국 기업들이 주재 국내에서 경제 활동을 활발하게 할 수 있도록 지원해야 한다.

　이를 위해 공관장과 공관직원들은 주재국 정부, 민간업계와의 접촉을 통하여 필요한 정보를 입수, 업계에 전달하기도 하고, 현지에 진출한 자국기업이 활동과정에서 애로를 겪게 되면 주재국과의 접촉을 통해 이를 해소하는 데 가능한 최대한의 지원을 제공한다.

　또한, 외국기업의 국내투자를 증진시키기 위해 외국기업에 국내법령, 제도, 유망 투자분야 등에 관한 정보를 제공하고, 이들이 국내 진출과정에서 겪는 애로 사항이 있으면 역시 이를 해소해 주기 위해 노력한다.

　이와 함께, 외무부와 재외공관은 통상마찰을 예방하고, 마찰이 발생했을 경우에는 이의 해결을 위해 노력한다. 자국 기업에 대한 불공정 사례가 발생했을 경우에는 이의 시정을 위해서 노력한다.

　앞서 설명하였듯이, 재외공관의 관찰, 보고 내용에 주재국의 경제상황과 정책이 포함되는 것은 물론이다. 공관에 따라서는 주재국뿐만 아니라 자국 경제에 영향을 미칠 수 있는 국제경제 동향에 대해서도 면밀하게 관찰하고 필요한 정보를 입수해서 보고를 해야 한다.

5) 국가 · 정부 홍보

· 여론은 군대보다 더 강하다.

Lord Palmerston

· 이제 정부, 기업 모두 진실을 알리는 것이 '최고의 홍보' 라는 아주 평
범한 진리를 깨닫고 실행해야 한다. 진실은 그 자체로 최상의 홍보다.
김경해, '정보홍보' 포장보다 진실이 먼저, 동아일보, 2002.8.8.

외교관이 수행하는 또 다른 임무는 자기 나라를 알리고, 자기 나라의
좋은 이미지를 심어주는 일이다. 이를 위해서는 주재국의 언론 매체를
잘 활용할 수 있어야 한다. 특히 공관장의 경우에는 주재국 TV 대담프
로에 나가고, 영향력 있는 일간지 등과의 인터뷰 기회를 자주 가져야
한다. 중요한 나라, 특히 미국과 같은 나라에 주재하는 공관장의 이러
한 활동은 대단히 중요하다.

오늘날 어느 나라든 공보외교와 문화외교를 통해 자기 나라의 이미
지를 높인다. 소위 soft power의 중요성이 더해지고 있기 때문에 다른
나라 사람들에게 좋은 이미지를 심어주는 일의 중요성은 더욱 커지고
있다.

홍보라는 것은 결국 주재국 국민들의 마음을 사는 일이다. 자기 나라
에 대해 잘못 인식되고 있는 것이 있으면 바로잡아 주고, 잘 알려지지
않은 일이 있으면 알리는 것이다.

홍보에서는 사실을 있는 그대로 알리는 것이 무엇보다도 중요하다.
과장, 왜곡하거나 불리한 사실을 숨기면 결국은 신뢰를 잃게 된다. 진
실을 알리는 것이 최상이다.

외교관들의 홍보활동은 주로 언론인 접촉, 언론 기고, 연설 · 강연회
참석, 각종 문화행사 개최 등을 통해 이루어진다.

· 외교관, 특히 대사는 주재국 정부에 본국의 견해나 정책을 설명함에 있어 설득력 있고 열성적이어야 한다.

6) 재외국민 보호

국민의 생명과 재산을 보호하는 것은 국가의 기본 임무다. 따라서, 국가기관으로 해외에 설치되어 있는 재외공관과 여기에서 일하는 공무원들의 중요한 임무의 하나도 현지에 진출한 자국민의 권익을 보호하고 신장시키는 일이다.

선진국들의 경우 자국민을 보호하는데 최선의 노력을 다하는 모습을 볼 수 있다. 자기 나라 국민이 외국을 여행하는 동안 또는 해외에서 생업에 종사하고 있는 동안 어려운 일을 당했을 때 현지에 나가있는 외교관은 가능한 범위 내에서 최선의 방법으로 이들을 돕는다. 공관원들이 자국민 보호에 만전을 기할 때 주재국 사람들은 그 외교관과 그런 나라를 높이 평가하게 된다.

그러나, 재외공관의 자국민 보호, 지원 활동에는 어쩔 수 없는 제약이 따른다. 예를 들어 주재국 법을 위반한 자국민의 경우 재외공관의 개입에는 한계가 있다. 이럴 경우 재외공관은 그러한 자국민이 외국인이라고 하여 부당한 대우를 받지 않도록 주재국 당국의 협조를 요청하게 된다.

3. 외교관의 자질

예로부터 외교관에게는 특별한 자질과 덕목이 있어야 하는 것으로 여겨졌다. 외교관이 직무를 효과적으로 수행하는데 필요한 자질을 정리해보자.[27]

- **●국가대표 임무를 수행하는 데 필요한 자질**
  - 확고한 국가관과 애국심, 나라를 대표한다는 긍지
  - 자국의 정책과 국익에 대한 확실한 이해
  - 자국 정부의 견해와 입장을 주재국 정부나 국민에게 이해시킬 수 있는 설득력과 표현력
  - 진실하고 겸손한 태도, 단정한 품행 및 인간적인 매력 등
- **● 교섭 임무를 수행하는 데 필요한 자질**
  - 상기 국가대표 임무를 수행하는 데 필요한 자질
  - 강한 인내력과 통찰력
  - 높은 수준의 어학 능력

― 예리한 지각(intelligence)과 기지(tact)

― 정확한 상황 판단, 요점 파악 능력 등

● **관찰 · 보고 임무를 수행하는 데 필요한 자질**

― 주재국 동향을 파악하여 간단 명료한 보고서를 작성할 수 있는 능력

― 주재국 사정(역사, 전통, 문화, 종교, 언어 등), 국민성(사고방식, 생활 습관 등)에 대한 폭넓은 지식과 충분한 이해

― 주재국의 주요 인물, 기관, 간행물 등 정보원을 파악, 이용하는 능력

― 예리한 관찰력

― 본국 정부가 싫어하는 내용도 사실대로 보고할 수 있는 지적(知的) 용기 등

● **우호관계 증진 임무를 수행하는 데 필요한 자질**

― 인종적 편견과 배타성이 없는 성품

― 주재국의 언어, 문화, 풍습, 습관 등에 관한 이해

― 의전과 사교관례에 관한 실용적인 지식

― 만나는 사람에 대한 기억력

― 겸손하고 명랑한 태도

― 사교활동을 효과적으로 수행하는 능력 등

● **국가와 국민의 이익을 보호 · 신장하는 임무를 수행하는 데 필요한 자질**

― 상기 국가대표 임무를 수행하는 데 필요한 자질

― 침착성과 용기 등

1) 외교관 자질론

외교관 자질론 하면 니콜슨이 『외교론(Diplomacy)』에서 논한 내용이 가장 널리 인용된다. 그는 이상적인 외교관의 자질 또는 덕목으로 truthfulness, precision, calm, good temper, patience, modesty, loyalty 등 7가지를 들고난 후, intelligence, knowledge, discernment, prudence, hospitality, charm, industry, courage, tact는 당연한 것으로 간주되어 거론할 필요조차 없다고 했다.

한승주 전 외무장관은 외교관의 바람직한 태도나 자세로 다음과 같은 7개 항목을 들었다.

- 지식과 논리에 강해야 한다. 전략적 시각과 출중한 판단력도 갖고 있는 것이 필요하다. 우리의 경우 수준급의 외국어 실력을 가져야 하는 것은 물론이다.
- 용기와 소신이 있어야 한다. 외교적 상대에게 자신 있게 대할 수 있어야 한다. 국내의 윗사람들에게도 소신을 펼 수 있어야 한다.
- 국내외에서 신뢰를 쌓아야 한다. 한번 신용을 잃으면 그 외교관은 국제사회에서 발붙일 곳이 없어질 것이다.
- 인내심과 냉철함을 가져야 한다. 당장의 성과에 얽매이지 말아야 한다.
- 위기대처 능력이 있어야 한다.
- 친화력이 있어야 한다. 상대방의 존경을 받고 호감을 사는 일이 중요하다.
- 지도력이 있어야 한다. 어느 조직에서나 마찬가지겠지만 공관장같이 해외에서 국내와 격리된 조직을 이끄는 사람은 자신의 동료와

부하들의 존경과 협조를 받는 일이 중요하다.[28]

필리핀 출신으로 국제적으로 알려진 외교관이었던 로물로(Carlos Romulo)는 바람직한 외교관상을 다음과 같이 해학적으로 표현했다.

이상적인 외교관(대사)은 어쩔 수 없이 모순이 많다.

그는 주재하는 나라에서 일어나는 사건의 내면을 꿰뚫어 볼 수 있는 날카로운 눈을 가져야 하나, 한편으로는 주재국 국민들의 약점에 대해서는 눈먼 사람처럼 행동해야 한다.

그는 주재국에서 나는 소리를 정확히 들을 수 있는 뛰어난 청각을 가져야 하는 반면, 거짓 보도와 그릇된 조언에 대해서는 못 들은 척해야 한다.

주재국과의 우호관계를 위해 미려한 표현이 필요할 때는 혀를 놀리지만, 조심성 없는 말이 주재국과의 관계를 악화시킬 가능성이 있을 때에는 입을 꽉 다물어야 한다.

손님을 대접할 때에는 까다로운 미각을 가져야겠지만, 손님으로 초대를 받아 갔을 때에는 어떤 음식도 소화해 낼 수 있는 강철 같은 위(胃)를 가져야 한다.

그는 술을 아무리 마셔도 제 정신을 차릴 수 있어야 한다.

이상적인 대사의 자질을 논하자면 끝이 없다.

분별력이 있으나 관용 있고, 단호하지만 아량 있고, 진실을 추구함에 있어 냉혹하지만 오류가 있을 수 있는 가능성을 인정하고, 다정하지만 속마음을 좀처럼 드러내지 않으며, 자기 나라의 이익을 증진시키는 일에 열성적이면서도, 주재국의 입장에 대해 공정하고 포용력 있으며, 재치가 넘치면서도 경박하지 않고, 성실하고 민감하며, 진지

하나 유머를 잃지 않아야 하는 등 실로 끝이 없다.

이상적인 외교관은 아마도 완벽한 인간만큼이나 드물 것이다.

2) 국가관, 애국심, 충성심

외교관은 국가를 대표하기 때문에 확고한 국가관이 있어야 한다. 또한 외교관은 해외에서 일차적으로 국가의 이익을 지키는 사람들이기 때문에 애국심으로 무장되어 있어야 한다.

외교관은 자신의 임무를 100% 완수한다는 자세를 잃지 말아야 한다. 국가의 이익을 보호하고 신장시키는 데 최선을 다해야 한다. 국익을 돌보지 않는 외교관은 자국민뿐만 아니라 주재국 국민들로부터도 평가를 받지 못한다.

니콜슨은 외교관이 본국 정부의 정책이나 방침에 동의하지 않는 것은 충성심이 모자라는 태도라고 지적하면서, 본부가 듣기 좋아하지 않는 사실은 보고하지 않는 것도 충성심이 부족한 태도라고 말했다. 외교관의 강직성(integrity)에 관한 문제다.

미국 외교관 맥컴버(William Macomber)는, "충성심(loyalty)이란 언제 어떤 상황에서든지, 그리고 공적으로나 사적으로 자기가 봉사하는 정부 지도자들에게 누(累)가 되는 행동을 하지 않는 것"이라고 하면서, 어떤 정책에 대해 자신이 동의할 수 없으면 이를 내부적으로 밝혀야 하며, 그렇게 하지 않고 정부의 정책을 흔들어대는 것은 충성심이 모자라는 태도(disloyalty)라고 했다.[29]

그는 또한, "외교관은 언제나 국가를 위해 최상의 판단을 해야 한다"고 했는데, 이는 진정한 애국심, 충성심이 무엇인가를 말해준다.

외교관에게 국가관이나 사명감이 결여되어 있으면 아무리 좋은 다른 자질을 구비하고 있다 하더라도 쓸모가 없다 할 것이다.

· 외교관은 언제 어디서나 최상의 국익을 위해서 일하는 사람으로 간주된다.

3) 진실성, 정직 (truthfulness, honesty, integrity)

· 외교에 있어 가장 중요한 교훈 중의 하나는, 'Honesty is here and everywhere the best policy' 이다.

Francois de Callieres, 1716.

· 우리들이 외교관으로 일함에 있어 국익을 위해 말할 수 없이 귀중한 것은 정직(integrity)이다.

Nicholas Veliotes(미국 직업외교관), 1993.

프랑스 루이 14세의 특명전권공사였던 깔리에르는, "똑똑한 교섭가는 속임수의 명수이어야 한다는 생각은 치명적인 잘못이다. 속인다는 것은 속이는 사람의 마음이 얼마나 좁은가를 말해주며, 그가 공정하고 합당한 방법으로 목적을 달성할 수 없는 수준의 머리를 갖고 있는 사람임을 말해준다"라고 말했다.

그는, "물론 외교에서 거짓말이 통했던 것도 사실이나, 거짓말은 항상 한 방울의 독약을 떨어트려 놓은 것과 마찬가지였으며, 역사에서 정직하지 못하게 성취한 눈부신 외교적인 성과가 결국은 기반이 허약해 무너진 것을 본다"고 갈파했다. 그는 또한, "거짓말은 오늘 당장은 통할지 몰라도 내일 의심을 자아낼 것이며, 그렇기 때문에 외교관은 본국 정부나 주재국이 믿을 수 있는 사람이라는 평판을 얻는 데 가장 큰 목표를 두어야 한다"고 충고했다.

미국 외교관 맥컴버도 외교관은 실제적인 이유와 도덕적인 이유에서 정직해야 한다고 말하고 있다. 실제적인 이유는 외교관이 정직하지 못할 경우에는 신뢰를 잃게 되고, 이러한 평판은 그의 전 경력을 통해 따라다니기 때문에 어느 임지에서든 외교관으로서의 임무를 효과적으로 수행할 수 없게 된다는 것이다.

도덕적인 이유는 소위 "moral inaccuracies" 현상이 초래된다는 것인데, 의도적으로 정직을 우선하지 않으면 자칫 자기도 모르는 사이에 부정확성에 빠지기 쉽다는 것이다. 그래서 외교관은 다른 사람과의 관계에서뿐만 아니라 자기 자신에 대해서도 항상 정직해야 한다는 것이다.[30]

미국 외교관 세이어도 외교관의 첫 번째 자질로서 moral integrity를 꼽았다. 그에 의하면, 외교관은 직무를 수행하는 과정에서 정직하지 못한 행동에 유혹을 느끼거나 또는 지적(知的)으로 부정직한 행동을 하기 쉽다는 것이다. 책임을 회피하기 위해 의도적으로 모호한 보고서를 작성해 보낸다거나, 자기가 주재하고 있는 나라가 세계에서 가장 중요한 나라인 것처럼 착각하는 것도 moral integrity가 부족하기 때문이라고 했다.[31]

영국 외교관 스트랑(Lord Strang)도 외교관은 도덕적인 용기를 가져야 한다고 강조했다. 그에 의하면, 외교관은 자신의 직무를 훌륭하게 수행하기 위해서는 항상 어려운 도덕적 판단을 해야 하는데, 아무리 뛰어난 재능과 지성을 지녔다 하더라도 누구도 꺾을 수 없는 곧은 마음이 없으면 이러한 재능이나 지성(知性)이 별 소용이 없다고 말했다.[32]

그는 주재국 정부의 입장이 본국 정부의 입장과 다르다고 해서 본부의 비위를 거슬리지 않으려고 보고를 생략하거나, 보고서 내용을 각색하는 것, 주체성 있는 진언보다는 본부가 듣기 좋아하는 것만 골라 보고하는 것, 본부의 훈령이 자기 생각과 맞지 않는다고 해서 이를 주재국 정부에 충실하게 전달하지 않는 것 등은 모두 진실성과 강직성이 결여되어 일어나는 현상이라고 말했다.

중국대사를 역임했던 인도의 패니커(Panikkar) 대사에 관한 일화는 시사하는 바가 크다. 그는 한국 전쟁 당시 북경에 주재하고 있었는데, 북경 외교가에서는 그가 중국 지도부와 가장 가까운 사람으로 알려져 있었다. 그런데 그는 좀 색다른 일에 흥미를 느끼는 습관이 있었다. 귀가 솔깃할 만한 가십을 만들어 외교단에 유포시키고는 반응을 떠보는 것이 그 중의 하나였다. 서방 외교관들 중에는 그가 퍼트린 루머를 본부에 보고했으나 사실이 아닌 것으로 판명되었다는 회신을 받은 경우도 있었다.[33]

이로 인해 패니커 대사는 점차로 다른 나라 외교관들의 신임을 잃게 되었고, 그의 말을 믿지 않게 되었다. 이런 가운데 주은래 수상은 미군이 38선을 넘어 북진할 움직임을 보이자 1950년 10월 3일 패니커 대사를 통해 다음과 같은 중대한 메시지를 본국 정부를 통해 미국에 전달해 줄 것을 요청했다.

"미군(美軍)은 현재 한국에서의 분쟁을 확대시키기 위해 38선을 넘으려 하고 있다. 만약 그들이 꼭 그렇게 하기를 원한다면 우리는 아무 조치를 취하지 않고 그냥 앉아 있을 수 없다. 우리는 틀림없이 적절한 방법으로 이에 대응할 것이다."

인도 정부는 이 메시지를 외교경로를 통해 미국 정부에 전달했다. 그러나, 미국은 이 메시지에 신뢰를 두지 않았다. 패니커(Panikkar)를

"Mr. Panicky"라고 하면서 그를 통해 전달된 메시지에 신빙성을 부여하지 않았던 것이다. 중대한 메시지가 결정적인 순간에 무시되었다. 미국 외교관으로 중국전문가인 클로우(Ralph Clough)는 주은래가 패니커 대사가 아닌 다른 대사를 통해 메시지를 전달했더라면 결과가 달라졌을 것이라고 말했다.[34]

외교관에게 진실성과 용기라는 덕목이 요구된다는 사실을 입증해 주는 사례를 하나 더 들어보자. 이 에피소드는 1970년대 초 주한 미국대사를 역임했고, 그 10년 전에는 주한 미국대사관에서 정무참사관으로 근무한 바 있는 필립 하비브에 관한 것이다.[35]

하비브는 1949년에 외교관 생활을 시작한 이래 베트남, 중동 문제 등에서 뛰어난 외교적 수완을 보여준 사람이다. 그는 1976년 키신저 국무장관 시절 국무부에서 직업외교관이 오를 수 있는 가장 높은 지위라고 할 수 있는 정무 차관까지 올랐다.

하비브가 국무부의 번디 동·아태담당 차관보 밑에서 베트남 관련 업무를 담당하고 있었을 때의 일이다. 그는 1968년 1월 북베트남의 구정 대공세 이후의 정세를 조사해서 보고하라는 지시를 받고 2월 21일부터 사흘 동안 사이공을 방문했다.

존슨 대통령은 11월에 있을 대통령 선거에서 재선을 염두에 두고 자신의 재출마 의사를 밝히는 내용을 포함하는 연설을 준비하고 있었다. 존슨은 또한 이 연설에서 미국이 베트남 전쟁에서의 공세를 더욱 강화한다는 정책을 천명할 계획이었다.

그런데 현지 조사차 사이공을 방문하고 돌아온 하비브는 미국은 더 이상 북베트남에 대한 폭격을 중단하고 북베트남 측과 협상을 개시해야 한다는 상상하기 어려운 의견을 제시했다.

존슨 대통령은, "북폭을 중단해야 한다는 얘기 따위는 듣고 싶지도 않다"고 하면서 노발대발했다. 하비브는 존슨 대통령이 이러한 반응을 보일 것을 잘 알면서도 그러한 보고를 했던 것이다.

이런 일이 있고 난 직후 존슨 대통령은 중요한 결단을 내렸다. 자신의 재출마 계획을 포기하고 베트남전(戰)도 군사적인 해결보다는 협상을 통한 해결로 전환을 모색한다는 것이었다. 존슨 대통령으로 하여금 이러한 결단을 내리도록 한 배경 중에는 하비브가 자신의 직(職)을 걸고 한 정직한 보고서가 있었다.

- 외교관에게 솔직함은 선택의 문제가 아니라 절대적으로 필요한 것이다.
- 진리가 항상 승리하듯이, 정직한 외교관이 항상 우세할 것이다. (Kai Falkman, The Art of Bio-Diplomacy)
- 무엇인가 잘못되어 있으면 사실대로 보고하라. 이것은 외교관에게 하나의 의무다.
- 외교관은 일단 성실해야 한다. 다른 어떤 덕목보다도 성실성이 우선되어야 본국 정부나 주재국 정부로부터 신임을 얻게 된다. (김용식 전 외무장관, 조선일보, 1993.7.4.)

외교에 있어서의 정직과 신뢰

- 사실 성공적인 외교를 위해 가장 필요한 것은 정직이다.
  Philip Habib, Conversations with History, 1982.5.14.

스탈린은, "정직한 외교에 관하여 말하는 것은 마른 물에 관하여 말하는 것과 같다"고 말한 바 있고, 루이 14세는 해외로 파견되는 대사들에게, "다른 나라 대사들이 귀하에게 거짓말을 하면 귀하는 그들에게 거짓말을 더 하시오"라고 했다 한다.

17세기 초 영국 외교관 워튼(Henry Wotton)경은 1604년 베니스 주재 대사로 부임하는 길에, "An ambassador is an honest man sent to lie abroad for the good of his country." 라는 문구를 남겼다.

이와 같이 외교관은 자국의 이익을 위해서는 거짓말을 하는 사람으로 여겨졌다. '외교적' 이라고 하면 '교묘한 수법', '교활함' 이 연상되는 것도 이 때문일 것이다.

그러나, 남을 속이는 일은 후에 그 사실이 드러나게 되고, 그렇게 되면 신뢰를 잃게 되기 때문에 속임수는 여러 번 통하지 않는다. 외교에서 정직과 신뢰만큼 중요한 자산은 없다.

> · 외교에서 중요한 것은 어떻게 사실을 말하느냐 하는 것이다.
> · 메신저(외교관)를 믿지 못하면 그가 전달하는 메시지를 믿지 못하게 된다.
> · 외교는 음모가 아니다. (George Kennan)

4) 균형 감각, 건전한 상식

외교분야에 경험이 많은 노련한 외교관들은 균형 감각과 건전한 상식은 외교관이 지녀야 할 필수적인 자질의 하나라고 한다. 왜 그런가?

아마도 외교관은 다루는 일과 상대하는 사람이 다양하며, 또한 다양한 문화 속에서 일하기 때문일 것이다. 개인적인 감정과 편견, 선입견, 자만심 등은 외교 이슈를 객관적이고, 균형 있게 생각하고 판단하는데 부정적인 영향을 준다.

건전한 상식 가운데 판단하고 행동하면 균형 감각을 유지할 수 있다.

균형 감각이란 복잡한 상황, 이해관계가 대립되는 문제에 있어 어느 한 쪽에 치우치지 않는 것이다. 외교에서는 어떤 사안이든지 이해당사자가 여럿이다. 직접적인 이해당사국 이외에도 그 문제에 무관할 수 없는 제3국이 있다. 이때 이들의 입장을 두루 고려하지 않고 일을 처리하면 예상하지 못했던 문제가 생길 수 있다.

외교관의 유용성은 그가 얼마나 사태를 정확하게 보고, 바른 판단을 할 수 있느냐에 달려있다 해도 과언이 아니다. 어떤 사태나 현상의 본질을 꿰뚫어 볼 수 있는 능력(perceptiveness)이 있어야 한다.

외교관은 어느 한 분야에 너무 오랫동안 전념할 경우(over-specialization), 그리고 어느 한 지역에 너무 오래 근무하다 보면 자칫 문제를 종합적으로 보지 못하는 경향에 빠지기 쉽다. 예를 하나 들어 보자.

영국 주재 중국대사에 관한 일화다. 영국 외무부는 중국 대외무역부 차관의 영국 방문을 초청하면서, 이를 3일 내에 발표하겠다고 했다. 중국대사는 방문이 3개월 이상 남아있는 시점에 이를 발표하는 것은 중국 관례에 맞지 않는다고 하면서 난색을 표명했다. 그럼에도 영국 측은 바로 다음날 이를 발표했다.

문제는 여기서 끝나지 않았다. 1962년 10월 중국과 인도 사이에 국경 충돌이 전쟁 사태로 악화되자 영국 측은 이 방문초청 계획을 무기한 연기한다는 입장을 중국대사에게 전달했다. 중국대사는 화가 났으나, 사무적으로 유감만 표시했다. 그는 대사관 간부 회의에서 이 문제를 논의할 때 영국 측의 조치를 "제국주의적인 태도"라고 비난했다. 그는 영국 측에 강한 항의를 제기하고, 이 방문계획을 취소하며, 영국으로부터의 수입을 축소할 것을 본부에 건의했다.

이에 대해 본부는 이 문제는 중국 외교정책 방향과 영국과의 외교관계 기조에 따라 다루어져야 한다고 회신했다. 중국대사는 이러한 본부 방침을 도저히 이해할 수 없었다. 그런 가운데 중국 대외무역부 차관의 영국 방문은 다음 해에 성공적으로 이루어졌다.

중국대사는 본부에 일시 귀국한 기회에 주은래 수상과 면담할 기회가 있었다. 그때 주 수상은 "대사, 당신은 1919년생인 것으로 기억하는데, 아직도 매우 공격적인 것 같습니다. 외교는 감정으로 해서는 안됩니다. 반드시 전반적인 상황을 고려해서 균형 있게 해야 합니다"라고 말하면서, 당시 본부에서 그러한 결정을 하게 된 배경을 다음과 같이 설명했다.

- 미국이 중국에 대해 무역 제한 조치를 취했을 때 영국이 대외무역부 차관의 영국 방문을 초청했음. 이것은 미국과 영국이 각기 다른 대중국 정책을 취하고 있었음을 의미함. 우리는 이런 상황을 활용해야 했던 것임.
- 영국 측이 중·인 국경 충돌 사태가 발생하자 초청을 취소하지 않고 연기한 것은 우리를 겨냥해서 취해진 조치가 아니고 인도를 의식한 조치였음.
- 영국으로부터 수입을 축소하는 것은 영국보다는 오히려 우리에게 더 손해임.
- 중국과 무역을 하는 영국 회사들은 모두 민간 회사들로, 이들은 중국에 대해 호의적인 인식을 갖고 있던 바, 주문을 취소하면 계약을 위반함으로써 이들 회사들에게 나쁜 인상을 주게 됨.[36]

· 외교에서는 가능한 넓은 맥락에서 보고 판단해야 한다.
· 외교관은 한 쪽으로 치우쳐서 생각해서는 안된다.

5) 인내심, 침착성

· 외교는 쉬운 직업 중의 하나는 아니다. 무엇보다도 요구되는 것은 참
을성이다.

Sir William Strang, 1951.

"Diplomats are paid to be patient."라는 말이 있다. 외교관에게는 특별한 인내심이 요구된다는 말이다. 외교문제, 또는 국가 간 교섭 사안은 일거에 또는 명쾌하게 해결할 수 없는 경우가 많다. 이럴 때 성급하게 해결을 시도하면 일이 더 꼬일 수도 있다. 인내심 있게 기다리면 저절로 풀리는 경우도 있다.

외교는 어느 한 순간에 시작해서 어느 한 순간에 끝나는 것이 아니다. 외교에 있어 조급한 태도는 금물이다. 상황이 유리하게 조성될 때까지 인내심을 갖고 기다려야 하는 경우가 많다. 예상하지 못한 상황이 발생했을 때에는 침착하고 냉정하게 대응을 해야 한다.

· 인내심은 외교를 수행하는 데 있어 큰 덕목이다. 외교관은 참을성이 있어야 하고, 실제적이어야 하며, 때로는 집요해야 한다. (Sichan Siv 주 유엔 미국대사, 2003.1.10.)
· 경험이 없는 사람이 갖는 열성(zeal)은 위기 상황에서는 매우 위험하다. (Talleyrand, 프랑스 정치가 · 외교관, 1754~1838.)
· 외교관은 가장 경황 없는 상황에서도 가장 침착한 태도를 보이는 사람이다.

6) 감성 (感性, sensitivity)

· 서로 다른 사람 또는 나라 사이에 우정과 이해가 가능하기 위해서는
상대방의 언어, 풍습, 문화, 음식, 의복, 습관, 음악, 춤, 문학에 대한

진정한 관심과 허심탄회한 이해가 있어야 한다.
Apa Pant(인도 외교관), Undiplomatic Incidents, 1987.

외교관은 다른 나라의 문화를 편견 없이 이해하고 받아들이는 열린 마음자세를 갖고 있어야 한다. 이문화(異文化)에 대해 예민한 감각을 갖고 있어야 한다는 것이다. 외교관에게 가장 중요한 자질은 상대국에 대한 'cultural sensitivity' 라고 말하는 사람도 있다.[37]

외교관이 다른 문화에 대해 개방적이고 수용적인 자세를 갖지 않는다면 주재국 사람들을 이해할 수 없고, 따라서 설득력 있게 말할 수 없게 된다. 이렇게 되면 외교관의 기본 역할인 주재국과의 의사소통, 즉 커뮤니케이션이 원만하게 이루어질 수 없고, 주재국 사람들과 친밀한 관계를 도모하는 일이 어렵게 된다.

한국 외교관의 경우에는 이 점에 특히 유의할 필요가 있다. 스위스의 국제경영개발연구소(IMD)가 1998년 46개국을 대상으로 실시한 조사 결과에 의하면 한국인들의 타문화에 대한 적응력이 최하위였다고 한다. 한국인들이 다른 문화에 대해 어느 나라 사람들보다도 폐쇄적임을 말해준다.[38]

· 원활한 외교 커뮤니케이션이 가능하기 위해서는 무감각해서는 안된다.

7) 겸손, 무사(無私)

· 거만함, 자기 본위, 우월 의식은 우정이 자라지 못하도록 만든다.
Apa Pant, Undiplomatic Incidents, 1987.

외교관은 자기 자신에 대해서는 엄격하면서도 공평무사(公平無私)한 자세를 유지하고, 남에 대해서는 겸양(謙讓)과 겸허(謙虛)한 자세를 잃지 말아야 한다.

대사는 주재국 정부나 국민들로부터 의전 면에서 특별한 예우를 받는다. 그래서 의도적으로 경계하지 않으면 자신도 모르게 거만해질 수 있다. 이렇게 되면 독단에 빠져 판단이 흐려지게 되고, 주재국 사람들에게도 호감을 줄 수 없게 된다.

미국 외교관으로 1776년부터 9년 간 파리에서 근무하면서 많은 업적을 남긴 프랭클린(Benjamin Franklin)은 가식이나 겉치레 없이 소박한 인상을 주면서도 미국을 대표하는 외교사절로서의 품위를 지켰다 한다. 그가 거리에 나가면 많은 사람들이 몰려와 격의 없이 대화하는 모습을 자주 볼 수 있었다. 그의 겸허한 자세에 프랑스 사람들의 마음이 끌렸던 것이다.[39]

· 오만은 자만을 낳고, 자만은 사람을 부주의하게 만든다.
· 겸손하면 실수와 어리석은 짓을 피할 수 있다.
· 오만한 사람은 결코 자신이 오만하다는 사실을 모른다. 그래서 주위에 좋은 친구를 만드는 것이 아니라 그들을 쫓아 버린다.
· 상대방을 압도하고자 하는 충동을 이겨라. 과시하거나 잘난 척 하지 말아라.

8) 적응력이 강하며 유연하고 원만한 성격

· 외교는 체스 게임과 같다. 체스에서는 한 수에 모든 것을 걸지 않는다. 이미 둔 수가 잘 통하지 않으면 다른 수를 쓰면서 융통성 있게 목표를 향해 나아간다.

Andrei Gromyko 전 소련 외무장관

외교관 생활을 오래 하다보면 둥글둥글한 성격이 된다고 한다. 처음 시작할 때는 모가 난 데가 있는 사람도 점차 마모되어 둥글게 된다는 것이다. 외교관 생활은 끊임없는 변화와 적응의 연속이기 때문에 새로운 환경에 적응하지 못하면 오래하기 어려운 직업이다. 외교관이 항상 사고와 행동에 있어 유연해야 하는 이유다.

> · 유연함은 탁월한 외교관의 상징이다.
> · 잘 훈련되고 경험이 풍부한 외교관들은 대면한 상황의 문맥에 따라 적절히 대응해 나간다. (박동진 전 외무장관, 조선일보, 1994.4.3.)

9) 일을 정확히 제때에 해내는 태도

> · 건축에서와 마찬가지로 외교에서도 세부적인 것(details)이 중요하다.
> Richard Holbrooke, To End A War, 1998.
>
> · CNN시대 국무부 관리들은 더 이상 반나절 걸려 어떤 사태에 대응하는 사치를 누릴 수 없다.
> State Magazine, 2001.4.

외교관은 빈틈 없이 치밀하게 일을 처리해야 한다. 미세한 부분까지 꼼꼼하게 신경을 써야 한다. 외교업무는 언제나 정확성을 요하기 때문에 어떤 일이든 철저하고 세심하게 준비하지 않으면 안된다. 준비하는 것으로 다 된 것이 아니라 끊임 없이 확인해야 한다.

"대외관계에서 사소한 일은 없다"고 한 주은래 수상의 말은 외교관들이 잠시도 잊어서는 안될 금언이다. 그는 1972년 닉슨이 역사적으로 중국을 방문했을 때 모든 일을 자신이 직접 확인하고 챙겼다. 심지어는

환영행사에 동원되는 도열병까지 자신이 직접 골랐다 한다.[40]

필자는 1990년 1월 체코슬로바키아와의 수교교섭 대표단이 사용할 문서를 준비한 적이 있다. 당시 정부 대표단이 지참할 영문 합의서 문안을 마지막으로 점검하는 과정에서 체코슬로바키아 수도(首都)가 "Plague"로 타자되어 있는 것을 발견했다. 타이피스트가 r을 l로 찍음으로써 전혀 다른 단어가 되었던 것이다.

1973년 워싱턴에 중국 연락사무소가 개설되는 과정에서 일어난 일을 예로 들어보자. 연락사무소 개설은 미·중 관계에서 획기적인 일이었다. 그래서 키신저 국무장관은 후앙 젠(Huang Zhen) 초대 사무소장을 위한 환영 만찬을 주최했다. 만찬 참석을 위해 조금 일찍 도착한 국무부 동아태국 차관보 부인이 우연히 식탁에 놓인 국기가 중국 국기가 아닌 소련 국기인 것을 발견했다. 만찬을 준비한 의전실 직원은 오성기(五星旗)를 가져올 시간적인 여유가 없어 국기를 모두 치움으로써 곤란한 상황을 넘겼다. 키신저는 나중에 이 사실을 알고 해당 직원을 해임시키라고 화를 냈다 한다.[41]

외교에서는 태만이 예상치 않은 결과를 야기할 수 있다. 약소국의 경우에는 한 번의 실수가 치명적일 수 있다. 외교 사안을 신중하고 세심하게 그리고 치밀하고 정교하게 다루어야 하는 이유다. 널리 알려진 일이지만, 애치슨 국무장관이 1950년 1월 워싱턴 소재 National Press Club에서 행한 연설 내용에 남한이 미국의 방위선에서 빠짐으로써 김일성의 남침 결정에 영향을 주었다. 당시 이 연설문 작성에 관여했던 사람들은 이런 가능성을 전혀 예상하지 못했다 한다.

외교관은 항상 시간 요소를 염두에 두어야 한다. 해외공관에 근무할 때에는 본국과의 시차 때문에 그러하며, 본부에 대한 보고나, 주재국과의 교섭도 타이밍을 놓치면 안되기 때문에 항상 시간적인 제약 가운데 일을 해야 한다. 특히 오늘날과 같이 정보통신이 발달하고 있는 상황에서 외교관은 점점 더 시간적인 압박을 받는다.

국무부와 국방부 차관보를 역임한 바 있는 하버드대학 나이(Joseph Nye, Jr) 교수의 경험담을 소개한다.[42]

그는 국방부 차관보 시절 페리(William Perry) 국방장관을 수행, 한국을 방문했다. 페리 장관 일행은 외무장관과의 면담을 위해 세종로 정부종합청사에 도착했다. 그런데 문제는 그때까지 한국 외무장관에게 제시할 미측의 입장이 정해지지 않았다. 나이 차관보는 외무장관실이 있는 8층까지 올라가는 엘리베이터 속에서 불과 채 1분도 안되는 시간 내에 면담 핵심 포인트와 그 배경을 국방장관과 합참의장에게 설명했다. 그는 당시 자신이 그렇게 하지 않았더라면 미측이 소기의 면담 목적을 달성하지 못했을 것이라고 회고했다. 그는 공직에 있는 사람들이 제한 시간 내에 일을 처리하는 것이 얼마나 중요한지를 자신의 경험에 비추어 다음과 같이 말했다.

> "당신이 공직자라고 가정합시다. 예컨대, 당신 나라 대통령이 외국 대통령을 오후 4시에 만나기로 되어 있는데 그 시간까지 면담 자료를 제출하지 못하면 아무리 완벽한 자료를 작성했어도 당신은 F학점을 받을 수밖에 없습니다."

- 조그만 일들을 체크하라. (Colin Powell's Rules #8)
- 외교에서는 겉으로 보기에 별로 중요하지 않은 사안이 큰 문제를 야기하는 경우가 있다.
- 외교에서는 한번 취한 조치는 취소하거나 철회할 수 없다. (D.C. Watt, Personalities and Politics, 1965.)
- 외교관은 항상 시간적인 압박을 받게 된다. 어떤 상황에서는 그야말로 몇 분(分)을 다투게 된다.

· 사태의 성격에 따라서는 시시각각 단위로 대응을 해야 하는 경우가 있다.

10) 유머, 재치

외교관은 긴장되거나 어색한 상황에 처했을 때 적절한 유머를 사용, 분위기를 바꿀 수 있는 재치가 있어야 한다.

1950년 워싱턴 주재 인도대사(女)가 한 원탁 좌담회에 참석, 트루먼 대통령의 Point Four Program에 대해 어떻게 생각하느냐는 질문을 받고, "It is ridiculous. Four million dollars as aid to the whole developing world!"라고 답변했다.

다음날 국무부는 인도대사관 차석을 불러 워싱턴에 주재하는 대사가 어떻게 현직 대통령의 정책을 비난할 수 있느냐고 하면서 해명을 요구했다. 인도대사관 차석은 이렇게 말했다. "She was trying to help them get more funds from the Congress." 이 대답을 들은 국무부 측은 더 이상 이 문제를 거론하지 않았다.[43]

1962년 11월 9일 주 소련대사로 부임한 인도대사는 브레즈네프 서기장에게 신임장을 제정하고, 이어 흐루시초프 수상을 면담했다. 당시 소련-인도 관계가 불편한 관계였기 때문에 이 면담은 냉랭한 분위기에서 진행되었다. 면담이 거의 끝날 무렵 흐루시초프가 추궁하듯 물었다. "그런데, 귀국에서 많은 수의 공산주의자들을 검거했다고 들었는데, 사실입니까?"

인도대사는 침착하게 대답했다. "그렇지만 각하, 그들은 모두 Stalinists들 입니다!" 흐루시초프는 흐뭇한 표정을 지으며, 더 이상 추궁

하지 않았다. 흐루시초프는 자신이 스탈린에 대해 비판적이었기 때문에 인도대사의 이런 유머러스한 대답이 마음에 들었던 것이다.[44]

· 유머 감각은 외교관 생활에서 매우 유용하다.
· 임시변통은 외교관에게는 유용한 자질 중의 하나다.

11) 자발적, 창의적인 태도

외교관은 본부의 지시나 훈령에 따라 주재국과 접촉하고 교섭한다. 그러나, 본부는 공관만큼 현지 사정을 모르는 수가 있다. 그래서 때로는 본부로부터의 지시나 훈령이 현지 사정에 맞지 않는 경우가 있다.

또한, 재외공관에서는 본부의 지침을 받아 행동할 시간적인 여유가 없을 때가 많다. 본부로부터 세부적인 지침이나 지시를 받지 못한 상태에서 주재국 정부와 접촉해야 할 때가 있다. 물론, 중요하거나 민감한 사항에 대해서는 본부와의 확인 절차를 거쳐야 하나, 그럴 수 없는 상황에서는 역시 현지 공관이 이니셔티브를 취해야 한다. 본부 지시만 받아 움직이는 수동적인 자세는 바람직하지 않다.

외교관들은 오늘날과 같은 세계화, 정보화시대에는 새로운 사고방식, 새로운 직무 스타일을 필요로 한다. 보다 적극적이고 창의적인 자세를 갖지 않으면 안된다.

· 우연히 좋은 기회를 발견하는 일은 외교관이 늘 염두에 두어야 하는 일 중의 하나다.

12) 동적인 것을 좋아하는 성격 (mobility)

· 사무실에만 틀어박혀 있는 외교관은 아무 것도 배우지 못한다.
Choiseul(1719~85, 프랑스 정치가, 외교관, 군인)

· 사무실에만 머물러 있으면 유능한 외교관이라 할 수 없다. 밖에 나가
사람들과 대화하고 그들의 얘기를 들어야 한다.
Madeleine Albright, 2002.6.

외교관은 밖에 나가서 일하는 시간이 많은 직업이다. 많은 사람들을
만나고 많은 곳을 돌아보아야 하기 때문이다.

예를 들어, 워싱턴에서 생활하는 외교관이 하와이나 알래스카 등을
방문해 보지 않고 미국을 잘 안다고 할 수 없다. 또한, 국무부 등 업무상
관계하는 사람들만 상대해서는 미국 사회를 깊이 있게 이해할 수 없다.

1973년 5월부터 3년 반 동안 주미대사를 역임한 한 인도대사는 자신
의 재임 기간 중 무려 44개 주(州)를 방문, 워싱턴 주재 대사 중 가장 많
은 주를 방문한 대사가 되었다고 한다. 한 달에 한 개 주를 방문한 셈이
다. 미국 국민들에게 자기 나라를 알리고, 또한 자신이 미국을 더 잘 알
기 위해서였다.[45]

근자에는 워싱턴에 주재하는 많은 나라 대사들이 재임 기간 중 50개
주를 모두 방문하는 경우가 흔하다.

· 여행을 많이 하라. 주재하고 있는 나라와 사람들에 관해 더 많
은 것을 배워라.

외교관이 경계해야 할 일

외교관에게는 의식적으로 경계하거나 해서는 안되는 일이 있다. 일종의 금기사항이 있는 셈이다. 그 중 첫째가 주재국의 국내문제나 정책에 대해 공개적으로 비판하는 일이다.

미국과 사우디아라비아 관계에서 있었던 일이다. 미국은 1987년 11월 국무부에서 아랍어를 제일 잘 하는 사람으로 알려진 호란(Hume Horan)을 주 사우디아라비아대사로 임명했다. 그는 부임 후 아랍어를 완벽하게 구사할 수 있는 능력을 활용, 주재국의 각계 각층 인사를 광범위하게 접촉했다. 그가 접촉한 인사들 중에는 보수적인 종교 지도자들도 포함되어 있었다. 이들은 파드(Fahd) 국왕 일가에 대해 비판적이었다. 결국 사우디아라비아 정부는 1988년 4월 미국이 호란 대사를 본부로 발령하는 형식으로 양국이 외교적인 마찰 없이 이 문제를 해결할 것을 제의했다. 호란 대사는 부임 6개월 만에 본부로 발령되었다.[46]

냉전시대 대소련 외교의 거장이라고 할 수 있는 케난이 주 소련대사로 있었을 때 일어난 일이다. 케난은 1952년 9월 19일 유럽지역 공관장 회의 참석을 위해 런던으로 가던 중 베를린을 경유했다. 베를린 공항에서 기자들과 간단한 인터뷰를 했는데 한 기자가 모스크바에 있는 미국대사관이 러시아 사람들과 사교적인 모임을 자주 갖느냐고 물었다. 사실 케난은 공항에서 기자들을 만날 가능성에 대비하고 있었다. 그는 자신이 1941~42년 독일에 머물던 때와 마찬가지로 폐쇄된 상황에서 생활하고 있다고 답변했다.

케난의 이러한 발언은 언론에 그대로 보도되었다. 프라우다는 9월 26일자 사설을 통해 케난의 발언을 신랄하게 비난했다. 소련 외무부는 10월 3일 케난을 '기피 인물'로 선언하고, 그를 즉시 소환할 것을 요구하는 공한을 전달했다. 케난의 주 소련대사직은 이것으로 끝났다.[47]

강대국 대사나 외교관들이 주재국에 대해 비우호적인 발언이나 행동을 하는 경우가 있다. 대국적(大國的) 사고방식이나 민족적인 우월감에서 그럴 수도 있으나, 이것은 이례적인 경우이고, 대부분은 본부의 지시에 따라 행해진다. 상대국에 대해 불만을 표시하거나, 강한 메시지를 전달하기 위한 것이다.

다음으로 외교관은 보안에 문제가 없어야 한다. 업무상 다루는 비밀사항을 보호할 책임이 있다. 외교관이 비밀을 잘 지키지 못하면 외교관으로서의 자격이 없다. 외교관은 보통 다루는 비밀사항이 많고 언론의 접근 대상이 되기 때문에 보안상 취약점을 갖고 있다. 말이 많다거나, 자신을 남에게 과시하고 싶어하는 성격이면 더욱 위험하다.

1999년 12월 미국 국무부 회의실에서 러시아 외교관이 설치한 도청장치가 발견된 일이 있다. 한 달 후에는 국무부 정보 조사국에서 사용하던 랩탑(laptop) 컴퓨터가 분실된 사고가 발생했다. 이때 올브라이트 국무장관은 전 국무부 직원들을 소집, 다음과 같이 보안의 중요성을 강조했다.

> "나는 여러분들이 얼마나 외교관으로서의 수완이 있고, 회의에서 재기발랄한지, 또는 행정관으로서 얼마나 창의적인지 등등에 관심이 없다. 여러분들이 보안과 관련된 사항에 있어 프로페셔널이 되지 못하면 여러분들은 실패한 사람들이다."[48]

미국은 국무부 직원이나 해외공관 소속 외교관의 보안에 관련된 사항에 매우 엄격하다. 가벼운 위반 사례가 있어도 승진 등 인사에서 반드시 불이익을 받게 되어 있다. 외교관의 보안문제를 얼마나 철저하게 다루고 있는가 하는 것은 인디크(Martin Indyk) 주 이스라엘대사의 사례에서도 잘 나타난다.[49]

그는 2000년 클린턴 대통령이 심혈을 기울이던 중동평화협상에 현지

대사로서 깊이 관여하고 있었다. 그는 본국 특사가 이스라엘을 방문, 총리 등을 면담하면 그 결과를 자신의 랩탑으로 정리했는데 이것이 문제가 되었다. 비밀내용 작업을 할 수 있도록 허가를 받지 않은 랩탑을 사용했을 뿐 아니라, 이러한 랩탑을 대사관 건물 밖으로 반출한 것이 문제가 되었던 것이다.

본부는 그에 대한 비밀취급 인가를 일시 정지시키고 워싱턴으로 불러 정밀 조사를 했지만 문제점이 발견되지 않아 다시 직무에 복귀시켰다. 그는 현지 대사로서 대통령이 외교정책상 최우선 순위를 두고 있는 이스라엘-팔레스타인 평화협상을 지원하기 위해 밤낮 없이 일을 했지만 보안 문제는 이와는 별개였다.

금기사항이라고까지 말할 수는 없지만 외교관이 의식적으로 경계해야 하는 일이 있다. localitis와 anti-localitis라고 하는 것이다. 전자는 주재국에 대해 너무 좋게 생각하는 것이고, 후자는 반대로 너무 나쁘게 생각하는 현상이다. 외교관은 자기가 주재하고 있는 나라를 객관적인 정도 이상으로 중요하다고 생각하기 쉬우며, 이로 인해 본국 정부의 입장에서 사안을 인식하고 다루는 것이 아니라, 주재국의 입장을 먼저 생각하기 쉽다. 또한, 자신이 근무하는 포스트가 마치 세계의 중심인 것으로 또는 자신이 하는 일이 항상 가장 중요한 것으로 착각하는 현상이 나타난다.

미국에서는 대사로 임명된 사람들은 부임 전 국무장관 앞에서 선서식을 갖는다. 슐츠 장관은 이 선서가 끝나면 국무장관 집무실에 놓여 있는 커다란 지구본이 있는 곳으로 이들을 안내해, "당신 나라를 가리켜 보십시오."(Point out your country)라고 말하곤 했다. 이때 거의 모든 대사들이 자기가 부임하게 될 나라를 찾아 가리켰다. 슐츠는 이들에게 다음과 같이 말했다.

"맨스필드(Mike Mansfield) 상원의원(주 일본대사)에게 똑같은 말을 한 적이 있습니다.[50] 그랬더니 그는 지구본을 돌려 미국을 가리키며, 'This is my country!' 라고 했습니다."[51]

지금까지 외교관이 경계해야 하는 일에 어떤 것이 있는지 살펴보았다. 외교관에게는 직무의 특성상 다른 어떤 공무원보다도 규율과 기강이 요구된다. 그래서 어느 나라 외교관이든 외교관은 일상적으로 업무를 처리하는 과정에서 다음과 같은 사항을 지켜야 한다.[52]

- 상부의 지시에 거역하지 않는다.
- 정해진 절차를 무시하지 않는다.
- 공식 보고채널을 통해 일을 한다.
- 상사가 알고 있도록 항상 보고를 한다.
- 상사에게 최상의 분석과 정직한 의견을 제시한 다음에는 그들이 결정한 사항을 이의 없이 시행한다.
- 공개적인 발언은 상사가 하도록 한다.
- 개인적으로 동의하지 않는다고 해서 이를 외부에 노출시키지 않는다.
- 비밀로 해야 하는 사항이 외부에 알려지지 않도록 한다.
- 개인적인 편견, 정견(政見), 선호가 공적인 일에 개입되지 않도록 한다.
- 정부 정책이 마음에 들지 않더라도 이를 긍정적으로 수용한다. 자신의 양심상 도저히 받아들일 수 없는 경우에는 그 자리에서 물러난다.

외교관 부인의 역할과 자질

· 외교관 직업에서는 기혼 남자 외교관의 경우 그의 부인이 남편
의 일에 관여하게 된다. 다른 직업에서는 좀처럼 찾아 볼 수 없
는 일이다. 만약 어느 외교관 부인이 자질이 있고 외교관 부인으
로서 해야 할 일에 대해 진지한 태도를 갖고 있다면 국가와 국민
을 위해 적지 않은 기여를 할 수 있다. 개인적으로나 국가적으로
크게 성공한 대사나 공사의 경우 이러한 성공의 비결이 내조에
있었던 사례가 흔히 있다.
Lord Tyrell (영국 직업외교관, 주 프랑스대사 역임), 1933

· 다른 어떤 직업에서도 부인이 남편이 하는 일에 그토록 직접적
으로 관련되는 경우가 없었다. 외교관 직업은 남편과 부인이 함
께 일하는 직업이었다. 외교라는 제도가 시작된 이래 이러 저런
형태로 형성되어온 파트너십이었다.
Katie Hickman, Daughters of Britannia, 1999.

외교관 직업에서는 부인도 일정한 역할을 수행한다. 그런 의미에서 외
교관 직업을 "파트너십 게임"이라고 부르는 사람도 있다.

필리핀 외교관 로물로는, "An ambassador without a wife is like an
eagle with clipped wings. He can serve but he cannot soar."라고 했고,
그의 부인은, "외교관 부인은 full-time professional job이다"라고 했다.

한 영국 외교관 부인도, "외교관 부인은 단지 외교관과 결혼했다는 이
유만으로 아무런 준비나 훈련이 없이 그토록 어려운 역할을 수행하지 않
을 수 없다"고 말했다.

남편이 독일, 프랑스, 미국 주재 대사를 역임한 또 다른 영국 외교관의
부인도 비슷한 말을 하고 있다. 즉, 외교관 부인이 된다는 것은 하나의 독
립된 직업을 갖는 것과 마찬가지며, 임지에 따라서는 full-time job이고,
그것도 무척 해내기 힘든 job이라는 것이다. 그러면서 그는 남편이 주 프

랑스대사로 있었던 1992년 한 해 동안 대사관저에서 주최한 사교행사 규모를 예로 들었다.[53)]

- 대사관저를 방문한 본국 고위 인사 접대: 238명
- tea/coffee 행사 초청: 593명
- 오찬/만찬행사 초청: 3,492명(월 평균 291명)
- 리셉션 행사 초청: 3,447명(전년의 경우 4,500명)

해외공관에 근무하는 동안 외교관 부인이 수행해야 하는 역할 중 가장 일반적인 것은 사교활동일 것이다. 물론 남편의 지위에 따라 정도의 차이는 있겠으나, 외교관은 일상적으로 자신이 접촉하는 주재국 인사들과 친교를 도모해야 하므로 이 과정에서 부인은 빼놓을 수 없는 역할을 수행하게 된다.

이를 위해서 외교관 부인도 남편과 마찬가지로 영어를 포함한 한두 개의 외국어를 잘 할 수 있어야 한다. 또한, 어떤 외국인과도 친교를 도모하고 친구로 만들 수 있는 사교성이 있어야 한다.

외교관 부인도 외교관 본인과 마찬가지로 어떤 환경에도 잘 적응할 수 있어야 함은 물론이다. 어려운 상황과 환경 가운데에서도 긍정적인 마음 자세로 남편을 도울 수 있어야 한다. 외교관 부인도 남편과 똑같은 외교관이다.

- 좋든 싫든 간에 만찬이나 공식행사에서 주재국 정부의 최고위 인사들 바로 옆에 앉거나 서는 것은 대사의 부인이다. (Chester Bowles 국무부 부장관, Promises to Keep, 1971.)
- 훌륭한 외교관 아내의 일이란 1백 퍼센트가 내조이다. 손님을 많이 대접해서 친구를 단시일 내에 많이 사귀는 것이다. 이것은 대개 파티를 통해서 하게 된다. (최정림, 외

교관의 아내, 1998.)

· 외교관은 본질적으로 외로운 직업이다. 낯선 곳을 계속해서 떠돌아다님으로 이래저래 심리적인 긴장과 고독에 시달리는 직업이다. 아내의 내조가 절대적으로 필요하다. 정신적으로나 육체적으로나 좋은 벗이 되어 주어야만 남편이 고독의 굴레에서 벗어날 수 있다. (이동진, 외교관, 2001.)

4. 외교관의 능력

● 우리가 하는 일의 질(quality)은 무엇보다도 우리 외무부 직원들의 질
  에 달려있다.

영국 외무부, UK International Priorities, 2003. 12.

　앞에서는 외교관에게 요구되는 자질이 무엇인지 살펴보았다. 외교
관에게는 이러한 자질과 함께 특별히 갖추어야 할 '능력'이 있는 것으
로 여겨지고 있다. 이제 이러한 능력에는 어떤 것이 있는지 살펴보고
자 한다.

　외교관의 자질에 관한 논의에서도 그랬지만, 외교관의 능력에 관해
서도 다양한 견해가 있을 것이다. 이제 설명하게 되는 내용도 그러한
다양한 견해의 하나다.

　이 책의 부록으로 미국 외교관 평정 항목을 실었다. 이를 잘 살펴보
면 미국 외교관의 경우 어떤 태도와 능력이 중요하게 여겨지는지 알 수
있다.

1) 커뮤니케이션 능력

> · 나는 말을 꾸밈없이 솔직하게 하는 것이 외교관의 성공에 꼭 필요한 요소임을 알게 되었다.
>
> Karl Gruber (오스트리아 외무장관)

외교관은 원래 메신저였다. 송신자와 수신자 사이에서 정확하게 메시지를 전달하는 것이 임무였던 것이다. 메신저에게 요구되는 제일의 자격요건은 말할 것도 없이 의사소통 능력이었다.

오스트리아 외무장관과 주미대사를 역임한 그루버는 성공적인 대사에게서 공통적으로 발견되는 특징은 그들이 뛰어난 커뮤니케이터라는 것이며, 의사소통 능력은 대사로서의 직무를 수행하는 데 있어 기본이 된다고 하였다.[54]

미국 외교관으로 국무부 차관을 역임한 바 있는 뉴섬(David Newsom)도 외교관은 아무리 복잡한 문제라도 2~3페이지 정도로 간단명료하게 정리할 수 있는 능력이 필수적이라고 하면서, 외교관 훈련과정에서 이러한 기법을 가르쳐야 한다고 강조했다.[55]

외교관이 문서가 아닌 구두로 의사소통을 하게 될 때에는 여러 가지 장점이 있다. 상대방을 직접 만나서 하기 때문에 뉘앙스(nuances) 전달이 가능하다. 그러나, 구두에 의한 의사소통은 나중에 서로 다른 주장을 하거나 또는 상대방이 자신이 한 말을 부인할 수도 있으므로 조심해야 한다. 중요한 대화는 반드시 기록(verbatim)을 남기고, 민감한 사안은 어떤 형식으로든 문서 형태로 남겨 놓는 것이 바람직하다. 기록이 없으면 나중에 난처한 상황에 놓일 수 있다.

오늘날 변화된 외교환경에서 외교관에게는 커뮤니케이션 능력이 요구된다. 외교관은 일상적인 활동과정에서 언론을 상대하지 않을 수 없으며, 각종 행사(클럽, 협회, 대학, 싱크 탱크 등이 주최하는 세미나, 강연회 등)에 나가 연설하거나 토론을 해야 하는 경우가 많다. 외교관과 언론과의 관계를 연구한 한 미국 외교관은 다음과 같이 말했다.

"커뮤니케이션 능력은 이미 우수한 외교관들이 갖추고 있는 연장이다. 이 능력은 외교관의 전통적인 능력으로 간주되는 분석, 보고, 교섭 능력에 추가되어야 한다. 가장 성공적이고 가장 높은 지위까지 오르는 외교관들은 보통 언론의 중요성이나 언론인들과의 건설적인 관계의 중요성을 잘 알고 스스로 이에 관한 감각과 능력을 키운 사람들이다." [56]

외교관은 주재국의 문화를 깊이 있게 이해해야 커뮤니케이션에 문제가 없다. 주재국의 문화를 잘 이해하지 못하거나, 자신의 문화 코드로 타문화를 해석하는 경향이 있으면 커뮤니케이션의 정확도가 떨어질 수밖에 없다. 다른 언어, 다른 문화적 코드, 다른 의사소통 관(觀)을 갖고 있는 사람과의 커뮤니케이션을 효과적으로 할 수 있기 위해서는 이 분야에 있어서의 의도적인 노력과 훈련이 필요하다. 이러한 노력의 첫 걸음은 역시 그 나라의 언어와 문화를 배우는 것이다.

의사소통이란 말을 하는 것과 듣는 것을 동시에 의미한다. 일방 통행이 아니라 쌍방 통행 현상인 것이다. 그런 맥락에서 외교관은 말을 잘 하는 것 못지 않게 남이 하는 말을 잘 듣는 것도 중요하다. 올브라이트 전 국무장관의 다음과 같은 충고는 평범하지만 유익한 것으로 생각된다.

"(외국인을 상대하는 사람들은) 남이 하는 말을 주의 깊게 듣는 것이 무엇보다도 중요하다. 왜냐하면 말하는 상대방에 대해서 그리고 그의 나라에 대해서 아는 것이 매우 중요하기 때문이다."[57]

외교관의 의사소통 능력과 관련하여 빼놓을 수 없는 것은 기안 능력이다. 외교관은 일상적으로 전문(電文), 보고서, 면담록, 서한 등을 작성해야 하고, 때로는 공동성명, 언론 발표문 등을 기안해야 한다. 외교관이 작성하는 문서는 그 종류가 다양할 뿐만 아니라, 건수도 많다. 이럴 때 뛰어난 기안 능력이 있으면 크게 도움이 될 수 있다.

외교관의 커뮤니케이션 능력과 관련하여 알팡(Herve Alphand) 주미국 프랑스대사가 한 말을 소개한다. 외교관에게는 촌철살인(寸鐵殺人)의 충고로 생각된다.

"외교관은 주재국 정부의 어느 누구에게도 기분을 상하지 않게 사실을 말할 수 있어야 한다. 동시에 외교관은 본국 정부의 어느 누구에게도 기분을 상하게 할 가능성이 있음에도 불구하고 사실을 말할 수 있어야 한다."[58]

· 훌륭한 외교관은 항상 훌륭한 커뮤니케이터였다.
· 조리 있고 명료하게 말할 수 있는 능력은 어느 외교관도 부럽게 생각해야 할 능력이다.
· 외교관은 간결하고 정확하며 설득력 있게 보고서를 쓸 수 있어야 한다.
· 외교관은 언변이 서투르면 원하는 것을 얻기 힘들다. (Madeleine Albright)
· 당신 상사가 마치 자신이 기안한 것처럼 자랑스럽게 사인을 할 수 있도록 문서를 만들라. (Tom Bridges, 영국 외교관, 총리 외교보좌관, 주 이탈리아대사 역임)

2) 판단, 통찰, 설득 능력

> · 우리는 상대방이 항상 신중할 것으로 또는 우리가 하지 않는 일은 상
> 대방도 하지 않을 것으로 착각해서는 안된다. 다른 사람들은 다른 가
> 치관을 갖고 있으며 다른 전제하에 추리를 한다.
>
> Thomas A. Baily, The Art of Diplomacy, 1968.

외교관은 복잡하게 이해관계가 얽혀 있는 상황, 예측 불허의 유동적
인 상황, 시간적으로 여유가 없는 상황에서 크고 작은 판단과 결정을
해야 할 때가 많다. 이럴 때 가장 요구되는 것이 정확한 판단력이다.

이와 함께 외교관은 어떤 사람이나, 상황 또는 사건을 꿰뚫어 볼 수
있는 능력, 즉 통찰력이 있어야 한다.

그리고, 외교관은 상대방의 마음을 움직여야 하기 때문에 설득력이
있어야 한다. 설득력이 있기 위해서는 우선 자신이 상대방으로부터 신
뢰를 받을 수 있는 사람이 되어야 한다. 설득력이란 말하는 기술이기도
하겠지만, 높은 인격, 매너가 뒷받침되어야 한다.

외교관에게는 감정이입(empathy) 능력도 중요하다. 이것은 상대방
의 견해나 관점을 이해하고, 그가 무엇을 원하는지, 무엇을 생각하고
있는지를 이해하는 것인데, 사람들은 흔히 남도 나와 같이 생각할 것이
라고 착각을 하기 쉬우며, 이렇게 되면 상대방의 말이나 행동을 잘못
이해하게 된다.

앞서 외교관이 경계해야 할 현상으로 localitis와 anti-localitis를 든
바 있다. 전자는 자기가 주재하는 나라를 정도 이상으로 중요하다고 생
각하거나, 또는 좋은 감정을 갖는 것이고, 후자는 이와 반대로 주재국
이나 주재국 사람들에 대해 정도 이상으로 나쁜 감정을 갖게 되는 현상
을 말한다. 외교관이 이러한 경향에 빠지면 판단이 흐려질 가능성이 있

다. 예를 들어보자.

사담 후세인이 1990년 8월 1일 쿠웨이트를 무력 침공한 것은 그가 미국의 반응을 잘못 예상한 데에도 원인이 있었다. 이라크로 하여금 이러한 오판을 하도록 한 데에는 바그다드 주재 미국대사의 발언과 태도도 한몫을 했다는 주장이 대두되었다. 그 근거는 이렇다. 글래스피(April Glaspie) 미국대사(女)는 이라크가 쿠웨이트와의 국경 지역에 병력을 집중시키고 있는 상황에서 1990년 7월 25일 후세인을 면담했다. 침공이 개시되기 1주일 전의 일이다. 그는 이 면담에서 이라크와의 우호관계를 도모하고 후세인 정권을 지지한다는 미국의 이라크에 대한 기존의 정책을 되풀이 언급했다.[59] 만약 글래스피 대사가 이때 이라크의 움직임에 대해 비판적인 태도를 취하고 후세인이 취한 조치에 대해 그 위험성을 경고했더라면 상황이 달라졌을 수도 있었을 것이라는 가정이다.

외교관이 한 나라에 오래 근무하게 되면 자기도 모르는 사이에 그 나라의 문화나 풍습에 빠지게 되는 경우가 있다. 영어로는 'go native', 'clientalization'이라고 하는데 이렇게 되면 본국 정부의 입장에서 생각하고 판단하는 것이 아니라 주재국 측 입장에서 생각하게 된다. 공관장이나 공관원이 현지 사정만 생각하고 본부 입장이나 관련되는 상황 등을 종합적으로 고려하지 못하는 경우가 흔히 있다.

· 외교관에게는 본능적인 판단이 중요할 때가 많다.
· 먼저 상황을 이해해라. 그런 다음 상대방이 무엇을 생각하고 있는지 그리고 그의 생각을 움직이고 있는 요인이 무엇인지 알아내기 위해 애써라. (Thomas Pickering, Foreign Policy, 2001.7.)
· 외국 지도자들의 행동과 그들의 정책 결정을 예상할 수 있는 능력은 외교관 직업의 전문성을 높이는 데 있어 결정적으로 중요하다. (Chas Freeman, Jr.)

150

· 당신이 주재하는 나라에 정서적으로 너무 가까워지지 말라. 그리고, 당신이 주재하는 나라가 마치 세상의 중심인 듯 착각하지 말아라.

정확한 판단을 어렵게 만드는 요인

●착각(illusions), 환상(myths)

어떤 사실이나 현상을 잘못 인식하는 것이다. 착각은 잘못 유추(類推, analogy)하거나, 잘못 가정(假定, assumptions)해서 생긴다. 과거의 경험이 오히려 판단을 흐리게 하는 경우도 있다. 과거에 있었던 유사한 현상이나 사실에 비추어 현재의 현상이나 사실을 이해하고 판단하는 경향이 있기 때문에 이로 인해 정확한 판단에 지장을 받는다.

1980년대 말부터 1990년대 초 소련 및 동구 공산진영이 붕괴되면서 분단 상태에 있던 독일이 통일되었다. 이러한 현상에 고무된 미국의 고위 정책 결정자들은 한반도에서도 비슷한 변화가 일어날 것으로 예상했다. 북한도 붕괴될 것으로 보았던 것이다. 북한 핵 문제로 1994년 제네바합의를 성립시킬 때도, 미국은 북한이 수년 내 붕괴될 것을 염두에 두었다 한다. 또한, 1997년 클린턴 대통령 제2기 시절에도 올브라이트 국무장관 등 고위관리들은 북한이 2년 이상 지속하지 못할 것으로 예상했다 한다.[60]

자기 중심적, 자기 위주의 사고방식도 판단 착오의 원인이 된다. 남도 나와 같이 생각하고 행동하는 것으로 착각하는 것이다. 소위 'mirror imaging' 현상이다.[61]

문화가 다른 사람들은 서로 사고방식과 가치관, 행동양식이 다름에도 어떤 분석이나 판단을 할 때 이러한 사실을 무의식 중에 간과하는 'culture-bound illusion' 현상이 나타난다.

151

존슨 대통령에 관한 일화를 하나 소개한다. 존슨 대통령의 안보보좌관으로 있었던 번디(McGeorge Bundy)에 의하면 존슨은 제3세계 지도자들을 만나서 대화할 때 이들이 마치 미국 상원의원들과 같은 부류의 사람들인 것으로 착각하는 경우가 종종 있었다. 자신이 상원의원들을 잘 설득할 수 있었듯이 이들 제3세계 지도자들도 자신이 원하는 대로 설득할 수 있는 것으로 착각했다 한다.[62]

사람들은 흔히 어떤 판단이나 결정이 합리적인 고려에 의해 이루어졌을 것으로 여긴다. 1941년 미국은 일본이 기습공격을 가해 올 가능성이 전무한 것으로 보았다. 합리적으로 생각하면 일본이 승산 없는 도발을 해올 이유가 없었다. 그러나, 일본은 승패에 관계 없이 국가적인 자존심 때문에 진주만을 공격했다. 미국이 오판하게 된 원인이다.[63]

사람들은 또한 허구(fiction)를 사실(fact)로 잘못 인식하는 경우도 있다. 사실이 아닌 것을 사실인 것처럼 받아들인다. 이에는 기대 섞인 사고도 한몫을 한다.

- 사람들은 어떤 새로운 문제에 직면했을 때 본능적으로 과거의 유사한 사례를 찾게 된다.
- 어떤 상황이든 그 상황만의 특징이 있다. 그래서 유추법을 잘못 적용하면 오히려 해가 될 수 있다.
- 모든 국제적인 상황은 각기 독특하다. 비슷하게 보이나 더 많은 점에서 다르다.
- 세상은 매우 다르게 돌아간다. 역사는 명확한 교훈을 주지 못한다.
- 서로 다른 문화적 배경에서 보면 겉으로 보기에는 같은 일도 실제로는 다르다.

● 희망적 관측(wishful thinking)

사람은 자기가 좋아하는 방향으로 또는 자기가 원하는 방향으로 사유하는 경향이 있다. 자신이 싫어하는 일, 생각하고 싶지 않은 일은 본능적으로 피하고자 한다. 반대로 자신이 원하는 일, 일어났으면 하는 일은 의식 속에서 이를 추구한다. 그래서 무의식적으로 이런 사고의 틀(box) 속에서 상황을 인식하고 판단한다.

낙관적인 기대 심리는 아전인수(我田引水)격의 인식과 판단을 초래한다. 자기 자신에게 유리한 것, 좋은 것만 보고 그렇지 않은 것은 무시하거나 간과한다.

- 어떤 사물이나 현상을 당신이 희망하는 대로가 아니라 있는 그대로 보아라.
- 사실(facts)은 꿈(dreams)보다 낫다. (Winston Churchill)
- 근거 없는 낙관은 잘못된 판단을 초래한다.

● 정보의 선별적 수용

희망적 관측, 기대성 사고를 하는 가운데 사람들은 이용 가능한 정보를 선별적으로 사용하는 경향이 있다. 이렇게 되면 객관적인 사실에 입각해서 판단을 하지 못하기 때문에 오류가 생기게 된다.

- 정보를 선별적으로 사용해서는 안된다. 그것은 위험한 일이다.
- 정확한 판단을 하는데 필요한 것은 엄연하고 구체적인 사실들이다.

● 고정관념(固定觀念, idee fixe)

인간은 관찰하는 대상을 일정한 표준과 범주 내에서 인식하려는 경향이 있다. 고정된 사고의 틀을 잘 벗어나려고 하지 않는다는 것이다. 고정관념과 비슷한 것으로 통념(通念, conventional wisdom), 편견(偏見), 선입견(先入見) 등이 있다. 인간은 자신이 이미 갖고 있는 인식이나 이미지와 충돌하지 않는 방향으로 상황을 인식하고 받아들인다는 것이다. 본능적으로 인식의 부조화(不調和, cognitive dissonance)를 피하고자 한다는 것이다.

- 당신이 갖고 있는 선입견에 따라 사건을 분석하지 말아라.
- 냉철하게 묻고 색다른 해답을 구함으로써 통념에 도전하라.
- 인간은 실수를 하게 마련이다. 분석을 하는 과정에서 실수를 할 수도 있고, 판단을 하는 과정에서 실수를 할 수 있다.

●단순, 안이한 태도

인간은 복잡한 것을 싫어하는 경향이 있기 때문에 어떤 사태나 현상을 단순화시켜 인식하려고 한다. 그래서 소위 이분법(二分法)적 사고를 하기 쉽다. 선과 악, 강경과 온건, 적 아니면 우군 하는 식으로 생각하는 것이다.

그러나, 외교 사안은 단순한 것이 없다. 정도의 차이는 있을지 몰라도 예외 없이 복잡하다. 사안 자체가 복잡할 뿐더러, 관련 당사자들이 복수이고 다른 사안과도 복잡하게 얽혀 있다.

- 세상에는 혼자 떨어져서 존재하는 일은 없다. 어떤 형태로든 다른 일에 영향을 미치게 된다.
- 외교에서는 많은 요인들이 서로 연관되어 있다.
- 외교에서는 조그만 뉘앙스라도 무시해서는 안된다.

● **과도한 추측**

정세나 상황을 판단할 때 정보가 충분하지 못한 경우가 대부분이다. 이럴 때 흔히 나타나는 현상은 근거 없는 추측을 하는 것이다. 어느 정도 상상력을 발휘하는 것은 좋으나, 과도하게 추측하지 말아야 한다. 정보가 부족한 상황에서는 음모론(陰謀論)이 나타나 판단을 흐리게 만들기도 한다.

3) 지식, 경험

> · 외교는 즉석에서 깊이 생각하지 않고도 할 수 있는 일이 아니다. 당신이 상대하는 사람이나 나라 또는 다루고 있는 사안에 대해 엄청나게 많이 알아야 한다.
>
> Madeleine Albright, 10 Tips for Aspiring CEO-Diplomat, 2002.

외교관이 주재국의 언어, 역사, 문화 등에 관한 지식을 갖는 것은 직무를 효과적으로 수행하는 데 필수적이다. 외교관은 특정분야의 전문지식도 가져야 하지만, 이와 함께 다방면에 걸친 다양한 지식과 경험을 필요로 한다. 외교관이 다루는 일이 다양하고 광범위하기 때문이다.

외교관은 필요한 지식과 경험을 습득하기 위해 무엇보다도 많은 자료를 읽는다. 프랑스 외교관 주스랑은, "외교관이 끊임없이 책을 읽지 않는 것은 마치 군인이 훈련을 게을리 하는 것이나 마찬가지"라고 하였다.

다른 직업에서도 마찬가지겠지만, 특히 외교관 직업에서 경험이 중요한 이유는 무엇인가?

무엇보다도 외교는 이론(理論)보다는 실제(實際)이기 때문일 것이다. 외교에서는 감(感, feeling, fingerspitzengefuhl)이 중요하다고 한다. 감이란 무엇인가? 낌새다. 상대방의 표정이나 동작 등을 통해 느낌으로 알아차리는 것이다. 이런 능력은 하루아침에 습득될 수 없다.

- 외교관은 인간의 본성에 관해 잘 알아야 한다.
- 광범위한 지식과 경험이야말로 외교관이 평소에 쉴 사이 없이 쌓아야 하는 재산이다.
- 외교는 하루아침에 배울 수 없는 일에 속한다.
- 외교에서는 감(感)이라는 것이 매우 중요하다. 사람을 만나 대화하는 과정에서 감을 옳게 잡을 수 있는 능력이랄까 소질이 요구된다. (박동진 전 외무장관, 조선일보, 1994.4.3.)
- 외교란 책을 통해서보다 실제 현장에서 부딪쳐 가며 경험을 쌓는 것이 지름길이다. (김용식 전 외무장관)
- 외교관에게 경험은 훌륭한 스승이다. 경험을 통해 배워라. (George Shultz)

정보와 지식(Information & Knowledge)

- 이제 입수할 수 있는 정보가 너무 많아 그것을 제대로 평가하는 것이 상대적으로 어렵게 되었다. 정보와 지식 사이에 갭이 생기고, 나아가 지식과 지혜 사이에 갭이 생기게 되었다.
  Henry Kissinger, Does America Need a Foreign Policy?, 2001.

- 외교관들은 많은 정보를 수집하나 그것을 지식으로 전환시키거나 나중에 이를 생산적으로 사용하지 못하는 경향이 있다.
  Walter Rust(스위스 외교관), 1999.

- 유능한 외교관은 마치 보석을 가공하는 사람과 같다. 다이아몬드를 가공하는 사람을 상상해 보자. 그는 거칠고 다듬어지지 않은 원석(原石)을 반지에 맞추어 잘 갈고 닦으며, 깎은 부분이 영롱하게 빛나도록 할 수 있는 기술과 능력이 있다. (정보는 외교

관에게 원석과 같다)

Nairi Petrosyan, 2001.

우선 정보(情報)와 지식(知識)이 어떻게 다른지 살펴보자.

어떤 '사실' 또는 '일어난 일 자체'는 자료(data)라고 한다. 자료는 그 자체로서는 information이 되지 않고, 관련 맥락에서 적절히 사용되고, 해석되어야(contextualisation) information이 된다.

지식(knowledge)은 information이 다시 적절한 맥락에서 평가, 분석되어 가치가 부가된 것이다. 지식은 '가치 있는 유용한 정보'(valuable, useful information)라고 할 수 있으며, 판단의 기초가 되기도 하고, 동시에 이러한 판단의 산물이기도 하다.

오늘날과 같은 정보화시대에는 인터넷을 통해 입수할 수 있는 자료나 정보가 많다. CNN 등 언론 매체들이 지구촌 곳곳에서 일어나는 일들을 거의 동시간에 전달해주고 있다. 본부가 해외공관의 보고를 받기도 전에 필요한 자료나 정보를 입수할 수 있게 된 것이다.

그러나, 앞서 언급한 대로 이러한 자료나 정보가 지식이 되기 위해서는 적절하고도 정확한 분석과 평가가 이루어져야 한다. 오늘날 외교기관은 물론 정보기관이 겪는 애로 사항의 하나는 정보의 과적현상이다. 너무 많은 정보가 쇄도하여 이런 정보를 유용한 지식으로 만드는 일이 상대적으로 어려워졌다는 것이다. 외교관들은 현지의 언어, 문화, 역사, 국민들의 사고방식, 다른 문제와의 연관성 등을 누구보다도 잘 알 수 있기 때문에 그들의 분석과 평가가 본부의 판단에 긴요하다.

종래 외교관들은 외무부가 갖고 있는 정보나 지식이 어떤 것인지를 모르고 있는 경우가 많았다. 그러나 이제 접근이 제한되는 경우를 제외하고는 원하는 자료를 마음대로 찾아볼 수 있도록 하는 데이터 베이스 시스템이 갖추어지고 있다. 이와 함께, E-메일을 통해 필요한 정보를 시간과 공간을 초월하여 교환할 수 있게 되었다.

중요한 것은 어떻게 유용하고 필요한 정보를 쉽게 그리고 신속하게 입수할 수 있는가 하는 것이다. 많은 나라 외무부는 외교 사료(史料)의 전산관리를 통해 과거 축적된 정보를 직원들이 쉽게 활용할 수 있도록 하고 있다.

정보나 지식은 공유해야 그 가치가 더욱 증가될 수 있다. 외교관의 경우 해외 근무를 자주해야 하기 때문에 특정분야의 전문가는 해외 근무기간 중에는 자신의 전문분야를 살리기 어려운 경우가 많다. 그러나, 이제 인터넷으로 거리(distance)개념이 사라져 자신이 갖고 있는 지식을 사장(死藏)시킬 필요가 없게 되었다. 본부는 이들이 갖고 있는 전문지식을 필요할 때 언제든지 쉽게 활용할 수 있게 되었다.

> · 인터넷은 정보에 대한 접근을 가능하게 해 주나 지식을 제공해 주지는 않는다. (David Konzevik, 2002.)
> · 단순히 정보를 수집하는 것보다 지식을 창조하는 것이 더 중요하다.
> · 오늘날 우리가 매일 얻는 수많은 정보는 난센스에 불과한 것들이 많다. (Colin Powell, 2002.11.18)
> · 지식은 실수를 줄여주며, 바보 같은 행동을 하지 않도록 해준다.

지식·경험 축적 (institutional memory)

> · 살아있는 역사를 위해서는 기억을 보존하는 장치가 있어야 한다. 우리가 하고 있는 일의 많은 부분은 과거에 대한 이해에 의존하기 때문이다. 각 세대는 다음 세대를 위해 기록을 남긴다. 만약 우리가 과거를 잃어버리면 그것은 미래를 여는 중요한 열쇠를 잃어버리는 것이다. 그러므로 외교관들은 반드시 기록을

유지해야 한다.

George Shultz, 2002.5.29.

외교관은 보직 이동이 잦다. 보통 2~3년에 한 번은 담당하는 일이나 부서가 바뀐다. 그래서 외무부 직원들은 현실적으로 업무의 연속성을 유지하기가 어렵다. 지식과 경험을 지속적으로 축적해 나가지 않으면 안 되는 배경이다. 외교 선진국들이 이를 위해 어떻게 하고 있는지 예를 들어보자.

외무부 본부의 특정 부서에서는 본부와 재외공관 간 순환 근무를 하지 않는 직원이 장기간 근무한다. 예를 들어, 미국 국무부 의전실(儀典室)에는 같은 일만 20년 이상을 하고 있는 직원들이 있다. 그들은 외빈 미국 방문행사, 미국 요인의 외국 방문행사들과 관련하여 모르는 것이 없다. 20년 이상 경험한 실수와 착오, 예상하지 못한 사건 등에 관한 자료와 정보가 축적되어 있어 어떤 일이 발생해도 즉시 대응할 수 있다. 필자는 워싱턴 근무 시절 가깝게 알고 지내던 의전실 직원에게서 이런 사례를 여러 번 목격할 수 있었다.

자료와 기록을 보관, 관리하는 데 그치는 것이 아니라 이를 연구해서 오늘의 문제를 풀어 나가는 데 적극적으로 활용한다. 과거의 실수를 반면교사(反面教師)로 삼는 것이다.

영국 외무부의 경우에도 이러한 역할을 하는 부서가 3곳 있다. 외교사료실, 조사분석실, 정책기획실이다.

이중 조사분석실은 지역 연구를 담당하는 8개 팀과 범세계적 이슈를 담당하는 1개 팀, 총 9개 팀으로 구성되어 있다(2001년 1월 현재). 각 팀은 6명 정도의 전문가들로 구성되어 있고, 행정 지원 인력을 포함하여 약 80여 명이 근무하고 있다. 이들이 하는 일은 정책 결정자들을 위해 정확한 기초 자료를 제공하고, 과거 유사한 사례가 있었을 경우 이에 관한 객관적인 자료를 제공해 준다.

이 부서에 근무하는 전문가들은 직업외교관이기는 하나, 외교관 선발 시험이 아닌 특채 과정을 통해 채용된 사람들이며, 이들은 자신이 전문으로 하는 지역소재 공관에 한두 번 근무하여 현장 감각을 익힌 다음 줄곧 조사분석실에서만 근무한다. 이들은 대학이나 연구기관, NGO 등과 긴밀한 관계를 유지하면서 자기분야와 관련된 국제 회의, 세미나 등을 주최하거나 참석하여 새로운 지식과 정보를 충전시키기도 한다.[64]

많은 나라들의 경우 전임자는 후임자가 참고할 수 있도록 기록을 남겨 놓는다. 철저한 인계·인수를 통해 후임자가 시행착오나 낭비 없이 새로운 업무에 익숙해질 수 있도록 한다. 자신이 접촉했던 사람들의 인적사항이나, 직무를 수행하면서 착안한 사항, 실제 경험한 시행착오, 일이 추진되어 온 상세를 기록으로 남겨 놓는다. 공관장의 경우는 근무를 마치고 떠나면서 후임자와 본부 데스크에 재임 중의 경험을 중심으로 한 보고서(farewell dispatch)를 보낸다. 이런 기록들이 장기간 축적되어 후임자들이 부임하자마자 이러한 기록을 읽음으로써 유익한 지식을 얻고 경험을 간접적으로 공유할 수 있다.

이와 관련하여, 워싱턴 소재 외교연구·훈련협회(Association for Diplomatic Studies and Training; ADST)의 사례를 하나 소개한다. 이 협회는 주요 사업의 하나로 "Foreign Affairs Oral History"라는 프로젝트를 수년에 걸쳐 시행했다. 900여 명의 전직 외교관들을 인터뷰한 내용을 CD-ROM으로 정리한 데 이어 추가로 500여 명과 인터뷰를 실시했다. 1920년부터 오늘날에 이르는 외교 현장 스토리가 생생하게 담긴 방대한 자료가 데이터 베이스화 된 것이다.[65] 고위 외교관들의 재임 중 경험을 낱낱이 기록으로 남겨 필요하면 언제든지 참고할 수 있게 되었다.

· 이미 다 알려진 사실을 새로운 사실인 줄 알고 이를 찾아

내는 데 시간을 낭비할 필요가 없다.
- 중요한 사건에 대해서는 그 일이 끝나고 난 다음에 반드시 재검토해 보아야 한다. 어떤 실수가 있었으며, 이러한 실수가 왜 있었는지, 그런 실수를 피할 수는 없었는지, 그리고 어떤 교훈을 얻을 수 있었는지 등에 관해 조사해 보아야 한다.

4) 사교, 대화 기술

외교관은 사람을 만나는 일이 주된 일이기 때문에 당연히 사교와 대화 기술이 필요하다.

외교관으로 활동함에 있어 각종 사교행사에 참석하는 것은 빼놓을 수 없는 일의 하나다. 오찬, 만찬, 리셉션 등에 참석해야 하며, 이러한 행사를 주최하기도 한다. 외교관의 이러한 활동은 단순한 형식이 아니라 내용이다. 이런 행사를 통해 중요한 논의가 이루어진다.

외교관은 여러 사람들 앞에서 말을 해야 하는 경우가 많다. 언론과의 인터뷰는 말할 것 없고 각종 세미나, 좌담회, 회의 등에 참석, 의견이나 입장을 발표하고 토론을 해야 한다. 따라서 이 분야에 평소 경험과 훈련을 쌓을 필요가 있다. 영어가 모국어가 아닌 외교관의 경우 영어나 기타 외국어로 진행되는 이런 행사에 효과적으로 참석한다는 것은 생각만큼 쉬운 일이 아니다. 외국어 부담 때문이다.

외교관의 사교활동

· 외교관은 세 가지 이유로 사교행사를 정당화한다. 첫째는 사교
적인 행사를 주최함으로써 자기 나라에 대한 좋은 이미지를 심
어준다는 것이고, 둘째는 정보를 입수할 수 있는 기회를 갖게 되
며, 셋째는 그런 기회를 통해 접촉선(contacts)과 친구를 만들 수
있다는 것이다.

Eric Clark, Diplomat, 1973.

· 외교관에게 사교활동은 필요악이다. 그것은 무척 심신을 피로하
게 하는 일이지만, 다른 한편으로는 유용한 일이다. 사교를 통해
좀더 믿고 신뢰할 수 있는 개인적인 관계가 수립될 수 있으며,
이러한 관계는 외교관이 효과적으로 일하는 데 있어 절대적이
다. 개인적인 관계는 공적인 관계에서 윤활유와 같은 역할을 한
다.

Katie Hickman, Daughters of Britannia, 1999.

· 외교에서 파티는 다른 수단에 의한 업무의 연장이다. 모든 일이
파티에서 일어난다.

Allan Gotlieb 전 주 미국 캐나다대사, 1989.

외교관에게 사교활동은 물고기와 물의 관계와 같다고 할 수 있다. 외
교관은 많은 시간과 예산을 사교활동에 쓴다. 보기에 따라서는 국민이
낸 세금을 낭비하는 것이 아닌가 하는 생각이 들 수도 있다.

1995년 7월부터 주 미국대사를 역임한 바 있는 독일의 크로복(Juergen
Chrobog) 대사는 재임 6년 동안 무려 6만여 명을 관저행사에 초청했다.
한 달 평균 830명, 하루로 계산하면 매일 30명 가까운 사람들을 관저에서
접대한 셈이다.

외교관은 국가를 대표하기 위해 주재국이나 다른 나라 대사관 행사에
참석해야 하며, 자기 나라를 알리기 위해 이런 행사를 주최하기도 한다.
거의 예외 없이 모든 나라의 해외공관들은 연례적으로 국경일 리셉션을

개최한다. 많은 예산과 노력을 들이는 것도 물론이다. 재외공관장이 가장 많은 시간을 빼앗기는 일 중의 하나는 이러한 국경일 리셉션에 참석하는 일이다.

앞에 예시한 대로 외교관이 사교행사를 자주 갖는 것은 실질적인 필요성 때문이다. 필요할 때 도움을 받을 수 있는 사람을 확보하기 위해서다. 주재국에서 영향력 있는 위치에 있는 인사라던가, 업무상으로 도움이 될 수 있는 사람을 가깝게 만들어 놓는 일은 효과적인 임무수행에 대단히 중요하다. 정보를 입수하는 일, 주재국 내에서 본국에 유리한 여론을 조성하는 일, 본국 정부의 입장에 대한 지지를 확보하는 일 등은 사무실에서의 공식적인 만남만으로는 기대할 수 없다.

- 식사는 외교의 핵심이다("Dining is the soul of diplomacy"). (Lord Palmerston)
- 훌륭한 음식과 좋은 와인은 외교에서 미약(媚藥)과 같은 것이다.
- 대사관에서 가장 중요한 사람의 하나는 요리사다.
- 술과 음식을 잘 대접하면 중요한 비밀을 알아내는 수가 있다. (Francois de Callieres)
- 향응을 베푸는 일은 외교관이 사용하는 연장 중의 하나다. (Oliver Wright)

People & Access

- 외교는 항상 인간관계의 질(quality)에 의존해 왔다. 그래서 그러한 인간관계를 도모해 주는 사교활동은 중요한 일로 간주되었다.

    Katie Hickman, Daughters of Britannia, 1999.

- 외교관이 주재국 정부에 영향력을 행사할 수 있는 능력은 주재

국 인사들과 서로 존경하고 신뢰하며 이해하는 기반 위에 개인
적인 관계를 꾸준히 구축해 놓음으로써 가능하다. 물론 정부 간
의 관계는 개인 간의 관계가 아니며, 외교정책을 통해 추구되는
이해관계에 따라 영향을 받게 되지만, 이러한 정부 간의 관계도
인간적인 약점과 결점이 있는 개인에 의해 관리된다는 사실에
유의해야 한다. 외국 관리들과 개인적인 친분관계를 잘 가꾸어
놓을 수 있는 능력은 정부의 외교정책 목표를 달성하는 데 있어
결정적으로 중요하다. 성공과 실패를 좌우할 수 있다.

Robert Hopkins Miller, Inside an Embassy, 1992.

앞에 인용한 두 사람의 말은 평범한 말 같지만, 외교관들에게 유용한
조언인 것으로 생각된다.

외교관처럼 각계 각층의 사람들을 다양하게 만나야 하는 직업도 드물
것이다. 외교관의 모든 활동은 주재국 사람들을 만나는 일에서부터 시작
된다 해도 과언이 아니다.

외교관은 필요한 사람을 언제든지 만날 수 있어야 효과적으로 일할 수
있다. 영향력 있는 사람, 믿을 만한 정보를 갖고 있는 사람, 어떤 문제든
솔직하게 얘기해 줄 수 있는 사람을 가능한 한 많이 확보하고 있어야 한
다. 그들로부터 정보가 나오고 필요한 협조도 받을 수 있기 때문이다. 사
례를 들어보자.

• **존슨 대통령 시절**(1963-69) 워싱턴 주재 이스라엘대사관에 이브론
(Ephraim Evron)이라는 공사(公使)가 있었다. 그는 당시 자신의 상관인
대사보다도 더 존슨 대통령과 가까웠다. 그는 백악관을 자주 출입하는
것은 물론, 존슨의 별장에서 조용한 시간을 함께 보낼 정도였다. 그는 후
에 대사가 되어서도 백악관을 수시로 방문할 수 있었다. 워싱턴에 주재
하는 대사로서 이만큼 미국 대통령과 가까운 관계를 유지한 대사는 거의
없었다.[66]

• 소련의 **도브리닌 대사**가 워싱턴에 근무하면서 미국 대통령, 국무장관, 안보보좌관 등에 대해 가진 access는 가히 전설적이었다. 특히 키신저와의 관계는 유별날 정도였다. 이런 관계가 가능했던 것은 당시 미·소 양국이 공히 비밀대화를 유지할 필요성이 있었고, 또한 도브리닌이 크렘린과 직접 줄이 닿기 때문이었다.[67]

• 1902년부터 12년 동안이나 워싱턴에서 대사로 활동한 바 있는 프랑스 외교관 **주스랑**의 경우도 좋은 예가 된다. 당시 대통령이었던 루스벨트(Theodore Roosevelt)는 자신감이 강해 남의 말에 귀를 기울이는 사람이 아니었다. 그럼에도 그는 국내외 문제를 불문하고 해결하기 어려운 문제가 생기기만 하면 주스랑 대사를 불러 상의했다. 심지어는 헤이(John Hay) 국무장관이 병석에 누워 있었을 때 국무장관 대리가 아닌 주스랑 대사를 불러 외교문제에 관해 상의했다.[68]

주스랑 대사는 미국의 역사, 문학에 관한 책을 16권이나 쓸 정도로 미국 전문가였다. 그는 루스벨트와 함께 산책을 하기도 하고, 테니스도 쳤으며, 좋아하는 식당을 찾아다니기도 했다. 그는 외교관은 주재국의 고위 인사와 언제든지 만날 수 있는 관계를 구축해 놓는 것이 가장 중요하다고 믿었다.

• **프랭클린**(Benjamin Franklin)은 1776년부터 9년 가까이 파리에서 근무한 미국 외교관 1호였고, 아담스(John Adams)는 1797년 미국의 제2대 대통령이 된 사람이다. 이 두 사람이 파리공사관에 근무하고 있었을 때의 일화다.

프랭클린과 아담스는 모두 애국심으로 가득 차 신생 독립국인 미국의 이익을 확보하기 위해 열심히 뛰었다. 그런데 이들은 주재국 사람들을 대하는 스타일이 달랐다.

프랭클린은 베르젠(Vergennes) 외무장관 등과 대화할 때 그들의 자존심을 한껏 높여주었다. 그는 이렇게 말했다. "항상 그들로부터 의견과 조언을 구함으로써 프라이드와 자만심을 높여 주어라. 그러면 그들은 당신의 판단과 지혜에 탄복할 것이다."

이와는 달리 아담스는 논쟁적이고 따지기를 좋아했다. 자신의 주장을 좀체로 굽히지 않고, 때로는 거만하고 분별력이 없는 사람처럼 행동했다. 베르젠 외무장관은 결국 아담스는 멀리하고 프랭클린만 상대했다.[69]

• 1906년부터 3년 동안 주 멕시코대사를 역임한 미국 외교관 톰슨(David Eugene Thomson)의 경우도 비슷하다. 그는 당시 디아스 대통령의 절대적인 신임을 받았을 뿐만 아니라, 일반 국민들로부터도 존경과 신뢰를 받았다. 법원 판사들, 주지사, 경찰들이 미국인과 관련된 사건이 발생하기만 하면 대사관에 들러 그와 상의하곤 했다. 톰슨 대사는 학교교육도 제대로 받지 못한 사람이었지만, 매우 솔직한 성격으로 남에게 신뢰감을 주는 사람이었다.[70]

• 프랑스 외교관 깜봉의 사례도 시사하는 바가 크다. 그는 마드리드와 콘스탄티노플에서 10년 간 대사로 근무한 후 1898년 55세의 나이에 런던에 부임했다. 부임 6년 만에 영국-프랑스 간 친선의 기초를 닦아 1904년 4월 영불협상(英佛協商, Entente Cordiale)을 성립시켰다. 이어 8년 후에는 양국 관계를 동맹관계로까지 발전시킴으로써 식민지 문제를 둘러싼 분쟁상태를 완전히 해소하고, 독일에 대항하는 친선의 기초를 다져 놓았다. 이러한 외교적 수완의 비결은 어디에 있었는가?

깜봉은 조그만 키에 호리호리한 몸집으로 항상 옷을 단정히 입고, 말과 행동을 신중히 했으며, 언제나 정직했다. 그는 후배 외교관에게 이렇게 충고했다.

"외교에 있어서는 무엇보다도 신뢰감을 조성하는 것이 중요
하다. 그렇게 되면 무엇이든 말할 수 있으며, 실로 거의 모든 것
을 할 수 있기 때문이다."[71]

이와 같이 외교관은 주재국의 각계 각층 인사들과 긴밀한 관계를 구축
하기 위해서는 좋은 평판을 쌓거나, 상대방에게 깊은 신뢰감을 줄 수 있
어야 한다. 키신저도 같은 말을 했다.

"외교에 있어서 결코 잊어서는 안될 사실은 똑같은 사람과
동일한 문제로 연속적으로 만나게 된다는 것이다. 속임수를 쓰
는 것은 일시적인 이득을 보기 위해 기본 골격을 파괴시키는 것
과 같으며, 신뢰할 수 있음은 서로 적수의 입장에 있는 국가들
간에도 질서를 지켜주는 시멘트와도 같다."[72]

슐츠 전 국무장관도 같은 말을 했다.

"당신이 오랜 기간에 걸쳐 효과적으로 일을 할 수 있기 위해
서는 솔직해야 하며, 기본적으로 정직하게 행동해야 한다. 그래
야 사람들이 당신을 신임하고 신뢰할 것이다."[73]

• 필리핀 외무장관을 역임했고, 그 전에 주 미국대사를 두 번이나 역
임한 로물로의 예를 들어보자. 그는 주미대사 시절 부인과 함께 유명 인
사들이 많이 참석하는 파티를 자주 열어 워싱턴 사교계에서 널리 알려진
사람이었다. 1958년 6월 대통령이 워싱턴을 방문한 기회에 개최한 리셉
션에는 1,500명이 넘는 주요 인사들이 대거 참석하기도 했다.

그는 자신의 작은 체구를 농담 삼아 "I am a small man from a small

country"라고 자신을 낮추면서 미국 전역을 돌아다니며 자기 나라를 알렸다. 그토록 많은 사람들을 만나고 돌아다니는 것이 피곤하지 않으냐는 질문에, "내가 만나는 사람들이 바로 나의 장사 밑천이나 다름없다. 피곤할 수가 없다"라고 말했다. 그는, "In diplomacy, people is a stock-in-trade." 라는 말을 남겼다.

• **바시우니**(Mohammed Bassiouny) 이스라엘 주재 이집트대사의 경우도 좋은 예다. 그는 앙숙이었던 이스라엘과 역사적인 외교관계가 수립된 직후 공관 창설 요원으로 텔아비브에 부임(1980년 2월), 15년 넘게 이스라엘에서만 근무했다.

그가 이 기간 동안 얼마나 많은 친구를 사귀었는지는 국경일 리셉션에서 잘 나타난다. 하도 많은 손님들이 참석하기 때문에 텔아비브 근교의 커다란 컨트리클럽 전체를 빌려서 리셉션을 개최했는데 매년 총리, 대통령, 국회의장, 대법원장, 장관 10여 명(전체의 절반), 국회의원 30여 명(전체의 1/4), 경제계, 학계, 언론계, 문화계 인사들이 참석하곤 했다. 이스라엘 주재 어느 나라 국경일 리셉션에도 이처럼 많은 인사들이 참석하는 예가 없었다.

이스라엘과 이집트는 외교관계가 수립되어 있음에도 불구하고 'cold peace'라는 용어를 쓸 만큼 양국 관계가 냉랭했다. 이런 상황임에도 바시우니 대사가 그 많은 친구를 사귈 수 있었던 비결은 어디에 있었을까? 필자의 물음에 그는 다음과 같이 대답했다.

"나는 외교관은 얼마나 많은 사람을 만나서 친구로 사귀느냐가 그의 활동 능력을 좌우한다고 믿는다. 외교관이 주재국 사람을 만난다고 할 때 흔히 집권층, 영향력 있는 인사들만을 염두에 두기 쉬운데, 나는 그렇지 않다.

나는 이곳에 근무하면서 만나게 되는 사람들을 모두 소중하게 여긴다. 그가 야당 인사이든, 어떤 정치적 성향을 가진 사람이든 상관없다. 어디에 사는 사람이든, 무슨 일을 하는 사람이든 상관하지 않는다. 그들 전체가 이 나라와 사회를 구성하기 때문이다.

혹자는 사람을 만나지 않아도 얼마든지 돌아가는 사정을 알수 있다고 하는데, 그렇다면 구태여 외교관을 상주시킬 필요가 있는가. 외교관이 현지에서 직접 보고 듣는 과정에서 입수하는 정보와 그들의 판단은 매우 중요하다."

바시우니 대사의 부인도 마찬가지였다. 부부 동반으로 참석하는 행사는 물론이고 혼자서도 그녀가 안 나타나는 행사가 거의 없다고 할 정도였다. 형식적으로 마지못해 참석하는 것이 아니라 흔쾌히 즐거운 마음으로 참석하는 모습이 역력했다. 이스라엘 사람들이 이들 부부를 좋아할수밖에 없다는 생각이 들었다.

주재국 사람들과 가까운 친분관계를 구축하는 데에는 시간이 걸린다. 1967년 11월부터 1973년 12월까지 6년 넘게 주미대사를 역임한 김동조전 외무장관은 워싱턴에 부임한 지 5년이 지나서야 비로소 미국 사회의주요 인사들과 광범위한 친교를 맺을 수 있었다고 술회했다.[74]

· 외교관이 주재국의 영향력 있는 사람과 줄이 닿는 것은 때로는 절대적으로 중요할 수가 있다.
· 개인적인 신뢰는 개인적인 접촉에 의해 가장 잘 구축될 수 있다. 친밀한 관계가 되기 위해서는 서로 상대방의 집을 방문할 수 있어야 한다.

5) 외국어 능력

> · 현지어를 할 수 있는 사람이 주재국과의 문화적 차이에 더 민감하고,
> 현지 분위기와 뉘앙스를 더 잘 이해할 수 있으며, 이로 인해 현지 사정
> 을 더 잘 본국에 전달할 수 있다.
>
> George Shultz, 2002.5.29.

외교관이 갖추어야 할 능력으로서 외국어 능력은 필수 중의 필수에 속한다.

대부분의 나라들이 외교관의 외국어 교육에 많은 노력과 예산을 투자한다. 또한 외국어 능력검정을 실시, 일정 수준 이상의 외국어 능력을 달성한 사람에게는 수당을 지급하기도 한다. 그리고 외교관의 외국어 능력은 승진 및 보직과도 연결된다.

전 세계적으로 가장 많은 해외공관을 두고 있는 미국의 경우에는 각종 제도적인 장치를 통해 현지어(現地語)를 습득할 수 있도록 하고 있다. 가장 어려운 언어로 간주되는 중국어, 아랍어, 한국어, 일본어의 경우에는 현지에 어학연수원을 두고 있으며, 워싱턴 근교에 있는 외교연수원에서 60개 이상의 외국어를 가르치고 있다. 외교연수원은 전체 예산의 약 절반 이상을 외국어 교육에 쓰고 있다.

미국 외교관의 경우에는 보통 1년 전에 다음 근무지가 결정된다. 대부분의 직원은 부임하기 전에 외교연수원에서 현지어를 배운다. 국무부는 또한 특정 보직은 일정 수준 이상의 어학 능력 등급을 취득하지 못하면 지원을 할 수 없도록 하고 있다. 예를 들어, 주한 대사관의 정무참사관 자리는 한국어 능력검정을 통과한 사람만이 지원할 수 있다.[75]

외교관에게 이렇게 현지어 능력이 강조되는 이유는 현지어를 못하면 커뮤니케이션에 어려움이 있을 뿐만 아니라, 그 나라 사람들의 사고방

식, 정서, 문화 등을 깊이 있게 이해할 수 없기 때문이다.

> · 외교에서 언어는 없어서는 안될 연장의 하나다. 언어는 다른 문
> 화가 중요하게 생각하는 것이 무엇인지 그리고 그 문화 속에 사
> 는 사람들이 세상을 어떻게 바라다보는지에 관해 통찰력을 제
> 공해 준다.

6) 교섭 능력

외교관이 교섭기능을 수행하기 위해서는 역시 이 분야에 경험과 기
술을 습득해야 한다. 물론 타고난 재주도 있겠으나 전문적인 협상 기법
을 배우고 익혀야 하며, 또한 많은 경험을 쌓아야 한다. 협상력이 곧 외
교력이라고 할 만큼 외교관이 얼마나 효과적으로 협상목표를 달성할
수 있는가 하는 것은 그 나라 외교진(外交陣)이 전체적으로 발휘할 수
있는 외교력을 가늠하는 중요한 척도가 된다.

7) 리더십, 관리(管理) 능력

> · 본인은 관리(management)보다는 리더십(leadership)에 더 관심이 있
> 다. 관리는 쉽다. 리더십은 동기를 부여하고, 사람들의 마음을 움직여
> 그들로부터 110%를 이끌어내는 것이다. 관리는 과학이나, 리더십은
> 예술이다. 본인은 리더를 발굴해내는 데 관심을 가질 것이다. 리더는
> 어떻게 하면 사람의 마음을 움직일 수 있는지를 아는 사람이다.
> Colin Powell, 제 65대 국무장관 취임사, 2001.1.20.

근자 들어 특히 고위직 외교관들의 리더십 및 조직관리 능력의 중요

성이 강조되고 있다.

종래에는 대부분의 국가들이 외무부나 재외공관 규모가 작았고, 외무부 이외의 정부 부서에서 외교활동에 참여하는 사례가 많지 않았다. 그러나, 오늘날 외교활동의 범위가 넓어짐에 따라 외교관 수가 늘었을 뿐만 아니라, 외무부 이외의 정부기관들이 직접 외교업무를 수행하는 경우가 눈에 띄게 증가했다.[76]

이에 더하여, 많은 나라에서 정부 전체 예산은 계속 증가되어 왔음에도, 외무부 예산은 답보 상태에 있거나 오히려 줄어들고 있다.[77] 우리나라만 하더라도 정부예산의 불과 0.7%도 안되는 예산을 외교분야에 쓰고 있다. 이 때문에 각 국 외무부는 제한된 예산과 인원을 효율적으로 사용하지 않으면 안되게 되었다. 이는 공관장이나 고위직 외교관들의 리더십, 조직관리 능력이 강조되는 배경이다.

외교관에게 이러한 능력이 요구되는 또 다른 이유는 국내적으로 외교업무와 관련된 정부부서 간 협의 및 조정 필요성이 증가한 데 있다. 즉, 외교업무 주무부서인 외무부는 정부 내의 다른 부서들과 협의하고 필요시 각 부서의 입장을 조정해야 하는 경우가 늘어났다. 또한 외무부는 대통령에 대한 보좌 기능뿐만 아니라, 국민의 대표기관인 국회 그리고 여론을 형성하는 언론에 대해서도 주요 외교사안에 대한 이해를 넓히는 노력을 적극적으로 전개해야 한다. 이러한 과정에서 고위직 외교관의 리더십 및 관리 능력은 필수적인 것이 되었다.

미국의 경우에는 외교관들이 적극적으로 관리 능력을 함양할 수 있도록 외교연수원에서 프로그램을 개발하여 가르치고 있다. 또한 고위직 외교관(senior foreign service)으로 승진하는데 가장 중요한 기준의 하나로 리더십 및 조직관리 능력을 포함시키고 있다.

직업외교관들의 이익을 대변하는 미국외교협회(AFSA)는 미국 외교관들의 실무수행 능력(professional standards)을 향상시키기 위해 리더십, 조직관리 훈련을 받지 않은 직원은 승진 대상에서 제외되어야 한다고 주장하면서, 공관장은 말할 것도 없고 공관 차석의 경우에도 리더십 및 조직관리 능력이 검증된 사람만을 발령할 것을 건의했다.

파월 국무장관은 국무부 직원들이 직위고하를 막론하고 리더십 능력을 함양할 것을 강조했다. 그는 훌륭한 리더십의 요건을 다음과 같이 예시했다.

- 어떤 조직에서든 상사가 듣기 싫은 일이라도 말할 수 있는 분위기가 조직에 도움이 된다. 조직 구성원들이 자기 마음속에 있는 것을 겉으로 드러낼 수 있어야 한다. 엄연한 현실을 외면하는 것은 결코 바람직하지 않다.
- 부하 직원들이 당신에게 골칫거리를 갖고 오지 않는 순간부터 당신은 그들을 리드할 수 없다. 누구든 부담 없이 당신 앞에 나타나 아이디어나 의견을 개진할 수 있어야 한다. 가장 말단에 있는 사람들이 문제점을 가장 잘 알며, 진짜 지혜는 이들로부터 나온다.
- 궁극적으로 일이 되게끔 하는 것은 사람이다. 우수하고, 똑똑하며, 창의적인 사람들이 계속해서 당신과 일을 하도록 하고, 그들에게 자율적인 분위기를 만들어 주어라. 무엇보다도 중요한 것은 부하 직원들에 대해 항상 관심을 갖고 진심으로 그들을 생각해 주는 것이다.
- 종래 하던 방식으로 편하고 안일하게 일을 하려는 태도는 곤란하다. 새로운 기술을 배우고, 새로운 책임을 기꺼이 맡으며, 자기가 하는 일을 부단히 새롭게 개선하려는 태도를 갖도록 하라.
- 어려움이 있을 때는 잠시 일을 멈추고 한 발자국 물러서서 생각해

보라. 하지 말아야 할 일을 하고 있는 것은 아닌가, 반대로 해야 할 일을 안 하고 있는 것은 아닌가 생각해 보라.

- 부하 직원들이 일을 좀더 잘 하도록 격려하되, 일이 전부인 것 같은 생각이 들지 않도록 하라.[78]

파월 장관은 국무부 직원들의 리더십 향상에 특별한 관심과 노력을 기울였다. 주니어 직원들에게까지 리더십 훈련과정을 의무적으로 부과했다. 2003년부터 4년에 걸쳐 무려 7,000명의 외교관들이 리더십 과정을 이수하도록 의무화했다.[79]

미국은 각 대사관에 차석(DCM)제도를 두고 있다. 공관차석으로 발령을 받기 위해서는 적격심사위원회의 심사를 거쳐야 하며, 이때 주요 심사기준은 리더십, 조직관리, 대인관계 능력 등이다. 직업외교관으로서 대사직에 임명되기 위해서는 공관차석 직위를 거쳐야 한다. 이는 공관차석의 위치에 있으면서 후에 대사로서의 임무를 수행하는데 필요한 자질과 능력을 갖추고 있는지를 검증 받기 때문이다.

미국이 DCM제도를 두고 있는 것은 미국 나름대로의 사정도 있다. 즉, 미국의 역대 행정부는 대사의 약 30% 정도를 정치적으로 임명하는데, 실무경험이 많고 능력이 검증된 커리어 직원이 차석으로 있으면서 정치적으로 임명된 대사를 실무적으로 보좌하도록 하려는 것이다. 또한 대사가 교체되는 과정에서 상원 인준이 지연되는 등으로 공관장이 6개월~1년 이상 공석인 경우도 있어 이럴 때 공관차석이 차질 없이 공관을 운영해 나갈 수 있도록 하려는 것이다.

> · 공관차석은 관리자(managers)이고 대사는 리더(leaders)다.
> (Langhorne Motley 전 국무부 차관보, ADST Oral History, 1991.3.7.)

8) 기억력

· 토의한 결과는 즉시 기록으로 남겨 놓아야 한다. 기억은 자주 불완전
하고 자기중심적이다.

George Shultz, 2002. 5. 29.

외교관도 정보원(情報員)과 마찬가지로 좋은 기억력을 필요로 한다.
사람들을 만나 대화를 나눈 후 기록으로 옮기는 과정에서 기억이 잘 안
나면 정확한 면담 기록을 작성하기 어렵다.

도브리닌 대사는 면담 후 사무실에 돌아오면 상대방과 나눈 대화 내
용을 거의 완벽하게 재생해 낼 수 있었다고 한다.[80]

기억력이 그만큼 좋았다는 얘기다. 기억력이 좋기로 유명한 사람으
로 주은래 수상을 빼놓을 수 없다. 그는 아무리 사소한 일이라도 한번
머리 속에 입력을 시키면 언제든지 재생해 낼 수 있었다 한다. 그가
'master of details' 라는 별명을 얻은 것도 이렇게 뛰어난 기억력 덕분
이었을 것이다.

외교관은 일상 활동 중에 많은 사람들을 만나게 된다. 만나는 사람의
얼굴과 이름을 잘 기억할 수 있으면 여러 면에서 도움이 된다. 외국인
의 생소한 이름을 정확히 기억하는 것은 쉬운 일이 아니다. 게다가 많
은 사람들의 신상정보를 일일이 기억해서 적절히 사용하는 일은 기억
력이 좋지 않고서는 불가능한 일이다.

케네디 대통령이 1963년 6월 서독과 베를린을 방문했다. 이 방문은
대단히 성공적이었다. 독일 국민들은 젊은 케네디에 매료되었다.

독일 방문행사의 일환으로 케네디는 본(Bonn)에 있는 Embassy Club
에서 100여 명의 중요한 인사들을 초청, 만찬을 주최했다. 당시 케네디
는 이 많은 사람들의 인적사항을 거의 다 기억해 인사를 나누었을 뿐

아니라, 참석 인사들에게 각기 한 마디씩 친근한 말을 건넬 수 있었다 한다.[81] 놀라운 기억력이었다.

외교관은 기억력에만 의존해서도 안된다. 어떤 일이든 시간이 지나면 잊혀지게 마련이다. 그래서 외교관은 중요한 면담에 참석한 다음에는 즉시 그 내용을 기록해 놓아야 한다. 외교관에게 속기 능력이 있으면 유용한 것도 이런 이유다.

5. 외교관 선발, 교육, 훈련

● 앞으로는 경제와 마찬가지로 외교에 우리의 사활적인 이해관계가 걸리게 된다. 훌륭한 외교관을 배출하는 것은 훌륭한 CEO나 관리자를 배출하는 것과 똑같이 중요하다. 국가경영에서 가장 기본이 되는 것은 물론 교육이다. 그 바탕 위에 과학기술이 있고 이를 토대로 경제력이 성장하는데, 여기에 더해 외교역량에 대한 인식도 새로워져야 한다.

홍순영 전 외무장관, 신동아, 2002.8월호.

● 일본 외무성이 외교분야에 자질과 능력이 있는 젊은이들을 끌어들여 그들이 갖고 있는 재능을 십분 활용하지 못하면 외무성의 능력은 지금보다도 훨씬 더 쇠퇴할 것이며, 이로 인해서 초래되는 결과에 대해서는 궁극적으로 일본 국민들이 그 대가를 지불해야 할 것이다.

Kitaoka Shinichi(동경대학 교수), Gaiko Forum, 2002.6.

1) 외교관 선발

외교에 뛰어난 통찰력이 있었던 깔리에르는 이미 300여 년 전, "외교관을 선발하는 것만큼이나 더 세심한 신경을 써야 하는 일은 없다"고 갈파했다. 그가 쓴 책의 제목은 『군주와의 교섭론』이었지만 실상 책 내용을 보면 '최고의 자질과 능력을 갖춘 사람을 외교관으로 선발해야 한다'는 주장이 주된 내용이다. 그는 외교관은 자신이 맡은 일을 잘 해내지 못하면 일을 그르쳐 국가에 대해 돌이킬 수 없는 손상을 주는 직업이라고 경고하면서, 따라서 외교관으로 적절치 않은 사람은 절대로 해외에 파견하지 말아야 한다고 역설했다.[82]

대부분의 나라에서 외교관은 전통적으로 가문이 좋고 최고 수준의 교육을 받은 우수한 인재들이 모이는 직업이었다. 영국이 대표적인 예다. 외교관 시험을 통해 직업외교관이 된 사람들의 80% 이상이 옥스포드와 케임브리지대학(Ox-bridge) 출신이었다.

　그러나, 근자 들어 외교관 직업에 대한 선호도가 낮아지고 있는 것도 사실이다. 가장 큰 원인은 민간부문이 상대적으로 보다 더 매력적인 고용조건을 제시하고 있기 때문이다. 이런 추세 때문에 미국 같은 경우는 국무부가 전국 대학을 순회하면서 외교관 직업의 장점을 적극 홍보하고 있다.

　오랜 외교 전통과 경험이 많은 외교 선진국들은 외교관을 선발할 때 가능한 모든 방법을 동원하여 응시자들이 외교관으로서의 바람직한 자질과 잠재력을 갖고 있는지 판단해 본다. 필기시험만 가지고는 불가능하기 때문에 심리학자나 명망 있는 전직 외교관들에 의한 전문적인 면접시험도 부과하고 있다. 이러한 구두시험은 보통 하루 이상 실시한다.

　미국의 경우 구두시험을 통해 응시자의 기안 능력, 구두표현 능력, 종합·분석 능력, 기획·조직 능력, 판단력, 기지·수완, 추진력·리더십, 경험·의욕, 대인관계, 침착성, 수리(數理) 능력, 공정·강직, 문화적 적응력의 13개 항목을 평가한다.

　외교관은 교육과 훈련에 많은 예산과 시간이 소요되고, 일단 채용된 후에는 정년으로 퇴임할 때까지 외교관 직업에 머무를 것으로 예상되기 때문에 어느 나라에서거나 우수한 자질과 능력이 있는 적격자가 선발될 수 있도록 가능한 최선의 방법을 동원하고 있다. 외교관을 선발하는 과정에서 신중에 신중을 기한다는 것이다. 지금 어떤 사람들을 선발하느냐가 20~30년 후 그 나라가 발휘할 수 있는 외교 능력을 좌우하게 된다는 인식이 깔려있다. "We are what we recruit."

여성 외교관

영국은 2003년 현재 약 6,000여 명의 외교관 중 40% 정도가 여성이다.

영국에서는 1946년부터 여성이 직업외교관이 될 수 있도록 문호가 개방되었다. 그러나, 여성의 진출을 용이하게 하기 위한 인위적인 조치는 별도로 취해지지 않았다. 이로부터 27년 만인 1973년에 이르러서야 비로소 직업외교관 출신 여성 대사가 임명되었다.[83] 현재 233명의 공관장 중 여성 공관장은 20명이다.

미국에서는 1922년부터 여성에게 문호가 개방되었다. 특기할 만한 사항은 여성 외교관은 1971년까지만 해도 결혼을 하면 그만 두어야 했다. 여성 외교관이 최초로 대사에 임명된 것은 1953년이었다. 1999년 말 현재 여성 외교관 수는 전체 외교관의 30% 정도였다.[84]

한국의 경우에도 근자 들어 외무고시를 통해 외교분야에 진출하는 여성의 수가 눈에 띄게 늘었다. 외무고시에서의 여성 합격자 비율을 보면, 1998년 16.7%, 1999년 30%, 2000년 20%, 2001년 36.7%, 2002년 45.7%, 2003년 35.7%였다. 한국에서는 2003년 여성 직업외교관이 최초로 공관장이 되었다. 1978년 외무고시를 통해 외교관 생활을 시작한 지 25년 만에 특명전권대사로 임명된 것이다.

외교관 직업의 특성상 여성이 갖게 되는 핸디캡은 남성보다 더 많다. 가장 큰 문제는 결혼해서 가정을 갖게 되면 해외 근무에 많은 어려움이 따른다는 것이다. 남편을 동반하는 것이 쉽지 않고, 자녀를 갖게 되면, 특히 해외 근무 기간 중에는 아이들의 양육이 현실적으로 어려운 문제가 된다. 영국 외무부는 여성 외교관에 대해 5년 한도 내에서 휴직을 허용해주며, 본국 근무도 10년 동안 계속해서 할 수 있도록 해주고 있다. 또한 상황이 허락하면, 남편과 같은 나라나 지역에 발령을 받을 수 있도록 배려를 해준다.

2) 외교관 교육 · 훈련

· 훈련은 오늘날의 세계에서 선택사항이 아니다. 그것은 필수 불가결한 것이다. 국무부 직원들 중에는 훈련을 받기에는 능력이 충분하다고 생각하는 사람이 있는 것 같다. 훈련을 받고 있으면 그 직원은 마치 당장은 꼭 필요하지 않은 사람으로 간주되는 것 같다. 이것은 난센스다. 여러분들은 전문분야가 무엇이든지 간에 항상 새로운 접근 방법을 배워야 한다. 그렇지 않으면 다른 사람들이 여러분들보다 훨씬 더 앞서 가게 될 것이다. 여러분들은 전문가라는 사실을 잊지 말아야 한다. 그렇기 때문에 여러분들은 전문분야에서 지식이 진보되는데 보조를 맞추어 나아가야 한다. 훈련이 필요한 이유다.

George Shultz, 미국외교협회 수상식 연설, 2003.6.26.

· 어느 나라의 외교기관도 외교관의 평생교육에 관한 전략이 없이는 장기적으로 그들의 질을 높은 수준으로 유지할 수 없다.

The Clingendael Newsletter, Winter 2002.

앞서 여러 차례 언급했듯이 외교관은 시작하면서부터 정년으로 그만둘 때까지 공부하고 실력을 연마해야 하는 직업이다. 그래서 어느 나라에서든지 직업외교관 제도를 발전시키는 데 있어 외교관에 대한 교육 · 훈련을 중요시하고 있다. 그들의 능력과 자질을 키워주기 위해 끊임없이 노력하는 것이다.

앞에 든 슐츠 전 장관의 말은 정곡을 찌르는 말이다. 그는 국무장관 재직시 외교관의 교육 · 훈련에 특별한 관심을 갖고 국무부에서 자동차로 20분 걸리는 곳에 대규모 부지를 확보했다. 여기에 2002년 5월 29일 외교연수원이 완공되었다. 국무부는 이 건물을 슐츠 장관의 이름을 따 "George P. Shultz National Foreign Affairs Training Center"로 명명했다.[85]

외교관을 선발해서 교육 · 훈련을 지속적으로 시키지 않으면 실력 있는 외교관으로 키울 수 없다. 외교관을 훈련시키는데 쓰는 예산과 시간은 이런 관점에서 보면 미래에 대한 투자라고 할 수 있다. 파월 장관은 2001년 1월 취임 직후 국무부의 각 부서를 순시했는데 외교연수원을 가장 먼저 방문했다.[86] 자신이 외교관 훈련에 특별한 관심을 갖고 있음을 보여주었다.

Ⅲ. 외교기관

대통령, 특명전권대사 · 특명전권공사 · 외무부

1. 대통령, 외무장관

● 외교는 기본적으로 대통령과 국무장관의 책임이다.
George Kennan, A Diplomat at Century' s End, 1996

● 한 나라의 외교 책임자인 외무장관은 외교분야의 정책수립자며, 국가
대변자이자, 교섭자며, 행정가의 4대 기능을 가진 각료다.
박동진, 길은 멀어도 뜻은 하나, 1992.

어느 나라에서든 외교에 관한 권한은 국가원수나 행정수반이 갖고
있다. 즉, 대통령이나 총리가 외교정책을 최종적으로 결정하고 책임을
진다.

외무장관은 대외업무와 관련하여 대통령이나 총리를 보좌한다. 이를
위해 외무장관은 외무부 본부와 재외공관을 지휘한다.

참고로 각국 외무장관의 평균 재임기간을 살펴보면 미국의 경우는
제퍼슨(Thomas Jefferson)이 1789년 초대 국무장관에 임명된 이래 지
금까지 65명의 국무장관이 평균 3년 3개월 재임했다. 영국의 경우는
1782년 외무부가 생긴 이래 56명의 외무장관이 각기 4년 정도 재임했
다. 한국의 경우는 1948년 정부 수립 이래 32명이 평균 1년 8개월 정도
재임했다.

외무장관으로 최장수 재임 기록을 세운 사람은 단연 소련의 그로미
코다. 그는 1957년 임명되어 1985년까지 무려 28년 동안 외무장관직을
수행했다. 1939년에 외교관 생활을 시작했기 때문에 외교관 경력까지

합치면 거의 반세기 가까이 외교업무에 종사한 셈이다.[1] 독일 통일의 주역 중 한 사람이었던 겐셔 외무장관도 1992년 장관직에서 물러날 때까지 18년 동안이나 재임했다.

외교 사령(司令)인 대통령이나 총리는 국가안보, 외교문제에 관해 다양한 형태의 보좌를 받는다. 미국의 경우, 부통령, 국방장관, 중앙정보국장(DCI), 안보보좌관, 합참의장 등이 국무장관과 더불어 대외정책과 관련된 문제에 있어 조언을 하는 지위에 있다. 이 과정에서 국무장관과 여타 기관장 사이에 경쟁과 갈등이 조성되는 경우도 있다.

이러한 역할을 수행하는 기관들은 사실을 있는 그대로 보고하고, 소신 있게 자신의 견해를 밝히는 것이 가장 중요하다고 한다. 통치자의 의중을 살펴 조언함으로써 나중에 큰 대가를 치른 경우가 많다.

미국이 베트남전에서 패한 것도 하나의 예다. 미국은 베트남전에서 군사적으로 패한 것이 아니라 정치적으로 패했다. 아미티지(Richard Armitage) 국무부 부장관은 베트남전을 회고하면서 당시 대통령을 비롯한 외교정책 결정자들이 사실을 있는 그대로 국민들에게 말하지 않은 것이 실패한 가장 큰 원인이었다고 말했다.[2]

· 미국의 외교정책을 결정하는 사람은 나다. (Harry S. Truman 대통령, 1948)

2. 외무부

　대외관계 업무를 전담하는 국가기관이 설치된 것은 영국의 경우 1782년, 미국은 1789년, 프랑스가 1797년, 일본은 이보다 훨씬 뒤인 1869년(명치유신 다음 해)이었다.

　이들 나라들의 외교관 규모를 살펴보면, 영국의 경우 약 6,000명 정도로 이중 3,000명 정도가 233개의 재외공관에 소속되어 있다. 미국의 경우는 약 14,000명이 본부와 259개 재외공관에 근무하고 있다. 미국 다음으로 방대한 외교망을 유지하고 있는 프랑스의 경우 252개의 재외공관을 두고 있으며, 외교관 수도 9,400명에 이른다. 일본은 외교관 수가 약 5,400명으로 이중 3,300여 명이 190개의 재외공관에 근무하고 있다. 한국의 경우는 본부 및 128개의 재외공관(대사관 95개, 총영사관 29개, 대표부 4개)에 1,720여 명(본부 약 770명, 재외공관 약 950명)이 근무하고 있다.

근자들어 외무부의 역할이나 위상에도 많은 변화가 생겼다. 외무부는 더 이상 대외 접촉 창구로서의 독점적 지위에 있지 않다. 국방부, 상무부, 농업부 등 외무부 이외의 부서들이 외무부를 통하지 않고 외국 기관들을 접촉하고, 재외공관에 주재관을 두고 일을 처리한다. 미국의 주영대사관에는 28개 연방정부기관 직원이 근무하고 있고, 주 멕시코 대사관의 경우에는 무려 35개 연방정부기관에서 주재관을 두고 있다 한다.[3)]

이와 같은 추세에 맞추기 위해 서방 선진국들은 외무부의 역할과 위상을 새롭게 정립하는 노력을 경주하고 있다.[4)]

그 첫째는, 외무부가 조직으로서 발휘할 수 있는 전문성을 높이기 위해 애쓰고 있다. 외국어 능력, 문화 간 커뮤니케이션 능력 등 직업외교관의 프로페셔널이즘을 한층 강화하고 있다.

다음으로, 외무부는 정책 결정자들이 정확하고 시의 적절한 결정을 할 수 있도록 도움으로써 외교정책수립 과정에 적극적으로 기여하고 있다. 결정된 정책을 단순히 집행하는 기관으로서의 지위에 머물러 있지 않는다는 것이다.

셋째로, 외무부는 대외문제에 있어 정부 각 부서 간 조정기능(coordination)을 보다 적극적으로 수행하고 있다. 상충하는 정부 부처 간의 이해와 갈등을 종합적인 국익의 관점에서 조정하는 역할을 수행하는 것이다. 외교업무수행의 선도기관(lead institution) 역할을 하기 위해 애쓰고 있다.

외무부의 새로운 위상정립 노력과 관련하여 미국 국무부가 정한 국무부의 임무와 가치를 들어본다.[5)]

• **임무:** 미국 국민과 국제사회를 위해 보다 더 안전하고 민주적이며 번영된 세계를 창조한다.

• **가치:**

충성심: 미국과 미국 국민에 헌신한다.

인품: 높은 수준의 윤리 및 강직성을 지닌다.

봉사: 정책수립과 조직운영 면에서 최고의 능력을 발휘한다. 이 과정에서 창의적인 소수 의견을 용인한다. 일단 결정된 정책과 방침은 개인적인 견해와 상관 없이 이행한다.

책임감: 최고 수준의 실무수행 능력을 보이면서, 미국 외교정책 목표를 달성에 책임을 진다.

소속감: 팀웍, 직업정신, 국민에 대한 봉사를 중요하게 생각한다.

> · 외무부의 3대 기능은, 국제상황을 잘 살피는 watchtower, 국제관계를 관장하는 control tower, 국가이익을 보호하고 아이디어를 증진시키는 orchestrator다. (Hubert Vedrine 전 프랑스 외무장관)

3. 재외공관

● 미국의 재외공관은 외교정책 개발에 중차대한 역할을 수행한다. 그들
은 외교정책수립에 결정적으로 중요한 모든 물음에 답을 할 수 있는
위치에 있다. 그리고 그들은 최상의 사실에 관한 정보를 제공한다. 또
한 그들은 다른 나라들에게 동기를 부여하거나 다른 나라 정부의 결
정에 영향을 미치는 과정에서 중요하다고 생각되는 요인들에 대해 완
벽한 분석을 제공할 수 있다.

Thomas Pickering, The Making of U.S. Foreign Policy, 2000. 3.

먼저 상주공관에는 어떤 종류가 있는지 설명하고자 한다. 해외에 설
치되는 공관은 대사관, 대표부, 총영사관 등이다.

대사관은 대사급 외교관계가 수립되어 있는 국가들이 상대방 국가의
수도에 설치하는 기관이다.

대표부는 국제연합(UN)과 같은 국제기구에 설치하거나, 외교관계를
수립하지 않은 국가들이 대사관 설치의 전 단계로 설치한다. 예를 들어
한국과 헝가리는 1989년 2월 1일 대사급 외교관계를 수립하기 전 단계
에서 상주대표부를 설치하기로 합의하고 서울과 부다페스트에 각각 대
표부를 설치한 바 있다.

총영사관은 수도에서 멀리 떨어진 상업, 금융 등의 중심지, 또는 자
국민들이 많이 체류하는 도시에 설치된다. 주된 업무가 교민 보호, 경
제 · 통상관계를 증진시키는 일이다.

근자들어 해외에 상주공관을 꼭 둘 필요가 있는가 하는 여론이 제기
되는 것을 본다. 이러한 주장의 근거를 살펴보자.

1) 상주공관 무용론

· 오늘날의 세계에서 외교관을 주재시키는 제도는 낡은 제도다. 유지하
  는 데 비용이 많이 드는 외교관 대신에 팩스, 텔렉스, 화상회의 시설
  등을 쉽게 설치할 수 있다. 또한, 외무장관이 쉴 사이 없이 외국을 방
  문하고, 정상회담이 한 달에 한 번 이상 열리고 있다. 각 나라 수도에
  설치된 대사관은 이제 과학기술의 발달과 더불어 점차로 쓸모없는 것
  이 되었다.

  Andrew Roberts, Daily Mail, 1993.

· 대사관은 범선시대의 유물이다. 지구상의 각 나라를 연결하는 커뮤니
  케이션 수단이 없었을 때에는 외국에 주재하는 대사들이 자기 나라를
  대신해서 주재국과 대화를 했다. 그러나, 전 세계가 24시간 하나로 연
  결되어 있는 오늘날에는 대사가 하는 일이란 사교활동에 지나지 않는
  다.

  Ross Perot, ABC's 20/20, 1992.

교통과 통신수단이 눈부시게 발달한 오늘날 각국 정부수반, 외무장
관, 기타 정부관리들은 전화나 전자메일 등을 통해 다른 나라의 카운터
파트들과 쉽게 접촉할 수 있게 되었다. 뿐만 아니라, 필요하면 언제든
지 직접 만날 수 있게 되었다. 해외에 공관을 상주시킬 필요가 없다는
주장의 첫째 근거다.

둘째로, 재외공관을 유지, 운영하는 데에는 적지 않은 예산이 소요된
다. 많은 나라들이 작은 정부를 지향하고, 긴축 예산을 편성하면서 외
무행정 예산도 삭감 대상이 되어 재외공관의 일부를 폐쇄하거나, 공관
규모를 축소하게 되었다.

셋째로, 이들은 상주공관을 두는 제도 자체에 대해서 회의적인 시각
을 갖고 있다. 오늘날과 같이 외교의 주체가 다원화된 상황에서 정부의
역할이 줄어들고 있으므로 구외교(old diplomacy)제도의 산물인 상주

공관을 두는 관행도 바뀌어야 한다고 주장한다.

2) 상주공관 유용론

· 해외에서 미국을 대표하는 국가기관을 유지하기 위해 예산을 쓰는 일
  이 미국 납세자들에 대한 부담으로 간주되어서는 안된다. 해외에 공
  관을 두는 것은 미국의 안전과 번영을 확보하기 위한 노력의 불가분
  의 일부다.

미국 국무부, America's Overseas Presence in the 21st Century,
1999.11.

· 재외공관원들이 지금까지 해오던 낡은 방식으로 정보를 수집하는 일
  은 그다지 중요하지 않게 되었다. 중요한 것은 사람들을 아는 일이다.
  이 일은 본부(워싱턴)에 앉아 있는 사람들은 할 수 없다. 해외에 주재
  해야만 그 나라 지도자들이 무엇을 생각하고 왜 그런 생각을 하는지
  알아낼 수 있다.

Ronald Spiers(미국 국무부 차관), 1991.

· 오늘날 냉전이 종식되었고 교통과 통신수단이 고도로 발달되었다 해
  도 재외공관의 중요성은 절대 감소되지 않았다. 재외공관과 재외공관
  을 지휘하는 국무부는 미국의 이익을 대외관계에서 확보하는 역할을
  하는데 더욱 더 중요하게 되었다.

Richard Gardner, Foreign Affairs, July/August 2000.

상주공관 무용론을 주장하는 사람들은 외교관을 상주시키는 대신에
발달된 통신수단을 이용하면 된다고 하지만, 현지에서 외교관이 주재
국 인사들을 직접 만나 일을 처리하는 것과는 그 결과가 사뭇 다를 수
있다. "E-메일로는 personal chemistry가 통할 수 없다"는 말이 있다. 언
어학자들에 의하면, 인간의 의사소통은 불과 8%가 단어(words)에 의
해서 이루어지고 나머지 92%는 말하는 사람의 음성, 표정, 몸짓 등에

의해 이루어진다고 한다. 외교관들 사이에는 이런 금언도 있다. "'no'라는 대답을 원하면 전화를 걸어라. 'yes'라는 대답을 원하면 직접 만나라."

외교관이 현지에 상주해야 현장감(touch and feel)을 가질 수 있다. 현장감이 있어야 현지에서 일어나고 있는 일에 대한 정확한 평가와 분석을 할 수 있고, 적절한 대응 방안을 건의할 수 있다. 블레어 영국 총리의 외교보좌관을 역임한 쿠퍼(Robert Cooper)는 그의 명저「The Breaking of Nations」에서 상주공관이 수행하는 역할의 중요성을 강조하면서, "외교에서 가장 중요한 법칙은 현지로부터의 의견을 듣는 것이며, 이를 위해 현지의 말과 문화, 정치 지도자들의 생각과 일반시민의 정서를 이해하는 외교관이 상주하고 있어야 한다"라고 말했다.[6]

또한 해외에 주재하는 외교관은 사교행사 등을 통해 주재국 인사들을 자주 만날 수 있기 때문에 서로 이해하고 신뢰하는 관계를 구축할 수 있다. 직접 대면하지 않고 전화 등으로 가끔 연락하는 것으로는 이런 관계를 만들기 어렵다.

상주공관을 두고 있으면 어떤 사태가 발생했을 때 현지 사정에 적절하고도 즉각적인 대응이 가능하다. 뿐만 아니라 주재국 정부와 신속히 협의하고 교섭할 수 있다. 특히 장기간 교섭을 요하는 사안이 있을 때 매번 본국 정부대표단이 파견될 수도 없기 때문에 더욱 그러하다. 사례를 들어보자.

1961년 5월 16일 한국에서 군사혁명이 일어났을 때의 에피소드다. 당시 주한 미국대사관에는 그린(Marshall Green)이 대사대리로 있었다. 그린은 당일 새벽 3시 쿠데타 발생 사실을 확인하고, 이로부터 5시간 만인 오전 8시 "헌법에 의해 수립된 정부를 지지한다"는 성명을 발표했다. 신속히 성명을 발표하지 않으면 미국이 쿠데타를 지지했다는 의심을 받을 것을 우려해서였다. 본부로부터의 훈령 없이 취해진 조치였다. 미국 정부는 며칠이 지나도록 이 사태에 대한 공식적인 입장을 정하지 못했다.[7] 그런과 같은 유능한 외교관이 현지에 주재하고 있어서 가능한 일이었다.

2001년 4월 1일 미·중국 간에 비행기 충돌사건이 발생했을 때의 상황이다. 당시 이 사건은 양국 관계를 예상하기 어려울 정도로 악화시킬 수 있는 중대한 이슈였다.

양국 간 교섭은 북경에서 프루어(Joseph Prueher) 대사와 중국 외교부 저우원중(Zhou Wenzhong) 차관보 간에 이루어졌다. 프루어 대사는 면담이 끝나자마자 전화로 파월 국무장관 또는 아미티지 부장관에게 보고했고, 이들은 즉시 부시 대통령이나 라이스 안보보좌관과 협의, 프루어 대사에게 훈령을 내보냈다. 이런 보고체계가 가동되어 프루어 대사는 중국 측과 면담이 끝난 후 불과 75분 만에 그 다음 면담을 제의할 수 있었다. 확실히 현지에 상주공관이 설치되어 있었기 때문에 가능한 일이었다.

· 재외공관원은 주재국 사람들이 무엇을 어떻게 생각하고, 왜 그렇게 생각하는지를 알아내기 위해 나가 있는 사람들이다.
· 현장에 나가 있는 외교관들은 입으로만 말하는 것이 아니라, 표정, 제스처, 억양 등을 가미해서 말한다. 사안의 중요성을 강조할 수 있는 것이다.
· 외국에 누군가가 주재하고 있어야 한다. 그는 현지어를 잘 할 수 있고, 필요할 때 언제든지 주재국 정부와 접촉할 수 있어야 한다. 여기에 현지 상황을 있는 그대로 본부에 전달할 수 있어야 한다. (Fred Charles Thomas, Jr.)
· 외교정책 결정과정에서 재외공관의 분석이 지금처럼 필수적인 때는 일찍이 없었다. 재외공관은 질이 낮은 정보가 홍수를 이루고 있는 오늘날 그러한 정보를 믿을 만하게 걸러주는 역할을 하기 때문이다. (Quentin Peel, Financial Times, 2003.12.4)

4. 특명전권대사

●미국대사는 하루 24시간 1주일에 7일을 일하는 사람들이다. 그들은
어떤 형태로든 단 하루도 단 한 시간도 쉴 사이 없이 일을 한다.
Jack Kubisch, ADST Oral History, 1989.

1) 대사의 역할

특명전권대사는 공관의 장이기 때문에 그의 자질이나 리더십이 공관
의 외교목표를 달성하는 데 결정적이라 할 수 있다.

또한 대사가 효과적으로 활동하기 위해서는 본부의 지원이 대단히
중요하다. 사실 대사가 아무리 적극적으로 업무를 추진한다 해도 본부
의 지원을 받지 못하면 소기의 성과를 달성하기 어렵다.

클린턴 대통령에 의해 1999년 12월 주 중국대사로 임명된 해군 제독
출신의 프루어 대사는 업무시간의 절반 이상을 본국의 요로와 연락을
취하는 데 썼다고 한다. 본부로부터 필요한 지원을 얻어내기 위해서였
다.[8]

닉슨 대통령은 국무부를 배제하고 키신저 안보보좌관과 중요한 외교
이슈를 좌지우지했던 것으로 유명하다. 닉슨은 국무장관을 멀리했을
뿐 아니라 해외 주재 대사들도 신뢰하지 않았다. 이런 분위기에서는 주

요 해외공관에 나가있는 대사들이 제대로 역할을 할 수가 없었다. 메이어(Armin Meyer) 주 일본대사의 경우가 이에 해당되었다. 메이어는 직업외교관이었는데 일본 측은 정치적으로 비중이 없는 직업외교관이 주일대사로 임명된 것 자체를 탐탁하게 생각하지 않았다. 게다가 메이어 대사가 백악관에서 내려지는 중요한 결정들을 전혀 모르고 있었기 때문에 일본 측은 그를 상대하려고 하지 않았다. 그는 본국은 물론 주재국으로부터 외면을 받아 대사로서의 역할을 제대로 수행할 수 없었다.[9]

국방장관, 안보보좌관, 중앙정보국 부국장 등을 역임한 칼루치(Frank Carlucci) 대사의 사례도 좋은 예다. 그는 1975년 주 포르투갈대사로 부임했다. 그의 전임자는 포르투갈 정부가 공산주의자들에 의해 장악되었음에도 불구하고 고립정책보다는 개입정책을 펴야 한다는 주장을 굽히지 않아 결국 교체되었다. 칼루치 대사가 부임해 보니 과연 상황이 어려웠다. 포르투갈 국민들 사이에 반미(反美)감정이 팽배해 있었고, 심지어는 자신의 신변안전도 위협을 받을 정도였다.

그는 워싱턴에 일시 귀국, 키신저 국무장관에게 포르투갈에서 새로운 선거가 실시되는 방향으로 정책을 펼 것을 건의했다. 키신저가 이에 완강히 반대하자 백악관 비서실장으로 있던 자신의 오랜 친구인 럼스펠드(Donald Rumsfeld)를 통해 키신저를 설득했다. 이와 함께 그는 포르투갈에 대한 의료, 주택, 군부(軍部) 지원을 위한 예산을 확보하고, NATO에 의한 포르투갈 여단(旅團) 창설 아이디어를 성사시켰다. NATO 업무에 관여하고 있는 자신의 친구들을 설득하고 동원한 결과였다.

이러한 노력에 힘입어 소아레스(Mario Soares)가 이끄는 사회당이 선거에서 승리했다. 칼루치와 소아레스는 둘도 없는 사이가 되었다. 결과적으로 포르투갈은 경제적으로 안정과 성장의 계기를 마련할 수 있었고, 정치적으로도 민주화와 안정의 길로 접어들 수 있게 되었다. 이러한 포르투갈의 성공사례는 그 후 스페인과 중남미 국가들에게 하나의 모델이 되기도 했다. 칼루치 대사가 자신의 개인적인 역량을 동원하여 본부의 지원을 이끌어내 달성한 성과였다.[10]

클린턴 대통령이 정치적으로 임명한 브란차드(James Blanchard) 주 캐나다대사의 예를 들어보자. 브란차드는 연방 하원의원(1975-81)과 미시간주 주지사(1983-91)를 역임한 법률가 출신의 정치인이었다. 1992년 대통령 선거 당시 클린턴 후보를 도와 클린턴이 당선되자 주 캐나다대사에 임명되어 1993년부터 3년간 대사직을 수행했다. 정치적으로 임명된 대사로서 그가 어떻게 미국의 국익에 기여했는지 구체적인 사례를 통해 살펴보자.[11]

브란차드 대사가 부임할 당시 양국 간 가장 어려운 현안의 하나는 항공협정 문제였다. 기존의 항공협정은 현실에 맞지 않아 누가 보아도 비합리적이며, 이해하기 힘든 낡은 협정이었다.

양국 수도인 워싱턴과 오타와 간에 직항노선은 없고, 토론토와 보스턴을 경유하는 무려 5시간 반이나 걸리는 노선이 운행되고 있었다. 오타와와 보스턴 간에는 33인승 프로펠러기가 운항되고 있었으며, 워싱턴과 몬트리올은 필라델피아를 경유해서 연결되고 있었다. 미국과 캐나다를 여행하는 사람들에게는 불편할 뿐만 아니라, 시간과 금전적인 낭비가 심했다. 또한 두 나라 모두 관광객을 유치하는 데 장애가 되고 있다는 사실을 뻔히 알면서도 이를 시정하지 못하고 있었다.

이러한 상황이 개선되지 못하고 있었던 데에는 Air Canada가 자신들의 기득권이 침해되는 것을 우려, 캐나다 정부로 하여금 항공협정을 개정할 수 없도록 압력을 넣고 있는 데 있었다. 과거 20여 년 동안 13번의 협상이 시도되었으나 아무런 진전이 없었다.

브란차드 대사는 이 문제는 관료들이 실무적으로 어프로치해서는 도저히 풀릴 수 없는 문제로 판단하고 자신이 직접 양국 정치인들을 움직이기로 했다. 그는 우선 양국의 교통장관들이 새로운 항공협정이 체결되어야 한다는 데 합의하도록 하고, Air Canada사 사장을 만나 설득시켰다. 이와 함께 캐나다 전역을 돌아다니며 새로운 항공협정의 필요성을 역설했다.

그의 이러한 노력이 주효하여, 1995년 2월 24일 클린턴 대통령의 오타와 방문을 계기로 양국 간에 새로운 항공협정이 서명되었다. 예상대로 그 효과는 엄청나게 컸다. 협정이 발효된 지 3년 만에 양국 간 항공여객 규모가 37% 증가하였으며, 양국의 두 도시를 연결하는 직항노선이 40개나 생겼다. 양국이 연간 수십억 불의 경제적 이득을 보게 되었다. 여기에 승객들이 누릴 수 있는 편의는 금액으로는 환산이 되지 않는 것이었다.

1995년 10월 30일 퀘벡 주 분리에 관한 레프렌덤이 예정되어 있었다. 브란차드 대사는 캐나다가 두 개의 나라로 분리되는 것은 미국의 국익에 도움이 될 수 없다고 판단, 분리에 반대하는 입장이 승리해야 한다는 소신을 갖고 있었다.

본부(국무부, 백악관)는 이 문제가 내포하고 있는 문제점을 심각하게 깨닫지 못하고 있었다. 보스니아-헤르체고비나 사태에 몰두해 있었기 때문이다. 그러나, 만약 분리에 찬성하는 입장이 승리해 결과적으로 미국의 국익에 해가 되는 상황이 초래될 경우 의회가 이 문제에 대해 행정부가 취한 조치를 조사하게 될 것은 뻔한 일이었다.

문제는 명백한 국내문제에 해당하는 이 문제에 어떻게 관여하느냐

하는 것이었다. 특히 찬성과 반대가 백중지세여서 결과를 예측할 수 없는 상황이었기 때문에 반대파들은 미국이 이 문제에 대해 공개적으로 입장을 표명할 경우 예민한 반응을 보이게 되어 있었다.

브란차드 대사는 10월 18일 우레(Ouellet) 외무장관의 워싱턴 방문을 계기로 일시 귀국, 크리스토퍼 국무장관을 면담해서 이 문제에 대한 대응방안을 협의했다. 그는 미국이 "a strong and united Canada"를 지지한다는 태도를 취할 것을 건의했다. 이에 따라 크리스토퍼 장관은 우레 장관과의 공동 기자회견에서 이러한 입장을 표명했다.

그는 또한 백악관을 움직여 미국의 입장이 공개적으로 표명되도록 했다. 즉, 국민투표가 시행되기 5일 전인 10월 25일 맥커리 백악관 대변인은 정례 브리핑에서 기자의 질문에 답하는 형식으로 다음과 같이 말했다.

> "물론 그것은 캐나다의 국내문제다. 캐나다 국민들이 투표를 통해서 결정할 문제다. 그러나, 나는 대통령을 대신해서 a strong and united Canada가 a great country였을 뿐만 아니라 미국의 매우 강력하고 훌륭한 동맹국이었다고 말할 수 있다. 우리는 그러한 관계가 지속되기를 희망한다."

더 나아가 클린턴 대통령은 그날 오후 예산관련 기자회견 기회에 역시 참석한 기자의 질문에 답변하는 형식으로 다음과 같이 말했다.

> "이번 투표는 캐나다 국민들이 결정해야 할 캐나다의 국내문제다. 나는 이 일에 간섭할 수 있는 입장에 있지 않다. 다만, a strong and united Canada가 미국의 매우 훌륭한 파트너였으며 캐나다 국민들은

전 세계를 통해 말할 수 없이 중요하고 건설적인 국민들이었다는 점을 지적하고자 한다."

투표 결과, 분리에 반대하는 의견이 불과 1% 차이로 승리했다. 브란차드 대사는 클린턴 대통령을 비롯한 미국이 보인 태도가 이와 같은 결과에 영향을 주었을 것으로 믿었다. 그는 캐나다 정부 인사들보다도 오히려 더 이 문제에 노심초사했다고 술회했다. 그는 자신이 주재하고 있는 나라가 둘로 갈라지는 것을 보고만 있었다는 수치심과 고뇌를 느끼고 싶지 않았다고 말했다. 미국의 국익에 중요한 영향을 미치는 이 문제를 현지 대사로서 투철한 사명감과 소신을 갖고 다루었음을 말해준다.

- 대사의 임무는 자기 나라의 입장과 상품을 파는 일이다. (Martin Mayer, The Diplomats, 1983)
- 신뢰는 외교에서 성과를 거두는 데 있어 필요 불가결한 요소다. 대사는 본국 정부와 주재국 정부의 신뢰를 동시에 받아야 한다. (George Jones, 미국 외교관, 1999)

워싱턴 외교가

- 미국이 전 세계에서 차지하는 위상을 감안할 때 워싱턴에 주재하는 대사가 하는 일은 그 하나 하나가 중요하다.
  Nabil Fahmy 주 미국 이집트대사, Washington Diplomat, 2001. 2월호

워싱턴(Washington, D.C.)은 전 세계 외교의 1번지다. 아무리 조그만

나라라도 지구상의 거의 모든 나라들이 워싱턴에 대사관을 두고 있다.[12]
그래서 워싱턴에는 170개가 넘는 외국공관이 설치되어 있다.

이들 대사관 중 중국, 러시아, 일본, 사우디아라비아 등은 공관의 정규
외교관이 100명이 훨씬 넘으며, 한국의 경우에도 영국, 멕시코와 비슷한
80여 명의 외교관을 배치해 놓고 있다.

어느 나라든 워싱턴 주재공관은 가장 중요한 공관이기 때문에 자질과
능력이 우수한 직원들이 근무하고 있다. 공관장만 해도 총리나 장관을
역임한 사람도 있고, 국내정치적으로 유력한 인사들이 많다.

워싱턴에서는 다른 나라 외교관들과 사교적으로 만나는 일이 드물 정
도로 모두가 바쁘다. 치열한 외교경쟁의 긴장감을 쉴 사이 없이 느끼는
곳이다.

워싱턴에 파견되어 있는 외교관들은 행정부, 의회, 언론, 싱크탱크
(100여 개), NGO 등과의 긴밀한 접촉을 통해 본국 정부의 입장과 정책을
알려 그들의 이해와 관심을 높인다. 워싱턴에는 행정부 관리들 이외에 2
만여 명의 국회의원 보좌관, 5천여 명의 특파원, 1만 7천여 명의 로비스
트, 천여 명이 넘는 싱크탱크 연구원들이 활동하고 있다. 외교관들에게
는 이들이 모두 접촉 대상이 된다. 이와 함께, 의회 청문회, 세미나, 각종
기자회견, 브리핑, 컨퍼런스 등 실로 커버해야 할 일들이 너무나 많다.

워싱턴 외교가에서 무엇보다도 중요한 것은 미국을 움직이는 유력 인
사들의 관심을 끄는 일이다. 본국의 좋은 이미지를 심어주고, 본국의 주
요 정책에 대한 이해와 지지를 확보하기 위해서다.

이러한 목적을 달성하기 위해 다양한 수단과 방법이 동원되는데, 많은
나라들이 워싱턴에 있는 대사관 건물을 신축하는데 막대한 예산을 투입
한다. 우선 대사관 건물이 이목을 끌 수 있어야 손님을 초청해도 온다는
것이다. 핀란드대사관 같은 경우에는 대사관 건물에 고급 사우나 시설까
지 갖추어 놓고 있다.[13]

다음으로 각국 대사관은 대사관 청사나 대사관저에서 자선행사, 음악회, 패션쇼 등을 개최하기도 한다. 이런 기회에 많은 사람들이 모이게 되면 자연스럽게 자기 나라를 알릴 수 있기 때문이다. 오스트리아대사는 1991년부터 7년 동안 워싱턴에 근무하면서 약 3만 명(월 350명)을 대사관 문화행사에 초청했다. 이러한 문화행사 중에는 왈츠 강습도 있었다 한다.[14]

또한, 워싱턴에 주재하는 대사들은 최고급 수준의 음식으로 손님을 끈다. 이런 면에서는 역시 프랑스가 단연 돋보인다고 할 수 있다. 워싱턴의 프랑스대사 관저에 근무하는 요리사는 프랑스 최고 수준의 요리사라 한다.[15]

워싱턴 외교가에서 한국대사의 활약이 돋보였던 때도 있었다. 김동조 대사 시절이다. 그는 1967년 11월 제8대 주미대사로 부임, 1973년 12월까지 6년 동안 재임했다. 로저스(William Rogers) 국무장관, 존슨(Alexis U. Johnson) 차관과 가깝게 지냈을 뿐만 아니라, 쟁쟁한 국회의원들과도 친하게 지냈다.

김 대사는 워싱턴에서 가장 전통 있는 골프클럽인 체비체이스와 버닝트리 컨트리클럽의 회원이었으며, 100년의 역사를 자랑하는 명문 사교클럽인 메트로폴리탄 클럽의 회원이기도 했다. 그는 이러한 클럽의 회원이라는 점을 활용하여 활발한 외교활동을 전개했다.

시사 주간지 뉴스위크는 1972년 12월 18일자에 "5명의 스타 대사" 라는 특집을 실었는데, 이때 김 대사는 이스라엘의 라빈, 소련의 도브리닌, 일본의 우시바, 루마니아의 보그단 대사와 함께 워싱턴 외교가의 5대 (大) 대사로 선정되기도 했다.[16]

2) 특명전권대사 임명

> · 직업외교관이 아닌 사람을 예컨대 주 프랑스대사와 같은 자리에 임명
> 하는 것은 비즈니스맨이나 아마추어를 지중해에 떠 있는 항공모함을
> 지휘하라고 하는 것과 마찬가지다.
>
> Cy Sulzberger(뉴욕타임스 칼럼니스트)

> · 한 나라의 외교는 그 나라의 이익을 지키기 위해 배치할 수 있는 인적
> 자원의 질에 달려있다. 이런 맥락에서 볼 때 대사는 가장 전방에 그리
> 고 가장 중심에 위치해 있는 사람이다.
>
> John Halstead(주 독일 캐나다대사)

조지 케난은, "미국 외교의 기반은 각국 수도에 나가 있는 대사들이 구축하는 관계에 의해 마련되고 있다"고 하면서, "변화하고 있는 외교의 양상에도 불구하고 대사의 역할은 결코 줄어들지 않을 것"이라고 했다.

특명전권대사는 파견국의 국가원수가 접수국의 국가원수에게 파견하는 '개인적인 사절'(personal representative)의 성격을 지닌다.

레이건 대통령은 대사를 임명할 때 상징적인 제스처를 썼다. 그는 공관장 인사 계획이 확정되면 내정자에게 전화를 걸어, "론 레이건입니다. 우리 행정부에서 차기 주○○대사를 맡아 주시는 데 동의하시겠습니까?"라고 물었다.[17] 자신이 엄선해서 보내는 사절이라는 느낌이 들도록 퍼스널한 터치를 한 것이다.

정치적 임명을 극히 제한하는 프랑스나 독일 등과 달리 미국의 경우에는 대체로 전체 대사의 30% 정도는 정치적으로 임명된다. 인원수로 보면 약 50명 정도다. 특히 영국, 프랑스, 독일, 이탈리아, 캐나다, 일본, 중국 등에는 정치적으로 임명되는 경우가 많았다. 주영대사의 경우를 보면 직업외교관이 임명된 것은 1991년 세이츠(Raymond Seitz, 국무부

구주 차관보 역임) 대사가 처음이었다.

1961년 케네디 행정부 시절부터 각 행정부별로 경력직 대사와 정치적 임명 대사의 비율을 보면 다음과 같다.[18]

행정부	집권기간	경력직	정치적 임명
케네디	1961-1963	68%	32%
존 슨	1964-1968	71%	29%
닉 슨	1969-1974	70%	30%
포 드	1975-1976	71%	29%
카 터	1977-1980	76%	24%
레이건	1981-1988	68%	32%
부 시	1989-1992	72%	28%
클린턴	1993-2000	70%	30%
부시(George W. Bush)			
	2001-	68%	28%

미국 직업외교관들의 이익을 대변하는 단체인 미국외교협회(AFSA)는 정치적으로 임명되는 대사의 비율을 20% 이하로 낮출 것과, 대사를 선임할 때 다음과 같은 기준을 적용해 줄 것을 건의한 바 있다.

• 정직성에 전혀 흠이 없고, 이러한 사실이 일반적으로 널리 인정된 사람
• 신중하고 사리분별력이 있으며, 자기관리가 철저하게 되어 있는 사람
• 미국의 안보, 정치, 경제면에서의 전략적 이익에 관해 확고한 인식

을 갖고 있는 사람

- 미국의 가치관과 견해를 외국 국민이나 관계기관에 설명하고, 현지에서 일어나고 있는 일을 본국 정부나 국민에게 설명하는 데 필요한 커뮤니케이션 능력을 갖춘 사람
- 현지에서 일어나고 있는 일을 정확하게 평가, 보고하고, 적절한 정책대안을 권고하는 데 필요한 지각과 통찰력이 있는 사람
- 파견될 나라에서 주요 사안들을 다루어 나가는 데 필요한 지식, 경험, 의지가 있고, 그 나라의 언어, 역사 등에 관한 지식을 갖춘 사람
- 미국 각 정부기관의 다양한 활동을 가이드하고 조정하는 데 필요한 리더십, 인격, 지휘통솔 능력을 갖춘 사람[19]

정치적으로 임명되는 대사의 비율이 과도하면 직업외교관들의 사기에 부정적인 영향을 주게 된다. 젊은 나이에 어려운 시험을 통과하여 외교관이 된 사람들에게는 자신들이 대사 직위까지 올라갈 수 있는 기회가 그만큼 줄어들기 때문이다. 뿐만 아니라, 대사라는 직책이 아무나 시켜도 할 수 있는 일인 것 같은 인상을 줌으로써 직업적인 전문성을 강화하는 데 해가 될 수 있다. 근자 들어 대학을 졸업하는 우수한 젊은 이들이 외교관 시험에 응시하지 않을 뿐만 아니라, 일단 외교관 생활을 시작했어도 얼마 후 외교관직을 떠나는 사례가 늘고 있다. 정치적 임명 권한이 남용되어서는 안되는 이유 중의 하나다.

그러나, 특정 국가에 파견하는 대사를 정치적으로 임명하는 데에는 그 나름대로의 이유와 장점이 있다. 정치적으로 임명되는 대사가 직업외교관 출신 대사와 비교할 때 갖게 되는 가장 큰 장점은 임명권자에 대한 access다. 임명권자와 직접 통할 수 있다는 것은 그만큼 중요한 사안을 효과적으로 다룰 수 있음을 의미한다. 따라서, 정치적 임명이 신

중하게 제한적으로 이루어지면 이러한 장점을 최대한 살릴 수 있다. 중요한 것은 정치적으로 임명하든, 직업외교관을 임명하든 심사숙고해서 자질과 능력을 갖춘 적임자를 선택하는 것이라고 하겠다.

새로운 대사가 부임해서 주재국 인사들과 신뢰관계를 쌓는 데에는 시간이 필요하다. 업무를 파악하고 업무상 필요한 사람을 사귀는 데 1년은 걸리고, 주재국 사정에 정통하고 각계각층에 광범위한 인맥을 구축하는 데에 2년은 걸린다. 그래서 대부분의 나라는 재외공관장의 임기를 3년 이상으로 하고 있다.

대사로서 한 임지에서 오래 근무한 대표적인 사례는 역시 소련의 도브리닌이다. 그는 케네디 대통령에서 시작하여, 존슨, 닉슨, 포드, 카터, 레이건 대통령에 이르기까지 6명의 대통령과 러스크, 로저스, 키신저, 밴스, 머스키, 헤이그, 슐츠에 이르는 7명의 국무장관을 상대했다. 1962년부터 1986년까지 24년에 걸쳐 워싱턴에서 소련을 대표했다.

미국의 직업외교관으로 42년 동안 외교관 생활을 하면서, 공관장으로만 25년(스페인 5년, 덴마크 5년, 아르헨티나 4년 등)을 근무한 사람도 있다. 그는 자신의 경험에 비추어 공관장은 한 임지에서 5년 근무하는 것이 가장 이상적이라고 생각했다. 주재국 사람을 알고, 편안하게 느끼며, 신뢰를 쌓아 속마음을 터놓고 대화를 나눌 수 있기까지에는 최소한 2~3년이 걸리기 때문이라는 것이다.[20]

아그레망 제도

외교관계에 관한 비엔나 협약에 의하면, 대사를 파견하려 할 때 먼저 접수국의 동의를 받도록 되어 있다. 이를 아그레망(agrement)이라고 한다. 아그레망을 부여하지 않을 경우, 즉 내정된 인사에 동의하지 않을 경우 파견국은 그 사람을 특명전권대사로 임명할 수 없다.

실제에 있어 아그레망을 부여하지 않는 경우는 극히 드물다. 아그레망 부여를 거부하는 경우에도 그 사유를 밝힐 의무는 없다. 그러나, 이 경우 양국 관계가 냉각될 수도 있다. 아그레망은 보통 요청을 받은 날로부터 한 달 이내에 부여하는 것이 관례다.

1997년 이스라엘 정부가 토레다노(Ehud Toledano)라는 사람을 주 터키대사로 내정하고 아그레망을 신청했을 때 터키 정부는 아그레망을 부여하지 않았다. 토레다노라는 오토만 역사를 전공한 대학교수였는데, 1981년 한 이스라엘 라디오와의 인터뷰에서 제1차 세계대전 때 터키 군인들이 150만 명의 아르메니아인들을 학살했다는 발언을 한 적이 있었다. 터키 정부는 16년 전의 일이었음에도 이를 문제 삼아 아그레망을 거부했던 것이다.

아그레망이 부여되었다가 취소된 사례도 있다. 영국 정부는 1968년 1월 주 인도네시아대사를 주 사우디아라비아대사로 내정하고 아그레망을 신청했다. 사우디아라비아 정부는 그에 대해 아그레망을 부여했다. 그런데, 두 달 만에 아그레망이 취소되었다. 그가 유태인 계통임이 알려졌기 때문이었다. 사우디아라비아 정부는 아그레망을 부여할 당시에는 이 사실을 몰랐으나, 영국에서 발간되는 『Jewish Chronicle』이라는 주간지에 그가 영국 최초의 유태계 대사라는 기사가 실려 이 사실을 알게 되었다.

미국의 career ambassador 제도[21]

미국에서는 1955년 이래 "career ambassador"라는 계급(rank)을 두고 있다. 1980년 외무공무원법이 제정되기 전까지는 대통령이 의회의 인준 절차를 거치지 않고도 이 계급을 부여할 수 있었다. career minister로 근무한 3년 경력을 포함 총 15년 이상 외교관으로 근무한 사람 중에서 엄선된 극소수의 사람들이 career ambassador 계급까지 오를 수 있었다.

이 제도는 1980년 새로 제정된 외무공무원법에 의해 더욱 강화되었다. 즉, 대통령이 독자적으로 임명할 수 없고 상원의 인준을 받도록 했다. 국무장관이 대통령에게 제청하면 대통령은 의회의 승인을 얻어 최종적으로 이 계급을 부여할 수 있다. 국무장관도 임의로 제청할 수 없고 5명으로 구성된 위원회로부터 추천을 받아야 한다.

커리어 앰버서더 계급에 올랐다고 해서 별도의 특전이 있는 것은 아니다. 1955년 이래 지금까지 이 계급에 오른 사람은 채 40명이 안된다. 그만큼 극히 제한적으로 부여되어 왔다. 미국 외교관 규모에 비추어 볼 때 이 정도로 career ambassador 계급을 부여했다는 것은 미국 사회에서 ambassador라는 직함에 얼마나 큰 영예를 부여하고 있는지를 말해준다. 미국에서 직업외교관으로 공관장에 임명되는 사람들의 계급은 공사, 공사참사관, 참사관이다.

외교관의 대외직명

외교관에게는 해외공관에 근무할 때 외교제도에서 통용되는 타이틀이 부여된다. 나라에 따라서는 이러한 타이틀이 공무원 계급(rank)과 같은 성격을 띠어 국내 근무 기간 중에도 계속 사용되기도 한다.

일반적으로 재외공관에 근무하는 외교관의 직명은 대사관이나 대표부의 경우 대사, 공사, 공사참사관, 참사관, 1등서기관, 2등서기관, 3등서기관, 행정관 등으로 되어 있고, 총영사관의 경우에는 총영사, 영사, 부영사로 되어 있다. 대사관에서 영사업무를 담당하는 직원에게는 총영사, 영사, 부영사 직명이 추가적으로 부여된다.

외교관에게 어떤 타이틀을 부여하느냐 하는 것은 나라마다 내부적으로 정해진 기준이 있어 이에 따라 정해진다. 이 타이틀은 공관 내부적으로는 서열이 되며, 주재국 정부나 외교단(다른 나라 공관)에 대해서는 그 외교관의 경력 수준을 나타내준다.

Ⅳ. 외교언어

1. 외교언어의 특징

● 외교 메시지에서 사용된 단어와 구(句)는 조심스럽게 계산된 뉘앙스
를 내포하고 있는 것으로 보아야 한다.

Raymond Cohen, Theatre of Power, 1987.

● 외교는 예술의 한 형태다. 외교에서는 제스처와 말을 미묘하게 섞어
쓰고, 보디랭귀지와 수사(修辭)를 용의주도하게 가미시킨다. 이 모든
것은 상대방 국가로 하여금 자기 나라가 원하는 방향으로 행동하도록
유도하기 위해서다.

Johanna McGeary, TIME, 2001.4.2.

● 鄭나라에서는 비침이 외교문서의 초안을 작성하고, 세숙이 이 초안을
연구, 검토한 다음, 외교담당관인 자우가 현실에 맞게 보완하거나 삭
제한 후, 자산이 최종적으로 윤색(潤色)하여 문서를 받은 나라가 흡족
한 마음을 갖도록 마무리지었다.

孔子(551~479 B.C.), 論語 憲問篇

1) 외교에 있어서 언어의 중요성

외교는 말로 이루어진다. 때문에 외교에 있어서 언어의 중요성은 아
무리 강조해도 지나치지 않다. 아테네의 정치가이며 웅변가였던 데모
스테네스(Demosthenes, 384~322 B.C.)는, "대사는 언제든지 동원할 수
있는 전함이나 중무장한 보병 또는 요새를 갖고 있지 않다. 그가 갖고
있는 무기란 말(words)과 기회뿐이다"라고 갈파한 바 있다.[1]

외교에 있어 언어행위는 구두, 서면, 제스처, 침묵 등으로 표시되는
행위를 모두 포함한다. 외교관은 상대방의 언어행위를 보고 미세한 뉘

앙스의 차이, 정책이나 방침의 변화, 우선 순위 또는 강조하는 부분의 전환 여부를 감지해낼 수 있어야 한다.

국가 간의 관계에 있어서도 인간관계에 있어서와 마찬가지로 빈말을 자주 하거나, 말과 행동이 일치하지 않으면 결국 신뢰성이 떨어져 그 다음부터는 하는 말에 무게가 실리지 않게 되고, 어떤 말을 해도 대수롭지 않게 받아들이게 된다.

신사고(新思考)를 내세운 고르바초프가 레이건 행정부와의 관계 및 나아가 전반적인 대외관계의 변화를 추구하는 과정에서 있었던 에피소드를 예로 들어보자.

소련은 종전과 달리 레이건이 하는 말을 신중히 귀담아 듣기 시작했다. 왜 그랬는가? 미 행정부의 한 고위인사는 아마도 레이건 대통령이 리비아에 대한 폭격과 같은 결단력을 보였기 때문인 것으로 생각했다. 그는 소련 고위인사에게 그것이 사실인가 물었다. 대답은 의외였다. 레이건 대통령이 파업 중이던 미국 국내공항 항공 관제사들을 가차 없이 해고시키는 것을 보고 그랬다고 했다. 그때부터 소련 지도자들은 레이건은 한번 말을 하면 반드시 행동으로 옮기는 사람이라고 믿게 되었다는 것이다.[2]

· 외교관의 말은 곧 그가 지니고 다니는 화폐와 같다.
· 외교에서 말은 일이 되게 할 수도 안 되게 할 수도 있다.
· 지도자는 말을 무기로 사용할 때 그의 말을 힘으로 뒷받침할 수 있는 준비가 되어 있어야 한다. (Leon Fuerth, Outfoxed by North Korea, New York Times, 2003.1.1)

2) 외교언어의 특징

> · 외국 정부에서 나오는 외교 메시지를 정확하게 읽는 일은 항상 신중
> 을 요하는 어려운 일이다.
>> Robert Harmon, The Art and Practice of Diplomacy, 1971.
>
> · 외교언어에서는 행간을 읽는 방법을 배워야 한다. 사용된 말의 뒤에
> 감추어진 의미를 읽어야 한다. 무엇이 언급되지 않았는지, 언급되지
> 않은 이유는 무엇인지 그리고 그것이 전체 내용에서 어떤 의미를 지
> 니는지를 알아내야 한다. 외교언어에는 항상 코드가 숨어있다.
>> Shashi Tharoor(인도 외교관), Conversations with History, 1999.2.8.
>
> · 외교의 세계는 다른 사람이나 남의 일에 대해 부정적으로 말하기를
> 꺼리는 사람들의 세계다.
>> Mette Boritz, The Hidden Culture in Diplomatic Practice, 1998.

외교에서 사용되는 언어나 어법(語法, phraseology)은 일반적으로 정중하다. 냉전시대 소련을 비롯한 공산주의 국가들이 사용한 언어는 외교적인 관점에서 볼 때에는 예외적이었다. 오늘날 특수한 나라들을 제외하고는 대개 예의를 갖춘 언어를 사용한다. 외교는 상대방을 설득하는 일이기 때문에 외교에서 사용하는 언어도 정중하고 부드러우며, 외교관은 말을 완곡하게 삼가서 하는 경향이 있다. 아래와 같은 예가 이러한 사실을 말해준다.[3]

- My government cannot remain indifferent to the dispute.
  ⇒ My government will undoubtedly intervene in the dispute.
- My government views with concern.
  ⇒ This is a matter on which my government intends to adopt a
    strong line.

- In such an event, my government would feel bound carefully to reconsider its position.

  ⇒ The present state of friendliness between the two countries is about to end.

- My government feels obliged to tender grave reservations concerning the matter.

  ⇒ My government will not allow it happen.

- In that event, my government will be obliged to consider its own interests.

  ⇒ My government will consider severance of relations.

- That will be regarded as an unfriendly act.

  ⇒ My government will have no other option than to use force.

- My government must decline to be responsible for the consequences.

  ⇒ My government is about to provoke an incident which will eventually lead to war.

이와 같은 사실은 외교문서에 사용되는 언어에서도 여실히 나타난다. 외무장관이 다른 나라 외무장관에게 또는 대사가 주재국 외무장관에게 서한을 보낼 때에는 보통 1인칭 공한의 형식을 취한다. 이 공한은 예외 없이, "I have the honour to …"로 시작되고, "Accept, Excellency, the assurances of my highest consideration."으로 끝난다. 3인칭으로 작성되는 구상서의 경우에도 마찬가지다. "The Ministry of Foreign Affairs presents its compliments to the Embassy of the ×× and has the honour to …"로 시작하여, "The Ministry avails itself of this opportunity to renew to the Embassy the assurances of its highest consideration." 으로 끝난다.

외교에서 언어행위는 의도적으로 용의주도한 고려 가운데 행해진다. 단어나 용어 선택에서부터 고심하고 조심한다는 것이다. 외교에서 사용된 언어는 심사숙고해서 쓰여진 것으로 보면 틀림없다. 슐츠 전 국무장관은 그의 회고록에서 다음과 같이 말했다.

"외교에서 말을 잘 선택해서 사용해야 하는 것만큼 중요한 일은 없다. 설명이나 표현이 정확하든 정확하지 않든 다른 나라들은 이러한 설명이나 표현이 의도적으로 신중한 고려 가운데 사용되었다고 생각한다. 그래서, 공식 방문 중에 발표되는 성명이나 연설문을 작성할 때에는 많은 주의를 기울여야 한다. 전 세계의 모든 외무부가 주목하고 있으며, 필요한 경우 인용하기도 한다. 정부인사나 외교관은 언제나 자기가 한 말에 흔들림이 없어야 한다."[4]

루빈(Robert Rubin)은 클린턴 행정부에서 재무장관(1995-2000)을 지낸 사람이다. 그는 장관 시절 시장(市場)의 신뢰를 얻어 클린턴 행정부의 경제정책을 성공적으로 이끈 장본인으로 여겨졌다. 그는 2003년 11월 출간된 회고록에서 자신은 재임기간 중 자신이 하는 말의 내용뿐 아니라 그것을 말하는 방식에 있어서도 일관성과 규율을 지키지 않으면 안되었다고 술회하면서, 특히 환율과 관련된 발언은 가장 민감한 것이어서 발언에 신중을 기하고 사용하는 단어도 주의 깊게 선택했다고 말했다.[5] 그는 재무장관의 첫 번째 덕목으로 '입 조심'을 꼽았다.

외교언어(diplomatic parlance)는 사용하는 단어나 문구, 표현에 있어 그 언어가 초래할지 모르는 결과까지 예상해서 선택된다는 것이다. 그래서 어떤 때는 일부러 한 가지 이상으로 해석이 가능하도록 만드는 경우도 있다. 나중에 불리한 상황이 야기되면 발을 빼기 위해서다. 이스라엘 외무장관을 역임한 이반은 외교에서 말을 잘 선택해서 사용하는 일의 중요성을 다음과 같이 말했다.

> "말을 정확하게 사용할 수 있는 능력과 자신이 한 말이 듣는 사람에게 미칠 수 있는 영향에 관해 고도로 발달된 감각을 갖는 일은 실제적인 중요성을 지닌다. 단순히 의례적인 세련됨은 아니라는 것이다. 국가 지도자나 외교관들의 말은 그들이 어떤 행동을 하느냐에 못지않게 결정적으로 중요하다."[6]

외교에서는 상대방이 실제 한 말도 중요하지만, 하지 않은 말, 생략된 말도 중요하다. 언급을 삼간 사실에도 메시지가 들어있기 때문이다. 영국 외교관 마샬(Peter Marshall)은 다음과 같이 설명한다.

> "외교에서는 텍스트에 신경을 곤두세울 수밖에 없다. 텍스트에서 무엇을 말하고 있는지, 무엇을 말하지 않았는지, 말을 했으면 어떻게 말을 했는지, 왜 그런 말을 했는지 등등을 살펴보지 않을 수 없다. 이를 통해 많은 것을 알아낼 수 있기 때문이다."[7]

보통 정상 방문이 있게 되면 회담이 끝난 후 공동성명이 발표된다. 정상 간에 완전한 의견의 일치를 보았을 때에는 별 문제가 없겠으나, 서로 견해를 달리한 부분이 많을 때에는 공동성명을 작성하는 실무진에게는 여간 어려움이 따르는 것이 아니다. 정상회담 후 발표되는 내용인데다, 다른 나라 정부나 언론들이 주의 깊게 분석할 것이기 때문에 가능한 모든 사항을 고려하여 신중하게 작성해야 하기 때문이다.

만약 양측이 문안에 합의하기 어려운 상황일 경우에는 고육지책으로 고도의 수사적인 방법이 동원되기도 한다. 즉, 양측이 각기 자기 식으로 해석할 수 있도록 표현을 한다거나, 어느 쪽에도 불리하지 않은 표현을 쓰는 것이다. 또는 문제가 될 소지가 있는 내용을 생략하기도 한다. 이렇게 작성된 공동성명은 전문가가 아니면 그 숨은 뜻을 알아내기가 어려울 정도다.

다른 나라에서 일어난 사건이나 사태에 대해서 논평을 하거나 입장을 밝히는 경우가 있다. 이와 같은 입장 표명이나, 논평은 남의 나라 일에 대해서 행해지는 것이기 때문에 용어 선택이나 표현에 있어서 특별한 주의를 요한다.

이 경우 가장 온건한 용어로서 "우려를 표명한다"(concern)는 말을 쓴다. 예컨대, "우리는 금번 사태에 대해 우려를 표명한다"고 한다.

이보다 좀더 강도 높게 말할 경우에는 "유감으로 생각한다"(regret)고 표현한다. "이번 사태를 유감스럽게 생각하며……"라고 하는 경우인데, 이것은 어떤 사태에 대해 곤혹이나 실망감을 느끼고 있음을 나타낸다.

다음으로는 "개탄한다"(deplore)거나, "규탄한다"(condemn)는 강도 높은 비난조의 논평이 있다. 이 경우에는 일어난 사태, 그 나라 정부가 취한 조치가 명백히 잘못된 것이라는 확신을 갖고 이를 인정할 수 없다는 입장을 분명히 표시하면서 노골적으로 비난하는 것이다.

지극히 강도 높은 비난은 "항의"(protest)하는 것이다. 이는 즉각적인 중단이나 시정을 요구하는 것이며, 경우에 따라서는 손해, 손실의 복구를 요구하는 것이다. 만약 상대방 국가로부터 반응이 없을 경우에는 고위급 인사 방문 취소, 대사 소환, 경제 제재 등의 조치가 따를 수 있다.

외교언어의 특징을 나타내 주는 구체적인 사례를 들어본다.

- **체임벌린**(Neville Chamberlain) 영국 총리는 히틀러에 대해 유화정책을 써 그의 침략 야욕을 고무시켰다는 비난을 받았다. 그는 뮌헨협정이 서명되기 사흘 전인 1938년 9월 27일 전국에 중개된 방송 연설에서 당시 체코슬로바키아 사태에 대해 다음과 같이 말했다.

  "우리가 잘 알지도 못하는 멀리 떨어져 있는 조그만 나라에서 일어나고 있는 분쟁 때문에 이곳에 있는 우리들이 참호를 파고 가스 마스크를 써야 한다면 얼마나 끔찍스럽고 이상스러우며 믿을 수 없는 일인가."

  체임벌린의 이 발언은 히틀러로 하여금 독일이 체코슬로바키아에 대해 어떤 행동을 취해도 영국이 개입하지 않을 것이라는 확신을 갖게 했다. 당시 체임벌린은 유럽에서 평화가 유지될 수만 있다면 체코슬로바키아와 같은 약소국 하나쯤은 히틀러에게 희생의 제물로 바쳐도 상관없다고 생각했다. 체임벌린의 이 발언을 듣고 히틀러는 안심하고 침략계획을 밀고 나갈 수 있었다.[8]

- **애치슨** 국무장관은 1950년 1월 12일 National Press Club 연설에서, "태평양에 대한 미국의 방위선은 알래스카 남단의 알류우션 열도로부터 출발하여 일본 본토를 지나 남단으로 뻗은 유구 열도를 거쳐 필리핀에서 끝난다"고 말했다. 나중에 이 발언이 문제가 되자,

연설문 전체를 보면 한국(남한)이 미국의 방위선에서 제외되었다고 볼 수 없다고 해명했으나, 미국 국무장관이 쓴 이러한 표현은 당시 남침을 준비하고 있던 김일성이나 스탈린에게는 고무적이지 않을 수 없었다.[9]

• 1948년 5월 12일 이스라엘이 독립국가 수립을 선포하자 아랍국가들은 'destruction of Israel' 이라는 표현을 쓰면서 이스라엘이라는 나라는 지구상에 존재해서는 안되는 나라로 규정했다. 이로 인해 이스라엘은 국가수립 직후부터 생존을 최우선의 국가목표로 하지 않을 수 없었고, 이에 따라 군사력을 키워 아랍국가들과의 전쟁에서 한 번도 지지 않았다.[10]

• **사다트** 이집트 대통령은 1977년 11월 이스라엘을 방문, 국회 의사당에서 역사적인 연설을 하기 10일 전에, "나는 평화를 추구하기 위해서 지구 끝까지 갈 용의가 있다"고 말했다. 자신이 이스라엘을 방문할 것이라는 신호를 보냈던 것이다. 사다트는 적대국이었던 이스라엘과 외교관계를 수립하는 결단을 내렸다.[11]

• 1990년 8월 이라크의 쿠웨이트 침공으로 시작된 걸프전쟁 때의 일이다. 사담 후세인은 이라크 군(軍)이 생화학무기를 사용하지 못하도록 했다. 핵무기 사용을 포함한 미국의 혹독한 보복 가능성이 두려웠기 때문이라는 것이다.

  베이커 국무장관은 이라크에 대한 군사공격을 시작하기 전 제네바에서 아지즈(Tariq Aziz) 외무장관과 최종담판 성격의 회담을 했다. 이 회담 석상에서 베이커는, "Iraq would pay a terrible price if such weapons were used. This is not a threat." 라고 말했다.[12] 이라크 측이 "This is not a threat." 란 말의 의미를 잘 알아들었던 것이다.

> · 실제로 언급되지 않은 내용을 잘 살펴보면 국제정치와 외교에 관해 많은 것을 배울 수 있다.
> · 외교에서 변화는 점진적이다. 미세한 변화가 공개적으로 발표되는 외교문서 등에서 발견된다. 뉘앙스의 차이에 민감해야 하는 이유다.
> · 대외적으로 발표되는 성명은 이러한 성명이 어떤 파급효과를 미칠 것인지에 관한 충분한 계산 가운데 준비된다.

의도적인 모호성 (constructive ambiguity)

> · 외교에서는 때로는 정확한 것이 도움이 안되고 누구나 받아들일 수 있는 단어를 찾는 것이 나을 때가 있다.
> Shashi Tharoor, Conversations with History, 1999.2.8.

니콜슨은 일찍이 외교관에게 중요한 자질을 두 가지만 들라고 한다면 정직성(truthfulness)과 정확성(precision)이라고 말한 바 있다. 니콜슨은 그만큼 외교에서 정확성이 중요하다고 믿었다. 그런데, 외교에서 정확성에 해(害)가 됨을 알면서도, 의도적으로 모호한 표현이나 단어를 사용하는 경우가 있다. constructive ambiguity라는 것이다.

『How Nations Negotiate』라는 교섭에 관한 명저를 쓴 아이클(Fred Ikle)에 의하면 외교교섭에서 모호한 언어가 의도적으로 사용되는 것은 다음과 같은 실제적인 필요성 때문이다.[13]

• 분명한 표현으로는 도저히 협상 당사자 간 합의에 도달하지 못할

때, 서로 자기에게 유리한 해석이 가능하도록 하는 모호한 표현을 사용함으로써 일단 그런 상태를 벗어날 수 있도록 하려는 목적

• 협상 당시 논의한 사안 전부에 대한 최종적인 합의가 불가능할 경우 일단 모호한 합의문안을 작성하고, 불분명한 부분에 대해서는 추후 적당한 시기에 다시 협상을 시도할 수 있도록 하기 위한 목적

외교에서 불분명하고 이중으로 해석될 수 있는 언어(equivocal language)는 어쩔 수 없는 상황에 예외적으로 사용된다. 모호한 언어를 사용하게 되면 당장에는 문제가 없을지 모르나, 나중에 큰 논란과 문제를 야기시킬 수 있기 때문이다.

1993년 서명된 '오슬로 협정'이 좋은 예가 될 수 있다. 당시 이스라엘과 팔레스타인은 오슬로에서 비밀협상을 통해 역사적인 합의를 이루어냈다. 이 합의를 바탕으로 양측은 평화를 위한 협상과정(peace process)을 추구해 나아갈 수 있었다. 그러나, 오슬로 협정은 서명된 지 7년 만에 넘을 수 없는 벽에 부딪쳤다. 그 원인의 하나는 이스라엘과 팔레스타인이 이 협정의 내용과 정신을 각기 달리 해석한 데 있었다. 1993년 협상에서 팔레스타인 난민 문제, 예루살렘의 장래 문제 등 핵심 쟁점 사안은 합의가 불가능하자 적당히 얼버무리고 넘어갔던 것이다. constructive ambiguity가 사용되어 나중에 문제가 된 사례다.

· 모호성은 유연성을 유지하기 위한 의도적인 방법의 하나다.
· 명료성과 모호성은 둘 다 외교의 수단이 될 수 있다.
(Robert Einhorn 전 국무부 차관보, 2002.2.20)

2. 외교관과 말-외교화법

● 외교관이 'yes' 라고 하면 'perhaps' 를 의미하고, 'perhaps' 라고 하면 'no' 를 의미하며, 'no' 라고 하면 그는 더 이상 외교관이 아니라는 말이 있다.

Thomas A. Bailey, Qualities of American Diplomats, 1960.

● 외교관이 지켜야 할 황금률의 하나는 언행에서 어느 누구에게도 불쾌감을 주어서는 안된다는 것이다.

Mette Boritz, The Hidden Culture in Diplomatic Practice, 1998.

● 프로페셔널 외교관은 주의 깊게 기안된 텍스트 속에서 일하며, 텍스트에서 강조된 미세한 부분을 찾아내는 일은 외교관 직업의 ABC에 속한다.

Raymond Cohen, Theatre of Power, 1987

1) 외교화법

유엔 주재 대사를 역임한 바 있는 미국의 골드버그(Arthur Goldberg)는, "외교관은 가장 불쾌한 일을 가장 은근한 방법으로 말하는 사람"이라고 했다. 미국 작가 스티넷(Caskie Stinnett)도, "외교관은 지옥으로 가라는 말을 그 지옥으로 가는 여행을 손꼽아 기다리게끔 말할 수 있는 사람"이라고 했다. 또한, "외교관은 자기 나라의 탐욕을 마치 이타주의에서 하는 행동인 것처럼 보이게 만드는 사람"이라는 말도 있다.

외교관은 말을 완곡하게(indirect), 삼가해서 하는(understate) 경향이 있다. 경험이 많고 유능한 외교관일수록 말에 신중을 기하고(discreet),

자기가 한 말이 초래할지도 모르는 결과에 대해서도 예민한 감각을 갖는다.

외교관은 "절대로", "반드시", "결코" 등과 같은 표현을 쓰지 않는다. 외교관은 또한 부정적이거나 상대방의 귀에 거슬리는 표현을 피한다. "I want to …" 대신에 "I would like to …"라고 하거나, "That is impossible." 이라고 하는 대신에 "That is not very likely."라고 한다. "I don't agree."라고 하지 않고, "Your views are excellent, but I must also point out that …"라고 한다. 부드럽게 말하기 위해 "rather", "somewhat" 등의 단어를 자주 쓴다. 외교관은 어느 누구의 귀에도 거슬리지 않는 어법을 구사하면서 자신이 원하는 것을 얻는 재주가 있는 사람들이라고 할 수 있다.

외교화법의 구체적인 사례를 들어본다.

- 외교관과 대화 도중 상대방이 "You're a diplomat, all right."라고 말했다면 이 말에는 "You haven't told the entire story."란 의미가 내포되어 있다.
- 외교에서 "influence"라는 말은 "pressure"를 의미한다.[14]
- "We have reached substantial agreement."란 말에는 적어도 한두 가지 중요한 사안에 있어서는 합의를 이룰 수 없었다는 의미가 내포되어 있다.
- 브레즈네프 시대 소련은 1968년 8월 체코슬로바키아의 민주화운동을 무력으로 진압했고, 이보다 앞서 1956년에는 헝가리에서의 소요사태를 무력으로 진압했다. 소련은 이러한 무력 개입을 "fraternal assistance"라고 불렀다.
- 미국과 소련은 서로 상대방 외교관을 추방할 때, "engaged in the

activities incompatible with diplomatic status"라는 표현을 썼다. 실제로는 정치적인 이유 또는 스파이 활동을 한 혐의로 추방한다는 의미였다.

• 냉전시대 미 · 소 외교대화에 있어 소련 측이, "We will study your proposal."이라고 하면, 이는 실제로는, "우리는 당신들의 제의를 무시하겠다(We will bury it)"는 의미였다.[15]

• 주중대사관 차석으로 근무했던 미국 외교관 프리만(Chas Freeman)은 중국 외교부 인사들로부터 "We cannot ignore the feelings of 1.1 billion Chinese people."이라는 말을 자주 들었는데, 이 말은 권력 핵심부에 있는 극소수 인사들의 의사에 따르지 않을 수 없다는 말로 이해했다.

• 1989년 6월 4일 북경의 천안문 광장에서 계엄군의 유혈시위 진압 과정에서 많은 사상자가 발생한 데 대해 미국, 프랑스 등 서방 국가들은 중국에 대해 외교, 경제적인 제재 조치를 취했다. 이러한 가운데 유엔은 사무총장 명의의 성명을 발표했다. 이 성명은 중국 당국의 자제를 요구하는 메시지를 최대한 부드럽게 전달하기 위해 다음과 같이 서두가 길어졌다.

"The Secretary-General is greatly saddened that it was felt necessary to resort to force in Beijing over the week-end and that, as a result, many civilian lives were lost. The Secretary-General is most mindful of the Charter's requirement that the United Nations should abstain from intervention in regard to matters that are essentially within the domestic jurisdiction of States. He very much hopes, however, that utmost restraint will be exercised in the difficult situation that prevails."

이 성명의 핵심은 마지막 문장의 5단어(utmost restraint will be exercised)에 있다.

• **고르바초프**는 1988년 12월 7일 유엔총회 연설에서 "freedom of choice"라는 표현을 썼다. 이 세 단어는 그 후 동구 사회주의 국가들에서의 혁명적인 변화를 촉발시키는 무서운 위력을 발휘했다. 이 말은 종래 소련의 위성국가였던 동구권에서 어떤 일이 일어나든 간섭하지 않겠다는 메시지로, 이들 나라들에 대한 무력 개입을 정당화했던 브레즈네프 독트린의 완전한 폐기를 의미했다.[16]

• **파월** 국무장관은 "The Bush administration is committed to regime change in Iraq."라는 표현을 썼다. 여기서 regime change가 의미하는 바는 후세인 정권을 무너트린다(overthrow, topple)는 의미였다. 미국은 2003년 3월 결국 이라크를 침공, 후세인 정권을 붕괴시켰다.

• **켈리**(James Kelly) 국무부 차관보 일행이 2002년 10월 북한을 방문했다. 방문을 마친 후 미국 측은 북한 측과의 회담이 "frank", "useful" 했다고 말했다. 이와는 달리 북한 측은 미국 대표단이 "고압적이고 오만한 태도를 보였다"고 비난했다. 당시 켈리 차관보는 북한 측과의 회담에서 북한이 핵무기를 만들기 위한 우라늄 농축 프로그램을 갖고 있다는 정보를 갖고 있다고 했고, 북한 측은 처음에는 이를 부인했으나 다음 날 이를 시인했다. 미 측이 회담 분위기를 "frank"했다고 묘사했는데 외교에서 쓰이는 'frank'라는 말의 실제 의미는 'brutally honest'

이다. 즉, 듣는 사람에 대한 배려 없이 하고 싶은 말을 다 했다는 의미다. 켈리 차관보는 얼마 후 북한 핵 문제로 국무부 볼튼(Bolton) 차관과 중국, 한국, 일본을 순방했다. 그는 기자들에게 이들 나라들과의 협의가 "useful" 했다고 표현했다. 2002년 10월 22일 국무부 정례 브리핑에서 한 기자가 이 'useful' 의 의미가 무엇이냐고 물었다. 바우처 대변인은, "The fact is that meetings can be useful in different ways. Different meetings are useful in different ways." 라고 답변했다. 회담이나 면담, 협의가 "useful" 했다고 하면 이는 실은 "별로 유익하지 않았다" 는 의미에 더 가깝다.

• 2003년 2월 26일 파리에서 프랑스와 스페인 간에 정상회담이 열렸다. 당시 시라크 대통령은 부시 대통령의 이라크에 대한 무력공격에 대해 완강히 반대하는 입장이었고, 스페인의 아스나르(Aznar) 총리는 무력공격을 지지하는 입장이었다. 정상회담이 있은 후 발표된 공식발표문은 회담 분위기를 "friendly disagreement" 라고 했다. 이 회담에 참석했던 한 스페인 측 인사에 의하면, 당시 아스나르 총리는 회담 도중 일어서려고 할 정도로 신경이 날카로워지고 불쾌한 기분으로 회담을 했다.[17]

· 외교관은 아무런 말도 하기 전에 두 번 생각한다. "Diplomats think twice before saying nothing."
· 외교관은 "no" 라고 말할 때 얼굴에 미소를 지으며 "no" 라고 한다.
· 말을 적게 하고 많이 들어라. (Francois de Callieres)
· Never say never.
· 상대방이 말을 꺼낼 때까지 기다려라.

2) 외교대화

> · 외교관이란 명확하고 정확한 커뮤니케이션의 전문가들이다. 그들은
> 단순한 사자(使者)나 전령(傳令)이 아니다. 그들은 국제적인 대화를
> 행함에 있어 뉘앙스를 감지, 전달할 수 있는 전문가들이다. 그들은 단
> 순히 메시지를 전달하는 역할을 하는 것이 아니라, 누구에게 그리고
> 어떤 계기에 어떤 언어를 사용해서 그런 메시지를 전달해야 하는지를
> 잘 아는 사람들이다.
>
> Hedley Bull, The Anarchical Society, 1977.

외교대화에서는 자기의 본심을 좀처럼 드러내지 않는다. 드러내지
않을 뿐만 아니라 일부러 감추기도 한다. 상대방에게 듣기 좋은 말과
본래 전달하고자 하는 메시지가 섞여 있는 경우가 흔히 있다. 말을 하
는 사람은 분명히 상대방이 정확하게 알아들었다고 생각했는데 나중에
보면 그렇지 않은 경우도 있다.

중요한 외교대화에서 기록자를 배석시키는 것도 정확성을 기하기 위
해서다. 통역을 통한 대화에서 통역의 능력에 따라 정확성에 차이가 있
을 수 있다. 정상 간의 대화 같은 중요한 외교대화에서는 실력과 경험
이 있는 최고 수준의 통역을 사용해야 함은 물론이다.

외교대화에 익숙하지 않은 사람은 외국 인사와 중요한 면담을 할 때
전문 외교관의 도움을 받는 것이 좋다. 나중에 대화 내용을 놓고 문제
가 생길 수도 있기 때문이다.

외교대화는 서로 다른 문화 간에 이루어지는 커뮤니케이션이어서 쉽
게 오해가 생길 수 있으므로 주의를 요한다.

1963년 케네디 대통령과 드골 대통령 간에 정상회담이 추진되던 중
케네디 대통령이 암살되었다. 케네디에 이어 대통령에 취임한 존슨은
케네디 장례식에 조문사절로 참석한 드골을 만났다. 이때 그는, "I look

forward to seeing you on the visit that had been arranged between you and President Kennedy."라고 말을 건넸다. 이에 대해 드골은, "This is a matter to be arranged."라고 대답했다.

존슨은 이 말이 정상회담의 구체적인 사항, 즉 시간, 장소 등을 정하자는 의미로 알아들었다. 그런데 실제에 있어 드골은 '정상회담 문제는 케네디와 논의되었던 사안인 만큼 존슨과의 정상회담은 처음부터 새로 논의하자'는 의미로 말했던 것이다.[18]

민감한 사안, 미묘한 문제에 관해 대화를 하면서 상대방의 의중을 떠보고자 할 때, "언론에서는 이렇게 말하는데……"라고 하거나, "우리 국회에서는 이런 생각이 강한데……", "상부로부터 받은 느낌인데……" 등의 표현을 쓴다. 이것은 실제 공식적으로 정해진 입장이나 방침을 말하는 것이 아니라, 상대방의 반응을 떠보기 위한 모호한 어법이어서 전체 맥락에서 주의 깊게 알아들어야 한다.

다음에 설명하듯이, 외교대화에서는 또한 수사적인 측면을 감안해야 한다. 일상 화법으로 받아들이면 정확하지 않을 수 있다. 직설적, 단도직입적으로 말하지 않고 우회적, 간접적으로 말하는데다가 문화적 차이에서 연유하는 뉘앙스 차이가 있기 때문이다.

북한은 핵 문제를 놓고 미국과 대화하는 과정에서 많은 혼란을 야기시켰다. 2002년 10월 켈리 차관보 일행이 평양을 방문했을 때 우라늄 농축 방식에 의한 핵 개발 계획을 시인하지 않았다고 하는 등 모호한 태도를 보였다. 그 과정을 살펴본다.

켈리 국무부 동아태 담당 차관보는 부시 행정부 관리로서는 처음으로 2002년 10월 3~5일 기간 중 평양을 방문했다. 이 방문에는 국무부, 국가안보회의(NSC), 백악관, 국방부, 합동참모본부 관리들이 동행했다. 켈리 차관보가 2002년 11월 19일 밝힌 당시 북한 측과의 회담 상황은 다음과 같다.

미국 대표단은 10월 3일 김계관 외무성 부상과 3시간 정도 회담을 갖고, 10월 4일 오전 다시 그와 3시간여 회담을 한 후, 김영남 최고인민회의 상임위원장을 면담하고, 이어 강석주 제1부상과 마지막 회담을 가졌다.

켈리 차관보는 김계관과의 첫 번째 회담에서, "우리는 북한이 비밀 우라늄 농축 계획을 갖고 있다는 정보를 갖고 있다. 이것은 핵무기를 만들기 위한 또 다른 길이다. 이것은 우리에게는 심각한 문제다. 미국이 모든 방면에 걸쳐 상호 유익한 관계를 맺는 과정을 시작할 수 있기 위해서는 이 계획을 없애야 한다"고 말하고, 이 문제에 대해 충분히 검토한 후 입장을 알려달라고 했다. 이에 대해 김은 곧바로 답변을 하지 않으면 안되겠다고 하면서, 미 측의 주장은 한 마디로 '날조된 것'이라고 했다.

다음 날 강석주와의 회담은 길지는 않았다. 미 측은 김계관에게 했던 설명을 반복하는 대신에 처음부터 강 부상이 하는 말을 듣기만 했다. 강은, "부시 대통령이 우리를 악의 축이라고 하면서 북한에 대해 적대시 정책을 취해 왔다. 우리의 새로운 핵 개발은 이러한 미국의 적대정책에 따른 것이다. 미국이 우리로 하여금 그렇게 하지 않으면 안되게 만든 것이다. 우리는 좀더 강력한 무기도 개발했다"고 말했다.

이에 대해, 켈리 차관보가 우라늄 농축 계획은 북한이 제네바 합의 (Agreed Framework)를 위반하면서 부시 행정부가 출범하기 수년 전에 이미 시작한 것이라고 하자, 강은 "제네바 합의는 미국의 행동에 의해 무효화된 것 아니냐"고 말했다.

북한이 농축 우라늄에 의한 핵 개발계획을 갖고 있음을 시인한 사실이 10월 17일 언론에 알려져 한·미 양국 정부는 이를 사실로서 확인하기에 이르렀다. 이로부터 북한은 핵 개발 계획을 시인한 사실에 대해 모호한 태도를 취하기 시작했다.

북한 외무성 대변인은 10월 25일 북미 불가침조약을 제의하는 담화에서 북한은 켈리 차관보 방북시 '자주권과 생존권을 지키기 위해 핵무기는 물론 그보다 더한 것도 가지게 되어 있다'는 것을 명백히 말해 주었다고 했다.

도널드 그레그 전 주한대사가 돈 오버도퍼 존스홉킨스대 국제대학원 (SAIS) 교수와 11월 2일부터 5일까지 평양을 방문, 강석주, 김계관을 만났다. 이때 북한 측은 고농축 우라늄 계획과 관련, '확인도 부인도 하지 않는다는 것이 공식 정책'이라고 말했다.

북한이 보다 분명하게 말을 바꾸기 시작한 것은 박현보 주 독일대사의 11월 4일 발언에서 나타난다. 그는, "북한이 핵무기 개발 계획을 추진 중이라는 미국의 주장은 근거가 없는 것이다. 미국 특사는 증거를 제시하지 않은 채 우리가 핵무기를 제조하고 있다고 비난했다"고 말했다.

호남홍 캄보디아 외무장관이 12월 14일부터 나흘간 평양을 방문, 백남순 외무상을 면담했을 때에도 백은, "켈리 특사가 평양을 방문했을 당시 북한 측이 북한에 대한 위협이 있을 경우 나라를 보호할 모든 수단을 사용할 수 있는 권리가 있다고 말한 것을 미 측은 북한이 핵 프로그램을 재개하고 핵무기를 갖고 있다는 뜻으로 잘못 받아들였다"고 말했다.

북한 측은 유사한 주장을 계속했다. 2003년 1월 18일 외무성의 오성철 국장은 켈리 특사 방문시 핵 개발 계획을 시인한 사실이 없다고 하면서, 당시 북한 대표는 미국 측의 핵 개발 주장에 대해, "당신들이 계속 강압적으로 나온다면 우리는 지금 핵무기를 가지고 있지 않지만 앞으로 자기를 지키기 위해 핵무기는 물론 그보다 더한 것도 가질 권리가 있다면서 단호하게 쫓아 버렸으며 이것이 켈리 평양 방문의 내막이다"라고 말했다.

북한 측은 외무성 대변인 명의의 1월 28자 담화에서도, 파월 국무장관이 1월 26일 다보스 포럼 연설에서 핵 개발계획 시인 사실에 관해 언급한 것과 관련, "우리는 미 국무성 차관보 켈리의 우리나라 방문시 그가 아무런 근거도 없이 무턱대고 저들의 주장을 인정하라고 오만하게 나오기 때문에 그의 말에 대하여 인정할 것도 없었으며 부정할 필요조차 느끼지 않았다"고 주장했다. 다시금 핵 개발계획 시인 사실을 부인한 것이다.

북한 측의 이러한 주장이 계속되자 미국은 한국말이 '아' 다르고 '어' 다른 만큼 뉘앙스가 중요하다는 사실을 감안하여 당시 한국어에 능통한 통역을 세 사람씩이나 대표단에 포함시켰으며, 이들이 작성한 상세한 면담기록(verbatim)도 갖고 있다고 하면서 북한 측 주장을 일축했다.

그럼에도 불구하고, 북한은 2003년 3월 23일 노동신문 논평에서, "우리의 핵무기 개발이란 켈리 자신이 지어낸 말"이라고 하면서, "우리는 핵무기 개발에 대하여 인정한 적이 없고 핵 활동에서 흠이 되는 일을 하지 않고 있다"고 주장했다. 노동신문은 전 날 "제2 핵 위기 사태를 몰아 온 미국의 범죄적 흉계"란 제목의 논평에서도 2002년 10월 켈리가 평양을 방문했을 때 "극히 위협적이며 오만한 최후통첩식의 태도를 취해 이에 대응하기 위해 북한은 핵무기보다 더 위력한 것도 가질 권리가 있다고 말해 주었다"고 종래의 주장을 반복했다. 이러한 반응은 미국과 영국이 이라크에 대한 무력공격을 시작한 후 3일 만에 나왔다.

북한 측은 2003년 10월 18일 외무성 대변인 담화 형식을 통해 "2002년 10월 제임스 켈리 미 대통령 특사가 농축 우라늄계획을 언급하면서 북한이 기본 합의문을 위반했다고 주장해 자주권을 지키기 위해서는 핵무기는 물론 그보다 더한 것도 가지게 돼 있다고 말했을 뿐 농축 우라늄 계획을 인정한 것이 없다"고 했다.

- 외교에서는 곧이곧대로 말하지 않는다. "In diplomacy, you don't call a spade a spade."
- 외교는 흔히 자기의 속마음을 말하지 않는 것을 의미한다. (Noam Chomsky, 1999)
- 외교관에게 가장 중요한 자질 중의 하나는 다른 사람이 말하는 것을 주의 깊게 듣는 자세다.
- 유능하고 경험이 많은 외교관은 상대방의 체면을 쓸데없이 손상시키지 않는다.

외교대화와 통역

- 어떤 통역도 완벽하지 못하지만, 나는 내가 할 수 있는 최선을 다해 정확한 통역이 되도록 애썼다. 생각보다 쉬운 일은 아니나 최소한 통역상의 잘못이나 소홀함이 없도록 했다. 가장 완벽한 통역에서도 웃지 못할 실수가 생길 수 있다.

Pavel Palazchenko,
My Years with Gorbachev and Shevardnadze, 1997.

통역과 관련된 문제는 외교 커뮤니케이션의 특성에 비추어 세심한 주의를 요한다. 한 언어를 다른 언어로 정확히 옮기는 일 자체가 어려운 일인데다 외교대화는 전문 지식과 경험이 없으면 정확성을 기하기 어렵기 때문이다. 정상회담과 같은 중요한 외교대화에서는 특히 통역과 관련된 사항에 각별히 유의해야 한다.

통역을 쓰면 이로운 점도 많다. 무엇보다도 말하는 사람이 생각할 수 있는 시간적인 여유를 가질 수 있다. 상대방의 말을 들으면서 어떻게 응답하는 것이 좋을지를 생각해 볼 수 있다.

또한 통역을 쓰면 자신의 생각을 좀더 정확하게 표현할 수 있다. 아무리 외국어를 잘 하는 사람이라고 해도 자기 나라 말처럼 완벽하게 표현할 수 없기 때문이다.

또 다른 장점은 통역을 사용했을 경우에는 안전판이 마련될 수 있다. 즉, 어떤 문제가 생겼을 때 통역 잘못으로 떠넘길 수도 있다는 것이다.

통역이 일부러 정확하게 통역을 하지 않은 사례를 들어보자.

베트남과 미국은 종전 20년 만인 1995년 7월 9일 외교관계를 수립했다. 양국 간의 과거사(過去史) 문제로 수교과정에서 많은 어려움이 있었다. 베트남 측은 미국에 대항해서 싸운 전쟁의 역사를 잊을 수는 없으나, 이를 극복하고 미래를 지향한다는 원칙에 입각해서 미국과의 관계를 정상화했다.

1997년 3월 미국의 태평양 함대 사령관이었던 프루어 제독이 하노이를 방문했다. 미국대사관은 이 기회에 리셉션을 개최했다. 이 리셉션에 베트남 측 카운터 파트로 참석했던 응웬 반 린(Nguyen Van Rinh) 합참차장(소장)은, "Economic progress and stability in this region are due, in an important way, to the positive contribution of the presence of the United States military." 라는 의미의 건배사를 베트남어로 원고 없이 했다.

베트남의 고위 관리가 미군의 전진배치를 공개적으로 환영하는 발언을 한 것은 대단히 이례적인 일이었다. 당시 리셉션에 참석하고 있던 러시아 공사는 베트남과 미국이 러시아를 겨냥하여 이 같은 리셉션을 개최

한 것으로 오해할 정도였다. 린 소장이 베트남어로 한 발언을 정확하게
알아들은 중국 외교관들도 놀라는 모습이 역력했다.

　그런데, 막상 베트남어를 영어로 통역한 베트남 통역은 린 소장의 말
을 다음과 같이 통역했다.

> "Economic progress and stability in this region are due, in an
> important way, to the positive contributions of the nations in
> the region."

　미국대사관 측은 즉각 통역이 잘못 되었음을 지적하고 이의를 제기했
다. 이에 대해 베트남 통역은 자신이 알면서도 의도적으로 그렇게 통역
을 했다고 실토했다.[19]

> · 외교에서 통역을 사용하는 것은 바람직한 트릭이다. 통역
> 을 사용하면 생각할 수 있는 여유가 생기기 때문이다.
> (John Holdridge 국무부 차관보, 주 인도네시아대사 역임)

3. 외교수사

● 레토릭은 외교에서 가장 위험한 것 중의 하나다. 폭발적인 상황이나 예민한 상황에서 특히 그러하다. 레토릭은 일반 대중을 염두에 두고 사용되기 때문에 가장 위험한 것이다. 레토릭은 보통 외교정책 라인 과 동떨어져 행해진다.

Raymond Hare(미국 직업외교관), ADST Oral History, 1987.

수사(修辭, rhetoric)란, "말이나 문장을 꾸며서 보다 묘하고 아름답게 하는 일"(에센스 국어사전)이라는 의미 이외에도, "사람들을 설득시키고 마음을 움직이게 하기 위해 말을 효과적으로 사용하는 능력"(Encarta World English Dictionary)을 의미하기도 하며, 어떤 경우에는 '진실성이 결여된 실없는 말'을 의미하기도 한다. 앞에 인용한 대로 수사는 신중하게 사용되어야 한다. 예상하지 못한 부정적인 결과가 초래될 수 있기 때문이다. 구체적인 사례를 통해 수사가 어떻게 사용되고 있는지 살펴보자.

1) 사례 하나

한·일 양국의 과거사 표현 문제
한국 정부는 일본이 양국의 과거사 문제에 대해 사과해야 한다는 입장을 시종일관 주장해 왔다. 그 결과 일본은 다음과 같은 표현을 썼다.

- "양국의 불행한 관계에 대한 한국 측 설명에 유념하고……"

  (1965년 한-일 국교정상화)
- "유감스럽게도 불행한 역사"

  (1983년 전두환 대통령 방일)
- "일본에 의해 초래된 이 불행했던 시기에 귀국의 국민들이 겪으셨던 고충을 생각하여 본인은 통석(痛惜)의 염(念)을 금할 수가 없습니다."

  (1990.5.25 노태우 대통령 방일시 아키히토 일왕 만찬사)
- "참을 수 없는 고통을 강요한 데 대해 가해자로서 우리가 한 일에 대해 깊이 반성하며, 이번 기회에 다시 한번 진사(陳謝)를 드림"

  (1993.11.6 김영삼 대통령-호소카와 총리 정상회담)
- "우리나라는 멀지 않은 과거의 한 시기, 국책을 잘못하여 아시아 제국의 사람들에게 다대한 손해와 고통을 주었습니다. 나는 미래에 잘못이 없도록 하기 위하여 통렬(痛烈)한 반성의 뜻을 표하고, 마음으로부터 오와비(사죄)의 마음을 표합니다."

  (1995.8.15 무라야마 총리 종전 50주년 담화)
- "오부치 총리는 금세기의 한·일 양국 관계를 돌이켜보고 일본이 과거 한때 식민지 지배로 인하여 한국 국민에게 다대한 손해와 고통을 안겨주었다는 역사적 사실을 겸허히 받아들이면서 이에 대하여 통절(痛切)한 반성과 마음으로부터의 오와비(사죄)를 했다."

  (1998.10.8 김대중 대통령 방일시 오부치 게이조 총리와 발표한 '21세기 새로운 한·일 파트너십')

당시 공동성명 문안을 교섭하는 과정에서 일본 측은 일본말로 '오와비' 란 단어를 한국 측이 '사죄' 로 번역하는 데 완강히 반대했다 한다. '오와비' 란 말은 미안한 감정을 표현할 때 쓰는 말로, 굳이 말하자면 사죄(赦罪)와 사과(謝過)의 중간쯤 되는 의미를 지니는 말이라 한다.

　　2001년 10월 15일 고이즈미 총리가 방한했을 때 그는 몇 시간에 불과한 짧은 일정 중에 서대문 독립공원을 방문했는데 여기서 과거사 문제와 관련, "지금부터 반성해 나가면서 이러한 고난의 역사를 두 번 다시 반복하지 않도록 서로 협력해 나가지 않으면 안된다"고 발언했다.

　　한국의 일부 언론은 외교통상부가 국문으로 번역, 배포한 텍스트에 잘못이 있다고 주장했다. 일본어 발언 녹취록에 의하면 "서로" 는 "협력해" 를 수식하는 것이 아니고, "반성해 나가면서" 를 수식한다는 주장이었다. 서로 반성하자는 의도로 썼다면 한국이 무엇을 반성하라는 말이며, 그렇다면 고이즈미 총리는 '일본도 반성하겠으니, 한국도 반성하라' 는 의미로 말했을 것이라는 해석이었다.

　　이와 같은 논란이 일자 일본 측은 10월 19일 내각 부공보관의 기자회견 기회를 통해 고이즈미 총리의 문제된 발언 부분은, "우연히 서로라는 단어를 먼저 말해 그것이 듣기에 따라서는 바로 다음에 온 반성하면서라는 말로 연결되는 것처럼 받아들인 분도 있었을 것이나, 총리의 기분은 서로 협력해 나가자는 취지로 말하려 했던 것" 이라고 해명했다.

2) 사례 둘

미 해군 정찰기 EP-3E 승무원 석방 협상

2001년 4월 1일 미 해군 정찰기가 남중국해 상공에서 중국군 소속 전투기와 충돌, 전투기는 추락하고(조종사는 실종), 정찰기는 하이난성(海南省)에 불시착하는 사건이 발생했다. 사건 당시 이 정찰기에는 24명의 승무원이 타고 있었다.

사건이 발생하자 중국은 미국이 공식 사과할 것을 요구했다. 그러나, 미국은 정찰기가 공해 상공에서 임무를 수행하고 있었을 뿐 승무원들이 아무런 잘못을 하지 않았기 때문에 사과할 수 없다고 맞섰다. 파월 국무장관은 대신 regret(유감), sorrow(슬픔), sorry(미안함) 등의 단어를 사용하여 실종된 조종사의 유가족에게 위로의 뜻을 표했다.

양측은 이 문제를 놓고 10일 이상 '사과하라', '사과할 수 없다'고 팽팽히 맞섰다. 중국전문가들은 중국 측이 집요하게 사과를 요구하는 데에는 국내정치적인 배경이 있는 것으로 분석했다. 즉, 이 문제로 인해 국민들의 자부심에 영향을 줄 경우 국내정치적으로 어려운 입장에 놓이게 될 것을 우려하고 있다는 분석이었다.

미국과 중국은 결국 프루어 주 중국대사가 탕자쉬안 외교부장에게 보내는 서한 형식을 통해, "미국은 중국 국민과 실종된 조종사 유가족에 대해 매우 미안하게 생각하고, 또한 미국 정찰기가 구두 허락 없이 중국 영공에 들어가 착륙한 것에 대해서도 매우 미안하다"라는 의사를 전달함으로써 승무원 24명 전원을 석방하기로 합의했다. 일명 "letter of the two very sorries"라고 불린 프루어 대사 서한의 해당 부분은 다음과 같다.

"Both President Bush and Secretary of State Powell have expressed their sincere regret over your missing pilot and aircraft. Please convey to the Chinese people and to the family of pilot Wang Wei that we are very sorry for their loss.

Although the full picture of what transpired is still unclear, according to our information, our severely crippled aircraft made an emergency landing after following international emergency procedures. We are very sorry the entering of China's airspace and the landing did not have verbal clearance, but very pleased the crew landed safely. We appreciate China's efforts to see to the well-being of our crew."

이와 같이 양측은 결국 'apology, apologize'라는 단어를 쓰는 대신에 'sorry'라는 단어를 쓰는 데 합의했다. 'sorry'는 어떤 실수나 책임을 인정하는 의미를 내포하지 않는다(nonapology apology). 그런데 중국 측은 "very sorry"를 중국어로 "선삐아오첸이"라고 번역했다. 이 말은 심심한 사과와 유감을 나타낸다는 의미라고 한다. 자신이 한 일에 대해 잘못을 인정하고 책임을 인정할 생각이 없으면 이 표현을 쓸 수 없는 말이라고 한다.[20]

워싱턴 포스트는 이와 같은 타협을 "word game", "language game"이라고 부르면서, "creative한 mistranslation"으로 서로의 입장 차이를 극복했다고 묘사했다.[21]

3) 사례 셋

조지 W. 부시 대통령의 "악의 축" 발언

조지 W. 부시 대통령은 2002년 1월 29일 새해 국정연설에서, "북한, 이란, 이라크 같은 나라들과 그들과 연대해서 테러 행위를 하는 나라들은 악의 축을 구성한다"고 하면서, 북한에 대해서는, "국민들을 굶어죽게 하면서 미사일과 대량살상무기로 무장한 정권"이라고 말했다.

부시 대통령의 이와 같은 발언은 즉각 국제적인 반향을 불러 일으켰다. 'Axis of Evil'이라는 표현 자체가 나치 독일, 그리고 제2차 세계대전 당시 독일, 이탈리아, 일본 세 나라가 동맹을 형성(樞軸國, Axis Powers)했던 사실을 연상시키는 표현이었다. 어떤 사람들은 1983년 3월 8일 레이건 대통령이 소련을 '악의 제국(Evil Empire)'으로 지칭했던 사례가 연상되기도 한다고 했다. 부시 대통령이 이러한 내용을 연두교서에 포함시키게 된 것은 2001년 9월 11일 뉴욕과 워싱턴에 가해진 테러 공격도 배경이 되었다.

부시 대통령의 악의 축 발언은 테러 국가나 단체들에 대해 분명한 메시지를 전달하기 위한 것이었다. 강력한 메시지를 전달하기 위해 용의주도하게 선택한 레토릭이었다. 당시 파월 국무장관이나 아미티지 부장관 등 고위 외교정책 입안자들은 국정연설 원고를 미리 읽었기 때문에 이러한 레토릭이 들어가는 것을 알고 있었다.

라이스 안보보좌관은 '악의 축' 발언에 대해 국제적으로 나타난 부정적인 시각을 의식, 이들 세 나라에 대해 언급하면서, 북한에 대해서는, "구매자의 의도와 관계 없이 탄두미사일을 아무에게나 파는 세계 제1의 미사일 수출국"이라고 말했다. 라이스 보좌관은 2월 17일 한 텔레비전과의 인터뷰에서 또 다시, "북한은 자기 나라 국민들을 탄압하며 탄두미사일 기술을 놀라운 속도로 전 세계에 퍼트리고 있는 정권"이라고 하면서, 부시 대통령은 도덕적으로 매우 분명하게 말하는 사람이며, '악의 축' 발언도 이들 나라들에 의한 위협을 있는 그대로 표현한 것에 불과하다고 말했다.

부시 대통령이 북한에 대해 갖고 있던 인식은 이러 저런 기회에 표출

되었다. 그는 2002년 2월 20일 한국을 방문했을 때 김대중 대통령과 가진 공동 기자회견에서도 자신이 북한을 '악의 축' 국가의 하나로 지칭한 배경을 다음과 같이 말했다.

"나는 자유를 사랑한다. 나는 사람들의 삶에서 자유가 얼마나 중요한지 이해한다. 굶주림을 용인하는 정권을 생각하면 괴롭다. 폐쇄적이고 투명하지 않은 정권에 대해 우려를 하지 않을 수 없다. 나는 북한 주민들의 처지를 무척 걱정한다. 자유를 사랑하는 우리들이 자유를 굳건히 지키고 자유의 혜택을 분명하게 보여주는 것이 중요하다고 믿는다."

부시 대통령은 라이스 보좌관의 말대로 그의 마음을 솔직하게 드러냈다. 기자회견의 질의·답변 과정에서도 다음과 같이 북한 정권과 주민을 분리해서 생각하고 있다고 하면서, 이 문제에 대한 자신의 생각이 확고하다고 했다.

"내가 악(evil)이라고 한 코멘트는 북한 정권에 대한 것이지 북한 주민에 대한 것이 아니다. 우리는 북한 주민에 대해 깊은 동정심과 그들의 입장에서 이해하는 마음을 갖고 있다. 우리는 그들이 식량을 갖기를 원한다. 동시에 그들이 자유를 갖기를 원한다. 우리는 평화적인 방법으로 그러한 목적을 추구할 것이다."

부시 대통령은 6개월 후인 8월 20일 워싱턴 포스트의 우드워드(Bob Woodward) 기자에게도 김정일 국방위원장에 대해 비슷한 말을 했다. 이번에는 좀더 노골적으로, "나는 김정일을 싫어한다. 그는 자기 국민들을 굶주리도록 하는 사람이기 때문에 그를 생각만 해도 속이 뒤집힐 정도로 기분이 나쁘다"라고 말했다.[22]

이상 살펴본 바와 같이 부시 대통령의 '악의 축' 발언은 그의 확신과 신념에서 나온 것이었다. 한 칼럼니스트는 부시 행정부는 이 레토릭으로 morality, preemption, unilateralism이라는 3대 외교정책 원칙을 확립하게 되었다고까지 말했다.[23]

4) 사례 넷

1991년 걸프전쟁시 부시 대통령이 사용한 레토릭

부시 대통령은 1991년 걸프전쟁시 사담 후세인을 'Adolf Hitler'에 비유했으며, 침공을 당한 쿠웨이트에는 'innocent victim of a villain's aggression and rape'라는 레토릭을 사용했다.

미국은 이와 같은 레토릭을 사용함으로써 이라크에 대항하는 연합국들을 규합하는데 유리한 분위기를 조성할 수 있었다. 사람들로 하여금 사담 후세인을 히틀러와 같은 악한이라는 생각을 갖게 만든 반면, 쿠웨이트는 아무 잘못한 것도 없이 악한으로부터 침략을 당한 불쌍한 나라라는 느낌을 갖게 만들었다.[24]

· Rhetoric matters. (Juliet Johnson, The Nation, 2003.3.18)
· 효과적인 레토릭이란 정확한 말, 정확한 타이밍, 정확한 장소의 문제다.
· 행동으로 뒷받침되지 않는 레토릭은 친구와 적을 똑같이 혼란에 빠뜨린다.

4. 비언어 커뮤니케이션, 신호

● 문제는 외교관들이 어떤 일을 하거나 하지 않는 것, 혹은 어떤 말을 하
  거나 하지 않는 것이 메시지로서의 가치를 지니면서 본인들이 원하든
  원하지 않든 상대방에 의해 그런 식으로 인식이 된다는 것이다.
  Christer Jonsson, Communication: An Aspect of Diplomacy, 2002.

● 어떤 제스처가 특별한 생각 없이 취해졌음에도 불구하고 외교적으로
  영향을 준다. 정부 인사가 국내적으로 한 발언이나 행동이 대외관계
  에서 영향을 미친다는 것이다. 적절하지 못한 발언이나 제스처는 자
  국민을 대상으로 행해졌다 하더라도 외국 사람들에 의해 잘못 이해될
  위험성이 있다.
  Raymond Cohen, Negotiating Across Cultures, 1997.

외교 커뮤니케이션에서는 body language나 signal과 같은 비언어 방
식이 흔히 사용된다. 의도적으로 모호하게 의사를 전달함으로써 행동
의 자유를 확보하기 위해서다. 이러한 방식의 의사 전달은 나중에 부인
이 가능하다. 구체적인 사례를 통해 살펴보자.

• 티토 유고슬라비아 대통령은 1948년 스탈린과의 결별을 선언했다.
  당시로서는 매우 대담한 행동이었다. 티토의 이러한 조치에 대해
  스탈린은 유고슬라비아와 외교관계를 단절하지는 않았으나, 모스
  크바에 주재하는 유고 외교관들을 만나주지 않았다. 양국 관계는
  얼어붙을 대로 얼어붙었다.
     그러던 중 1953년 스탈린이 사망, 장례식이 거행되는 것을 계기

로 모스크바 주재 유고대사대리는 다른 나라 대사들과 함께 소련 외무 차관을 만났다. 이때 이 외무 차관은 유고대사대리와도 악수를 했다. 유고대사대리는 외무 차관이 자신과도 악수를 한 것은 소련이 유고와의 관계를 변화시킬 의향이 있음을 시사해 주는 신호라고 본부에 보고했다. 그의 판단은 적중했다. 소련은 그 후 유고슬라비아와의 관계를 회복시키기 시작했다.[25]

• 1962년 국경 충돌 이후 중국과 인도는 외교관계를 단절하지는 않았으나 8년 동안 대사를 임명하지 않았다. 1970년 5월 천안문 광장에서 노동절 퍼레이드가 열렸는데 이 행사에는 모택동이 직접 참석했고, 북경 주재 외교단도 초청되었다. 모택동은 이 행사에 참석하고 있던 인도대사대리와 악수를 하면서, "두 나라가 계속해서 언쟁을 할 수는 없지 않겠느냐"고 말했다. 관계를 개선하자는 신호였다. 그러나, 인도 외교당국은 이런 시그널을 제대로 읽지 못했다. 이로 인해 양국 간의 관계 정상화는 그로부터 또 다시 6년이 걸렸다.[26]

• 1964년 시리아가 갈릴리 호수로 흘러 들어가는 요르단강의 수로(水路)를 바꾸는 공사를 시작했다. 이스라엘로서는 보고만 있을 수 없는 일이었다. 이스라엘은 시리아에 대한 군사적인 조치를 고려했다. 그래서 시리아에 대해 무력공격을 가할 경우 미국이 어떤 태도로 나올 것인가를 탐색해 보고자 했다.

1965년 초 해리먼(Averell Harriman) 대사가 이스라엘을 방문했을 때 당시 라빈(Yitzhak Rabin) 참모총장이 그를 공사 현장 부근으로 안내하면서 이스라엘로서는 시리아의 수로 변경계획이 안보상

중대한 위협이기 때문에 필요하면 군사적인 행동을 취해야 할지 모른다는 말을 넌지시 던졌다. 해리먼 대사가 이 말에 명시적으로 부정적인 반응을 보이지 않자 이스라엘은 미국이 이스라엘의 군사 행동을 묵인하는 것으로 판단했다.[27] "Silence can be regarded as acquiescence."

- 이스라엘 베긴 총리는 루이스(Samuel Lewis) 이스라엘 주재 미국 대사를 부를 때 "Sam" 또는 "Mr. Ambassador"라고 불렀다. 그가 "Sam"이라고 불렀을 때는 양국 관계가 좋은 상태임을 나타냈으며, "Mr. Ambassador"라고 불렀을 때는 미국에 대해 불만을 토로하고자 할 경우였다. 루이스 대사는 베긴이 "Mr. Ambassador"로 불렀을 때는 예외 없이 그가 미국에 대해 화가 나 있는 상태였다고 회고했다.[28]

- 1975년 5월 베트남 당국은 사이공 함락 기념행사에 하노이 주재 소련 및 동구권 국가 대사들을 모두 초청하면서, 중국대사는 제외시켰다. 당시 중국-베트남 국경에서 양국 간 충돌이 눈에 띄게 늘고 있었다. 중국에 대한 명백한 불만의 표시였다.

- 1997년 11월 이스라엘의 네탄야후(Benjamin Netanyahu) 총리가 미국을 방문했을 때의 일이다. 당시 미국은 네탄야후 총리가 미국의 중동 평화정책에 비협조적인 태도를 취하고 있는 데 대해 불만을 갖고 있었다. 클린턴 대통령은 일정상 어려움을 이유로 네탄야후 총리를 만나주지 않았다. 이스라엘 총리가 미국을 방문하면서 대통령을 만나지 못한 것은 처음이었다. 클린턴의 분명한 불쾌감

표시였다.[29]

- 미국과 중국은 1971년 4월 6~17일 핑퐁외교로 관계정상화 과정을 시작했다. 이 과정에서 양측은 많은 시그널을 주고받았다. 주은래 수상은 1971년 3월 후지야마 전 일본 외상이 중국을 방문했을 때, "미국과의 갑작스런 관계개선도 가능하다"고 했고, 닉슨 대통령은 외교정책 보고서에서 미국 대통령으로서는 처음으로 중국의 정식 호칭을 썼다.

  당시 주은래 수상의 한 측근은 키신저에 대해, "그는 그의 세계와 우리들의 세계에서 사용하는 말을 동시에 이해하는 사람이다. 우리가 알기에는 이같이 두 세계의 말을 동시에 이해하는 사람은 그가 처음이다. 그와는 말이 통한다"라고 했다. 주은래와 키신저는 상대방이 보내오는 신호를 놓치지 않고 정확하게 읽었다.[30]

- 미국 주재 소련대사였던 도브리닌은 국무장관을 만나기 위해 국무부 건물을 출입할 때 정문이 아닌 지하 주차장을 통해 출입하고 있었다. 케네디 대통령 시절 이래 그에게 부여된 일종의 특권이었다. 그런데 1981년 1월 레이건 대통령이 취임하자마자 상황이 달라졌다. 도브리닌이 헤이그 국무장관을 만나기 위해 국무부 지하 주차장에 도착했을 때 경비원에 의해 저지되었다. 정문을 통해 들어가는 수밖에 없었다. 레이건 행정부의 소련에 대한 정책이 획기적으로 변화할 것임을 예고한 중대한 시그널이었다.[31]

- 키신저는 도브리닌을 만날 때 항상 배석 없이 단 둘이서 만났다. 그러나, 슐츠 국무장관은 도브리닌을 만날 때 많은 보좌관들을 배석시켰다. 전임자들과 달리 도브리닌과 비공식적, 사적인 대화를

나누지 않을 것이라는 신호였다.[32]

- 클린턴 행정부는 2000년 6월 시리아, 이란, 이라크, 리비아, 쿠바, 북한 등에 대해 사용해 오던 "rogue state"라는 용어 대신에 "state of concern"이라는 용어를 썼다. 이들과의 관계를 종전과는 다른 시각에서 접근할 것이라는 시그널이었다.[33]

- 올브라이트 국무장관은 자신이 참석하는 행사의 성격에 따라 착용하는 브로치의 모양을 달리해 메시지를 전달했다. 러시아 방문 때에는 독수리 브로치, 중동지역을 방문할 때에는 평화를 상징하는 비둘기 브로치, 중동 평화협상이 난항을 거듭할 때에는 거미줄 브로치, 2000년 3월 한국을 방문했을 때에는 김대중 대통령의 햇볕 정책에 대한 지지를 상징하는 선버스트 브로치, 그해 10월 김정일 국방위원장 면담시에는 성조기 모형의 브로치, 백화원 만찬장에서는 하트형 브로치를 달아 시그널(unspoken signals)로 메시지를 전달했다.[34]

- 팔레스타인을 대표하는 아라파트 의장의 복장은 언제 어디서나 똑같은 군복차림이다. 왜 그런가? 자신이 팔레스타인의 독립을 쟁취하는 투쟁가라는 이미지를 부각시키기 위한 것이다.[35]

- 미국의 피커링 대사는 최고위 시니어 대사의 한 사람이었다. 그가 1993년 4월 인도 주재 대사로 근무한 지 불과 몇 개월 만에 주러시아대사로 전임된 후 1년 가까이 후임 대사가 임명되지 않았다. 인도 정부는 클린턴 행정부가 인도를 비중 있게 취급하지 않는다는 불만을 갖게 되었다.

1994년 4월 클린턴 대통령은 자신의 친구인 탈보트(Strobe Talbott) 국무부 부장관을 뉴델리에 보내 위스너(Frank Wisner)를 차기 대사로 내정했음을 알리면서 그에 대한 아그레망을 요청했다. 위스너는 당시 국방부 차관으로 피커링과 같은 최고위 시니어 외교관이었다. 탈보트는 고위 인사들을 면담할 때 인도가 미국에 대해 갖고 있는 불편한 심기를 감안하여, "I've come to consult …", "I've come to ask …" 식의 어법을 썼다. 탈보트의 이러한 어법이 인도 측에게 정중한 인상을 주었고, 양국 관계는 이후 신속히 정상화되었다.[36)]

• 신임대사는 주재국에 도착하면 주재국 국가원수에게 신임장을 제정해야 대사로서의 공식활동에 들어갈 수 있다. 그런데, 이러한 신임장 제정절차가 상당 기간 지연되는 경우가 간혹 있다. 주재국이 불만을 갖고 있다는 표시다.

벨라루스 주재 미국대사의 예를 들어보자. 그는 2000년 10월에 부임하여, 외무부에 신임장 사본을 제출하고 대통령에 대한 신임장 원본 제출을 기다리고 있었다. 그러나, 벨라루스 대통령은 다른 나라 대사로부터는 신임장을 제정 받으면서도 미국대사에 대해서는 신임장 접수를 미루었다. 2001년 1월에는 대통령이 주최하는 가장 큰 행사인 그리스 정교 신년 무도회에 다른 나라 대사들은 초청했으나 역시 미국대사는 제외시켰다.

미국대사는 처음 부임하여 공항에 도착했을 때 언론 인터뷰에서 벨라루스의 국내정치 상황에 대해 불만을 토로했을 뿐 아니라, 한 TV와 가진 인터뷰에서 자신이 언급한 내용이 방영되지 않자 이 내용을 대사관 홈페이지에 올려 공개했다. 인터뷰 내용에는 벨라루스 대통령에 대해 비판적인 내용이 들어 있었다. 신임 대사의 이러한 태도에 벨라루스 측은 신임장 접수 거부로 대응했던 것이다.[37)

• 2001년 1월 취임한 조지 W. 부시 대통령은 텍사스 주 출신이다. 그는 외국 지도자들과의 정상회담을 백악관 이외에 메릴랜드 주에 있는 캠프데이비드나 자신의 사저(私邸)인 텍사스 주 크로퍼드에서 가졌다. 어떤 정상을 어디로 초청하느냐는 친소(親疎)관계에 따라 결정되었다.

취임 이래 크로퍼드에 초청한 외국 지도자들의 면면을 보면 이러한 사실이 잘 나타난다. 블레어 영국 총리, 푸틴 러시아 대통령, 장쩌민 중국 국가주석, 압둘라 사우디 왕세자, 아스나르 스페인 총리, 하워드 호주 총리, 고이즈미 일본 총리, 베를루스코니 이탈리아 총리 정도였다. 부시에 대해 비협조적인 태도를 보였던 프랑스 시라크 대통령이나 독일 슈레더 총리는 제외되었다.

일본의 경우 고이즈미 총리는 2002년 2월 캠프데이비드에서 정상회담을 가진 바 있었다. 당시 고이즈미 총리가 부시 대통령과 야구공을 던지고 받는 모습을 보여주면서 두 정상 간의 친밀도를 과시했다. 장쩌민 주석이 2002년 10월 크로퍼드에서 정상회담을 갖자 일본도 2003년 5월에 이곳에서의 정상회담을 추진해 성사시켰다.

베를루스코니 총리도 이라크와의 전쟁을 지지한 대가로 캠프데이비드와 크로퍼드 두 곳에 모두 초청되었다.

• 2003년 6월 16일 파리에어쇼가 개최되었다. 이 쇼는 1909년 이래 개최되어 세계적으로 가장 정평 있는 에어쇼였다. 그래서 주요 항

공산업 관계자와 고위 국방관계자들이 참석을 했다. 항공산업을 선도하고 있는 미국의 록히드마틴 최고 경영자인 코프만(Vance Coffman)은 마지막 순간에 스케줄상의 어려움을 이유로 참석을 하지 않았다. 미국 국방부에서도 예년과는 달리 대령급 이하 장교가 참석했다. 이는 당시 이라크 전쟁을 둘러싸고 소원해진 미국과 프랑스 관계와도 관련이 있었다.[38]

V. 외교와 언론

1. CNN 효과

올브라이트 국무장관은, "CNN이 유엔 안전보장이사회의 열 여섯 번째 이사국이 되었다"고 말한 바 있다. CNN이 그만큼 국제문제에 있어 대단한 영향력을 발휘하게 되었다는 의미다. 소위 CNN 효과로 외교관들도 이제 일하는 방식과 사고(思考)를 바꾸지 않으면 안되게 되었다.

1990년대 초 유고슬라비아의 연방 체제가 붕괴되면서 보스니아 · 헤르체고비나에서 '인종청소'(ethnic cleansing)가 자행되자 CNN은 이 참상을 적나라하게 전 세계 가정의 안방에 전달했다. 이로 인해 국제적인 여론이 비등하게 되었고, 그때까지 보스니아 사태에 소극적이던 미국이 이 문제에 개입하지 않으면 안 되게 만들었다.

걸프전쟁 때의 일이다. 미국은 26개국이 참여하는 연합작전에 들어갔다. 후세인은 이러한 상황을 회피하기 위해 미국에 모종의 제안을 내놓았다. 미국은 즉각 거부하기로 결정하고, 이를 가장 신속하게 알리는 방법으로 CNN을 택했다. 당시 CNN은 실시간대로 걸프전쟁을 방송하고 있었다. 피츠워터(Fitzwater) 백악관 대변인이 CNN에 나와 이를 발표했다. 후세인의 제의가 나온 지 불과 20분 만의 일이었다.

1991년 소련에서 쿠데타가 발생했을 때에도 CNN은 이를 생생하게 전 세계에 알렸다. 당시 쿠데타 세력이 방송국을 장악했지만 CNN이 동(同)시간대로 전달한 뉴스로 인해 쿠데타는 실패로 돌아갔다. 1994년 10월 4일 모스크바에서 옐친 대통령이 의회해산 명령을 내리자 이에 반대하는 세력들과 탱크로 대치하는 사태가 발생했다. 이 때 국무부 탈보트 부장관은 워싱턴 시각으로 새벽 3시 국무부 상황실에서 CNN의 현장 실황중계를 보면서 소련의 마메도프(Mamedov) 외무 차관과 전화로 이 사태와 관련된 문제들을 협의했다.[1]

1994년 6월 16일 북한 핵 문제로 긴장이 고조되고 있던 중 카터 전 대통령이 평양을 방문했다. CNN은 이를 보도하기 위해 평양에 특파원을 파견해 놓고 있었다. 카터는 김일성 주석과 면담한 후 CNN과 인터뷰를 했다. 같은 시각에 백악관에서는 클린턴 대통령, 고어 부통령, 크리스토퍼 국무장관, 페리 국방장관, 샬리카쉬빌리 합참의장, 울시 중앙정보국장, 레이크 안보보좌관 등이 CNN을 보면서 향후 대책을 논의하고 있었다. 당시 클린턴 대통령은 영변 핵 시설에 대한 폭격까지 고려할 정도로 상황이 심각했었다.[2]

2000년 9월 28일 이스라엘과 팔레스타인 간에 유혈충돌이 발생했다. 7년 전 오슬로 협정에 의해 양측이 서로의 존재를 인정하는 가운데 평화를 위한 협상과정(peace process)을 추구해 오다가 클린턴 대통령이 주관한 캠프데이비드 협상이 실패로 돌아가면서 팔레스타인 측이 폭력시위를 시작했던 것이다.

사태 발생 초기에 가자(Gaza)지구에서 12세의 팔레스타인 소년이 총에 맞아 사망하는 장면이 서방 TV에 생생하게 보도되었다. 이를 계기로 팔레스타인 측은 수시로 CNN에 나와 이스라엘 측이 압도적인 무력으로 팔레스타인의 무고한 시민들을 무자비하게 살해하고 있다고 주장했다. 결국 국제적인 여론은 이스라엘에 불리하게 전개되었고, 유엔 총회에서는 2000년 10월 20일 이스라엘 측이 "과도한 무력을 사용했다"고 비난하는 결의안이 통과되었다.

이러한 결과에 대해 이스라엘 언론들은 일제히 이스라엘 외무부를 비난했다. 대외 홍보의 일차적인 책임이 있는 외무부가 일을 제대로 하지 않아서 생긴 결과라는 것이었다. 객관적 보도로 정평이 있는 한 이스라엘 신문은, "CNN에 나와 완벽한 영어로 팔레스타인 입장을 설명한 애쉬라이(Hanan Ashrawi, 팔레스타인 측 대변인)가 1,000명의 이스라엘대사(大使)와 맞먹는 역할을 했음을 알게 되었다"고 하면서 다음과 같이 이스라엘 외무부를 신랄하게 비난하는 논평을 실었다.

"세계 대부분의 외무부에는 세련되게 옷을 입고 비싼 승용차를 타고 다니는 외교관들이 자기 나라를 대표한다고 하면서 근무하고 있다. 대부분의 경우 이러한 외무부는 별로 중요하지도 않은 보고서나 내는 2류 정치인이나 구태의연한 관리들을 위한 취업 기관에 불과하다. 지난 몇 주 동안 이스라엘의 검정 나비 넥타이를 맨 사람들(이스라엘 외교관들을 의미)은 현실적인 도전에 직면했으나 그들의 대부분은 이러한 도전을 감당해내는데 실패했다. 유엔 총회는 이스라엘이 팔레스타인 지역에서 한 행동을 규탄하는 결의안을 통과시켰다.

이스라엘 외무부의 이러한 실패는 과거 10여 년 동안 정말로 열심히 뛰는 세일즈맨이 필요했음에도 무능한 외교관들만 양산했기 때문이다. 이스라엘 군(軍)과 마찬가지로 이스라엘 외무부도 곤경에 처해 있을 때 그 능력을 시험받는다. 평소 이러한 어려운 상황에 대비했었어야 한다. 그러나, 이미 증명되었듯이 급박한 상황이 생기자 외무부는 거의 존재하지 않는 것이나 다름없었다. 적지 않은 수의 대사(大使)나 영사(領事)들이 모두 무용지물이었다.

외교관은 군인과 마찬가지다. 전투에서 이겨야 한다. 이번 일에서 전투는 이스라엘 입장에 대한 국제적인 지지를 얻는 것이었다. 이번 테스트에서 실패한 외교관은 재외공관에서뿐만 아니라 외무부에서 축출되어야 한다."[3]

CNN, BBC 등은 언제 어디서 무슨 일이 일어나든 거의 동시에 전 세계에 전달할 수 있게 되었다. 신중함과 심사숙고를 미덕으로 여기는 외교관들에게 자세 변화가 강요되고 있는 것이다. 이제 '신속함'도 '신중함' 못지 않게 중요하게 되었다.

1988년 8월 17일 파키스탄의 지아 올 하크(Zia al Haq) 대통령이 항공기 추락사고로 사망하는 사고가 발생했다. 지아 대통령과 함께 공군기를 타고 있던 미국대사도 현장에서 사망했다. 대통령의 갑작스런 사망으로 파키스탄 국내 정세가 혼미해질 가능성이 우려되었다.

이 사고가 났을 때 슐츠 국무장관은 플로리다에서 공화당 전당대회에 참석하고 있었다. 슐츠는 파키스탄에서의 이러한 상황을 관리할 수 있는 적임자를 물색했다. 그는 노련한 직업외교관인 오클리 대사에게 전화를 걸어 다음날 워싱턴 근교 앤드류스 공군기지에서 출발하는 조문사절단에 합류해 달라고 했다. 그는 오클리에게 짐 가방을 두 개 준비하라고 했다. 조문사절의 일원으로 가지만 파키스탄 주재 대사로 내정되었다는 의미였다. 오클리 대사는 예정대로 조문행사 후 계속 남아 있으면서 대통령 권한 대행, 군 고위인사들과 긴밀한 관계를 구축함으로써 지아 대통령 이후의 미국-파키스탄 관계를 차질 없이 관리하는데 성공했다.[4]

2. 언론과 외교 이슈

- 외교와 언론 사이의 갈등은 계속될 것이다. 이 갈등은 두 직업의 성격
  과 비전이 본질적으로 다른 데서 연유한다.

  Abba Eban, Interest & Conscience in Modern Diplomacy, 1985.

- 외교정책은 언론에 의해서 만들어지지 않는다. 그러나, 정보화시대에
  외교정책은 언론의 관여 없이 만들어질 수 없다.

  Warren Strobel, U.S. Foreign Policy Agenda, 2000.3.

- 언론 매체는 스스로 세계적인 파워가 되고 있다. 언론 매체의 힘은 일
  방적이고 위험하다. 결과에 대해서는 책임을 지지 않으면서 정책에
  극적인 영향력을 행사하기 때문이다.

  Robert Kaplan, Warrior Politics, 2002.

- 민주화 시대에 현명한 외교는 '현명한 여론'의 뒷받침이 있어야 하
  며, 이를 위해 언론의 역할이 중요하다.

  백진현, 동아일보, 2000.7.14.

민주주의 국가에서 언론은 외교정책이 수립, 시행되는 모든 과정에
서 막대한 영향력을 행사한다. 따라서 정부의 중요한 외교 · 안보정책
을 결정하는 위치에 있는 사람들이나 외교실무에 종사하는 사람들은
언론에 대한 지식과 경험이 있어야 한다.

민주주의 국가에서는 어떤 외교정책이든 여론의 뒷받침이 없이는 성
공하기 힘들다. 그래서 정부는 외교 · 안보와 관련된 사항을 국민들에
게 알림으로써 정부가 하는 일에 대해 참여하고자 하는 국민들의 욕구
를 충족시키고, 이를 바탕으로 국민들의 폭넓은 지지를 얻고자 한다.

언론은 어떤 사안이나 사태를 외교 현안으로 만든다. 언론이 보도하지 않으면 문제가 안되는 사안도 언론이 취급함으로써 정부가 무관심할 수 없는 이슈가 되는 것이다. 어떤 사태가 발생했을 때 CNN이 보도를 하면 이슈가 되고 그렇지 않으면 그냥 지나가는 식이다.

언론은 메시지를 전달하는 수단으로서 이용되기도 한다. 애드벌룬을 띄워 관련 당사자들의 반응을 떠보고자 할 때 언론을 이용하는 것이다. 앞서 걸프전쟁 때의 예를 들었듯이 외교 채널로 전달되어야 하는 메시지가 CNN을 통해 전달되는 현상까지 나타나고 있다.

언론사도 치열한 경쟁 속에서 영리를 추구한다. 구독률, 시청률을 높이기 위해 독자나 시청자의 흥미를 유발할 수 있도록 어떤 이슈를 뉴스로 만든다.

이와 같은 상업주의적인 현실은 언론으로 하여금 타 언론보다 먼저 보도해야 한다는 강박관념을 갖게 만든다. 이로 인해 기자들은 새로운 정보를 입수하기 위해 애쓰게 되고, 이 과정에서 민감한 사안에 대한 보안을 지켜야 하는 정부 관리들과 어쩔 수 없이 갈등관계가 조성된다.

외교·안보 문제를 담당하는 사람들은 무엇보다도 언론에 대해 잘 알아야 한다. 언론이 어떤 사항을 어떻게 보도할 것인지를 미리 예상해야 한다. 언론이 정확하게 보도하지 않아 해를 입은 다음에는 이미 엎질러진 물이다.

또한, 정부는 언론에 대해 정직해야 한다. 언론에 대해 정직하다는 것은 국민에 대해 정직하다는 것이다. 이런 관점에서 언론 플레이(spin)는 결국은 해(害)가 된다. 정부가 잘못 판단했거나 실수를 했을 경우에는 이를 합리화하려고 하지 말고 솔직하게 시인하는 것이 연이은 실수를 막고 사태가 악화되는 것을 차단시킬 수 있다.

오늘날과 같이 국민의 알 권리가 존중되는 상황에서는 가능한 한 언론에 대해 개방적인 자세를 취해야 한다. 이러한 추세는 보안을 중요시 하는 외교관들에게는 추가적인 부담이 아닐 수 없다. 어느 정도까지 알 릴 것인가를 판단하는 일은 쉬운 일이 아니다. 되도록 많은 것을 알리 되, 알려서는 안되는 것은 확실히 보안을 지켜야 한다.

언론은 정부와 달리 외교·안보 사항을 보도함에 있어 복잡한 상황 을 모두 고려하지 않는다. 그렇다고 정책을 결정하는 사람의 입장에서 는 언론에 복잡한 사항을 일일이 다 설명해 줄 수도 없다.

· 뉴스 매체는 그 자체가 하나의 힘(세력)이라는 사실을 잊어서는 안된다.
· 효과적인 공보활동은 정책수립 초기 단계부터 정책수립 과정의 불가분의 일부로서 언론 대책을 수립하는 것을 의미한다.
(David Pearce, Wary Partners, 1995)

3. 외교관과 언론

● 오늘날 국제적인 사건의 진행 과정에 영향을 주는 것은 비밀로 분류
   된 전문(電文)이 아니라 비밀로 분류되지 않은 공개된 정보. 외교관
   개개인이 정부정책 수립에 효과적으로 기여할 수 있기 위해서는 커뮤
   니케이션 기술이 있어야 하며, 언론을 통해 국민들에게 필요한 정보
   를 제공하는 기술이 있어야 한다.

   David Pearce, Wary Partners, 1995.

● 신문은 항상 세상을 놀라게 하는 식으로 기사를 만든다. 그들은 헤드
   라인이 될 소재를 찾는다. 그들은 그럴 수밖에 없다. 그래서 그들과 관
   계할 때에는 극히 조심하지 않으면 안된다.

   Chas Freeman, Jr., ADST Oral History.

   워싱턴포스트 기자 출신의 미국 외교관 피어스(David Pearce)는 외
교관과 언론과의 관계를 "서로 경계하는 파트너"(wary partners)라고
정의했다.[5] 그는 자신의 경험을 토대로, "외교관은 언론과의 관계에 있
어 볼렌 룰(Bohlen Rules)을 지키는 것이 좋다"고 충고한다. "볼렌 룰"
이란 조지 케난과 더불어 당대 최고의 소련전문가였던 미국 외교관 찰
스 볼렌(Charles Chip Bohlen, 주 소련대사 역임)이 만든 언론을 대하
는 기법이다.[6]

• 언론을 항상 진지하게 대하라.
• 사실이 아닌 것을 절대 말하지 말라.
• 그렇다고 모든 것을 다 말할 필요는 없다.

- 절대로 가상의 상황을 놓고 논의하지 말라.
- 행정부 내에서 검토 단계에 있는 사안에 관한 질문에 답하지 말라.
- 행정부 내 다른 인사들을 깎아 내리지 말라.
- 질문 사항에 대해 잘 모르면 모른다고 말하라.

외교문제는 보통 민감한 사안인 경우가 많다. 특히 협상이 진행중인 사항은 비밀이 지켜지지 않을 경우 협상 자체가 결렬될 수도 있다. 언론이 알고 있는 사항은 언제든지 기사화될 가능성이 있다. "There is no such thing as off the record." 라는 말이 있다.

한 인도 외교관은 자신의 경험에 비추어 다음과 같이 충고를 한다. 그의 말에는 외교관이 언론을 어떻게 대하는 것이 바람직한지에 대한 평범한 지혜가 담겨있다.[7]

"반세기 가까운 외교관 생활에서 나는 언론이나 다른 외교관들에게 결코 거짓말을 한 적이 없다. 또한, 본국 정부가 밝히기 전에 혹은 내가 밝혀도 좋다는 허락을 받기 전에 비밀에 속하는 사항을 누설한 적이 없다. 그러나, 나는 언론과 항상 솔직하게 터놓고 대화했다. 내 경험으로는 이것이 말을 빙빙 돌려 하는 것보다 더 나았다."

· 좋은 언론관계는 좋은 외교의 일부다. (David Pearce, Wary Partners, 1995)
· 당신이 말하는 것이 다음날 어느 신문의 1면 기사가 될 가능성이 있다는 사실을 잠시도 잊어서는 안된다. (Samuel Lewis, ADST Oral History, 1991)
· 언론은 언론대로의 의제(agenda)가 있다.

VI. 외교 양상의 변화

1. 외교 패러다임의 변화

● 정보화시대는 커뮤니케이션의 긴밀도 및 속도뿐만 아니라 외교의 본
질을 바꾸어 놓고 있다. 종래에는 '외교'라는 기술에서 비밀이 가장
중요했으나, 21세기에는 공보가 가장 중요하게 되었다.
Newt Gingrich 전 미국 하원의장, Johns Hopkins대학 연설, 1997.4.30.

반세기 가까이 국제질서를 지배해온 냉전이 1989-90년 종식되면서
국제관계에 있어서도 근본적인 변화가 초래되었다. 종래 국제관계는
미국과 소련을 중심으로 한 두 강대국 간의 힘의 균형에 의해 질서가
유지되었고, 국내문제에 대해서는 서로 간섭하지 않는다는 원칙이 지
켜져 왔다. 이러한 국제질서 속에서는 국가(nation state)가 주요 외교
행위자였다.

그러나, 냉전 종식 이후 세계화(globalization), 정보화가 급속히 진행
되면서 이러한 전통적인 외교 양상은 변화를 겪지 않을 수 없게 되었
다. 무엇보다도 외교는 더 이상 국가나 정부의 전유물이 아니게 되었
다. 다국적 기업, 비정부기구(NGO) 등이 영향력 있는 행위자로 부각되
었다.

또한, 민간부문에서 많은 정보를 신속하게 접할 수 있게 되어 종래
정부가 필요한 정보를 독점하는 가운데 대외관계를 다룰 수 있었던 상
황이 아니다. 외교정책이나 방침을 정부가 독점적으로 결정하는 것이

현실적으로 불가능하게 된 것이다. 여론이 분분해서 국민적 합의를 이루는 것이 점점 더 어렵게 되었다. 정부 이외 일반 국민들도 직접적인 외교활동의 대상으로 하지 않을 수 없게 되었다. 다른 나라 정부는 물론 그 나라 국민들의 마음(minds and hearts)을 움직여야 하는 것이다.

셋째, 종래 국제관계에 있어서는 물리적인 힘이 거의 모든 것을 결정했으나, 이제 군사력이나 힘의 행사만 가지고는 효과적으로 다른 나라의 행동에 영향을 미칠 수 없게 되었다. 상대방 국가의 자발적인 행동을 유도하는 것이 보다 더 효과적인 상황이 되었다. 소위 "soft assets", "soft power"의 중요성이 부각되기 시작한 것이다.

넷째, 세계화의 진전으로 전 세계 국가들의 상호의존(interdependent)과 상호연관(interconnected) 추세가 심화되었다. 무역, 금융, 환경, 인권, 테러, 마약, 밀수, 조직범죄 등과 관련된 문제들을 다자간, 범세계적 차원에서 다루지 않으면 안되게 되었다. 전통적으로 불간섭의 대상이었던 사안들이 간섭의 대상이 되었으며, 여기에 국내문제와 국제문제의 구분이 더욱 모호하게 되었다. 국내문제, 국내정치가 곧바로 대외관계, 국제문제로 연결되고 있는 것이다.

이러한 외교 패러다임의 변화에 따라 각국, 예를 들어 EU 국가에서는 외무부나 재외공관의 기능과 역할에 근본적인 변화가 필요하다는 주장이 제기되고 있다. 종래의 제도가 더 이상 효과적이지 않으므로 새로운 제도와 방식으로 변화되어야 한다는 것이다.[1]

2. 정상외교, 전화외교

● 정상회담을 하는 관례는 이제 많은 정치 지도자들에게 중독성 약물과 같은 것이 되었다.

Jan Melissen, Discussion Papers in Diplomacy, 2003.5.

오늘날 외교의 새로운 양상 중의 하나는 각국 정상들이 수시로 전화통화를 하거나 회동하는 것이다.

여러 나라 정상들이 정기적으로 만나는 기회도 늘고 있다. 캐나다, 프랑스, 독일, 이탈리아, 일본, 러시아, 영국, 미국 정상들이 만나는 G8 정상회담, EU 회원국 정상들의 EU 정상회담, NATO 회원국 정상들이 회동하는 NATO 정상회담, 아시아·태평양지역 정상들이 만나는 APEC(Asia-Pacific Economic Cooperation) 정상회담, 아세안 10개국과 한국, 일본, 중국 정상들의 ASEAN+3 정상회담, 아시아와 유럽 국가 정상들의 회동인 ASEM(Asia-Europe Meeting) 정상회담 등 일일이 다 열거 할 수 없을 정도다.

각국 정상, 외무장관들은 전화를 통해서도 현안 문제에 대해 논의를 하고, 서로의 입장을 조율한다. 그래서 전화외교 시대가 도래했다고 하는 사람도 있다. 현지 대사들이 주재국 정상이나 외무장관이 본국의 카운터파트와 통화를 한 사실을 모르고 지나가는 경우도 있을 정도다.

아마도 전화 통화를 가장 많이 하는 경우는 역시 세계를 상대로 외교를 하는 미국 대통령과 국무장관일 것이다. 파월 국무장관의 예를 들어 보자.

그는 2002년 11월 8일 유엔 안전보장이사회에서 15개국 만장일치로 이라크 무장해제 결의안(안보리결의안 1441호)을 통과시키기까지 8주 동안 무려 150여 회나 전화 통화를 했다. 하루에 4번 가까이 통화를 한 셈이다. 파월 장관은 프랑스, 러시아 등이 미국이 제시한 결의안 초안에 반대를 하는 상황에서 안보리 이사국을 설득, 결의안을 통과시키기 위한 노력을 경주하는 과정에서 수시로 전화 통화를 했던 것이다.[2]

그는 또한 북한 핵 문제 등과 관련하여 중국 외교부장과 수시로 통화를 했다. 처음에는 이러한 통화를 준비하는데 하루 또는 하루 반이 걸렸다. 발언요지(talking points) 등을 미리 준비해야 했기 때문이다. 그런데 얼마 후에는 이런 준비 없이 아무 때나 전화를 걸었다. 파월 장관은 어떤 때는 토요일 날 집에서 중국 외교부장으로부터 걸려온 전화를 받기도 했다 한다.[3]

각국 외무부가 전화나 E-메일을 통해 업무를 처리하는 현상도 일반화되고 있다. 예를 들어 아세안 국가들의 경우 외무부의 아세안 담당 국장들은 카운터파트들과 수시로 전화나 E-메일을 주고받는다. 그들의 사무실에 자동다이얼 시스템이 설치되어 있어 버튼만 누르면 상대방과 전화가 연결되도록 되어 있다. 이렇게 되다 보니 현지에 나가있는 대사관은 본부와 주재국 외무부 간에 어떤 연락이 오가고 있는지 일일이 다 알지 못하고 있는 경우가 비일비재하다.

이와 같이 전화통화도 외교의 빼놓을 수 없는 수단으로 등장했다. 이는 그만큼 외교문제를 다루는 속도가 빨라졌음을 의미한다. 오늘날 외교관들이 시차에 관계 없이 일하고 눈에 보이지 않는 마감 시간에 쫓겨야 하는 배경이다.

전화외교는 그 유용성에도 불구하고 단점도 많다. 무엇보다도 상대방이 하는 말의 뉘앙스까지 포착할 수 있는 방문외교의 장점을 따라갈 수 없다. 공보외교의 측면에서도 그렇다. 방문외교는 TV화면을 통해 널리 알려짐으로써 홍보 효과를 거둘 수 있으나 전화 통화는 그렇지 못하다.

또한 방문외교는 방문 자체가 지니는 상징성이 있다. 즉 방문을 접수하는 나라의 입장에서 보면 그만큼 자신의 이미지를 강화하는데 도움이 되는 한편 전화외교는 그렇지 못하다. 예를 들어 미국 국무장관이 직접 어떤 나라를 방문하는 것과, 워싱턴에서 전화를 거는 것은 홍보 측면에서의 효과가 다르다.

국가 정상이 직접 만나서 주요 문제를 논의하는 정상외교는 그 유용성과 장점이 있음에도 불구하고 사전에 잘 준비되지 않으면 차라리 추진하지 않은 것만 못한 결과를 초래할 수도 있다. 역사적으로 성과를 거둔 정상회담도 많았지만, 이에 못지 않게 실패한 정상회담도 많았음에 유의해야 한다.

· 정부 수반들이 회담할 때에는 뜻밖의 사안(surprise)은 최소한으로 국한시키고, 대신 서로의 생각과 구상을 이해하는 데 중점이 주어져야 한다. (Henry Kissinger, Newsweek, 1993.2.1)
· 전화외교에의 의존도가 높아지고 있다. 문제는 전화외교는 부정확하고, 오해의 가능성이 많으며, 중요한 기록이 남지 않는다는 것이다. (George Shultz, 2002.5.29)

3. 공보외교

● 설득력이 있기 위해서는 믿을 만해야 하며, 믿을 만하기 위해서는 신
뢰할 수 있어야 하며, 신뢰할 수 있기 위해서는 진실해야 한다. 너무나
평범한 말이다.

Edward Murrow(미국 공보원장), 1963.

● 공보외교는 더 이상 홍보관(press attaches)이나 문화관(cultural
attaches)과 같은 전문가들만의 일이 아니다. 대사관의 거의 모든 직원
들, 특히 대사와 고위직 외교관들이 적극 관여해야 할 일이다.

Pamela Smith(미국 외교관), 1998.2.

공보외교(public diplomacy)는 다른 나라 사람들(foreign publics)에
게 자기 나라의 정책이나 생각, 추구하는 가치, 문화, 역사 등을 알려
자기 나라에 대해 호의적인 감정을 갖도록 하는 각종 활동을 말한다.
공보외교는 정확한 사실에 입각해서 이루어지면 propaganda의 의미도
포함하나, 사실이 아닌 것(falsehoods, untruths)에 근거해서 이루어질
경우에는 역정보활동(disinformation)이 된다.

공보외교는 다른 나라 사람들을 대상으로 한다는 점에서 자국민들을
대상으로 이루어지는 공보활동(public affairs)과 구분된다. 그러나, 오
늘날과 같은 정보화시대에 외국인과 자국민이 전자네트워크로 연결되
어 있는 상황을 고려한다면 외국인들을 대상으로 하는 공보외교와 자
국민을 대상으로 하는 공보활동이 전혀 별개의 것은 아니다.

종래 공보외교는 주로 타국의 정부를 상대로 해 왔으나, 오늘날에는
정부뿐만 아니라, 언론, 시민, 비정부기관, 시민단체, 학생 등 민간부문

으로 확대되었다.

영국인 레오나르드(Mark Leonard)는 공보외교를 통해 달성하고자 하는 목표를 다음과 같이 요약했다.

- 다른 나라 사람들이 자기 나라를 가깝게 생각하게 만들고, 그들로 하여금 항상 자기 나라에 대해 잘 알도록 만든다.
- 다른 나라 사람들이 자기 나라에 대해 좋은 인식을 갖도록 하고, 그들이 어떤 이슈에서든 같은 시각에서 보도록 만든다.
- 다른 나라 사람들이 자기 나라를 관광이나 유학의 대상으로 마음이 끌리게 만들고, 상품을 사고 싶게 하며, 또한 가치관에 끌리도록 만든다.
- 다른 나라 사람들이 투자를 하고 싶게 만들며, 자기 나라가 취하는 입장을 지지하도록 유도하고, 정치인들이 자기 나라를 친구로 생각하게 만든다.[4]

공보외교는 구체적으로는 다음과 같은 활동을 통해 이루어진다.

- 웹사이트에 정부 발표문, 성명, 연설문, 회견, 언론 브리핑 등 게재
- 강연회 개최
- 각종 간행물, 팸플릿, 브로슈어 제작 · 배포
- 외신기자들을 위한 프레스 센터 운영
- 문화원, 도서관, 어학연수원 운영
- 국제 라디오, TV 방송망 운영
- 교환 교수, 학생 프로그램 운영
- 장학생, 연수생 초청 프로그램 실시

- 청소년, 시민 초청 프로그램 실시
- 자국 언어, 역사, 문화 등 연구 육성

공보 외교활동을 전개함에 있어 한 가지 유의할 사항은 이러한 활동이 너무 일방통행 식으로 이루어져서는 안된다는 것이다. 이렇게 되면 효과가 지속적으로 나타나지 않는다. 오랜 기간에 걸쳐 꾸준히 일관성 있게 교류를 증진시키는 형식으로 이루어져야 효과를 거둘 수 있다.

IT산업이 날로 발전되고 있는 정보화시대에는 공보외교 역시 또 다른 양상으로 전개되고 있다. 즉, 각국은 인터넷을 통한 사이버외교를 적극적으로 전개하기 시작했다. 비근한 예를 들어보자.

2001년 4월 미군 정찰기와 중국 전투기가 충돌한 사고가 발생, 미-중 양국은 이 문제 처리를 놓고 팽팽하게 대립하고 있었다. 중국은 미국의 사과(謝過)를 요구했고, 미국은 사과를 할 수 없다는 입장을 견지하고 있었다. 이런 가운데 중국 당국은 미국 측이 보낸 서한에 사과내용이 들어 있는 것처럼 발표했다.

미국은 인터넷 웹사이트를 이용, 이러한 중국 측 조치에 대응했다. 중국에 보낸 서한 내용을 중국어로 번역, 인터넷에 올렸던 것이다. 중국 '정부'를 상대로 한 외교가 아니고, 직접 중국 '네티즌들'을 상대로 한 사이버 외교를 전개했다. 중국 네티즌들은 이 웹사이트를 2주 만에 13만5천 회 조회했다.[5]

파월 국무장관이 중국의 한 TV방송과 인터뷰했을 때에도 비슷한 일이 생겼다. 중국 측이 인터뷰 내용 중 인권문제에 관해 언급한 부분을 삭제했던 것이다. 미국 측은 국무부 웹사이트에 인터뷰 전문(全文)을 실었다. 중국의 관심 있는 네티즌들이 원하면 언제든지 삭제되지 않은 텍스트를 읽어 볼 수 있도록 한 것이다.[6]

미국에서는 재외공관의 역할과 관련된 문제점을 검토하기 위해 각계 전문가들이 참여하는 위원회가 구성된 바 있다. 이 위원회는 1999년 11월 "America's Overseas Presence in the 21st Century"라는 보고서를 발표했는데, 여기에서도 다음과 같이 공보외교의 중요성이 강조되었다.

- 재외공관은 일상적인 보고를 하는 데는 시간과 예산을 덜 쓰고, 공보외교에 보다 치중할 것
- 공관원들은 사무실에서 보내는 시간보다 주재국의 각계 각층 사람들을 만나는 데 더 많은 시간을 쓸 것
- 본부와 전문(電文)을 통해 일을 추진하는 대신에 직접 본국의 정책 결정자나 실무 집행자들과 긴밀하게 연락을 취하면서 일을 추진할 것
- 과거에는 비밀유지가 무엇보다도 우선했으나, 디지털 시대에는 알려야 할 것을 제때에 알리는 일이 중요해졌으므로 이 둘 사이에 균형을 맞출 것
- 전체적이고 종합적인 관리 및 조정에 더 역점을 둘 것[7]

· 공보외교를 가장 효과적으로 시행하는 방법은 그 주된 대상을 일반 시민들로 하는 것이다. (Michael Holtzman, New York Times, 2002.8.8.)
· 공보외교의 궁극적인 목적은 연성국력 (soft power)을 강화하기 위한 것이다.

Ⅶ. 성공적인 외교의 조건

● 외교에서 intelligence와 tact는 필요 불가결한 요소다.

영국 외교관 사또(Sir Ernest Satow)는, "외교는 독립국가 정부 간의 공적인 관계를 다룸에 있어 지각(intelligence)과 기지(tact)를 사용하는 것"이라고 했다. 지각과 기지는 외교에서 필요 불가결한 요소다.

intelligence는 사실을 인지하고 기술을 습득하여 이를 실제 사용할 수 있는 능력을 의미한다. tact는 직관적으로 적절한 바를 가려내고, 상황이나 다른 사람의 기분을 재빠르게 알아차릴 수 있는 능력이다.

- 외교의 본질은 기지다.
- 기지는 외교와 거의 같은 말이다. (Thomas A. Baily)
- 외교의 기초는 민첩하면서도 성실한 것이다. (Frances Elizabeth Willis 미국 직업외교관)

● 외교에서는 전략과 비전이 있어야 한다.

전략적 사고, 비전이 결여된 외교는 성공적인 외교가 될 수 없다. 현실에 대한 냉철한 인식을 바탕으로 중장기적인 국가이익이 어디에 있는지를 꿰뚫어 볼 수 있는 예지(銳智)가 필요하다.

- 외교는 큰 비전과 조그만 세부사항이 결합된 것이다. (John Negroponte 주 유엔 미국대사, 2001)
- 일련의 전략적 구상이 필수적이다. 그것이 없으면 어디로 가고 있는지 알 수 없다. (George Shultz)

• 단기적인 사고는 단기적인 이익을 가져다줄 뿐이다. (Shaun Riordan, *The New Diplomacy*, 2003)

● 외교는 실용적이어야 한다.

실용적이라는 것은 실제적인 결과를 중요하게 생각하는 것을 말한다. 주어진 상황에서 실현 가능한 것이 무엇이냐에 더 많은 판단의 비중을 두는 것이다. 외교에서는 실효성 없는 정책이나 조치를 삼가야 한다. 아무런 대안도 없이 큰 소리나 치는 것은 곤란하다.

외교도 정치와 마찬가지로 가능성의 예술이라고 하듯이 어떤 사태나 분쟁을 외교로서 다 해결할 수 있는 것은 아니다. 이러한 사태나 분쟁이 더 심각한 상황으로 발전되지 않도록 할 수 있다면 이것도 외교의 성과다. 최상이 아니면 안된다는 것은 실용적인 자세가 아니다. 외교에서는 가장 덜 나쁜(the least bad) 해결책이라도 찾아야 한다.

• 외교는 실용적인 기술이다. 어떤 결과를 얻느냐가 중요하다. (Clare Boothe Luce)
• 작은 나라일수록 실용주의 외교를 택하는 것이 상식이다.
• 외교는 본질적으로 해결할 수 없는 일에 대한 논의를 접어두고 좀 더 성취 가능한 목표를 추구해야 국민들로부터 좋은 평가를 받을 수 있다. (Abba Eban)

● 외교는 현실에 바탕을 두어야 한다.

- 외교는 어디까지나 현실에 바탕을 두어야 한다는 것이 외교의 철칙이다. (김용식 전 외무장관, 조선일보, 1993.7.4)
- 외교는 주권 국가의 국익을 위해서 존재하는 것이다. 따라서 이상적인 최선이 불가능하면 현실적인 차선을 선택하는 것이 최상의 외교라고 생각한다. (이동원 전 외무장관, 경향신문, 2001.3.19)
- 극히 중대한 국가이익이 걸려있을 때 일관성과 도덕적인 확신은 복잡하고 서로 얽혀 있는 현실에 양보를 해야 한다. (New York Times, 2003.1.5자 사설)

● 외교는 힘과 함께 사용되어야 한다.

슐츠 전 국무장관은 힘과 외교는 서로 보완적이기 때문에 이 둘은 항상 동시에 사용되어야 한다고 다음과 같이 강조했다.

"나는 사람들이 '지금은 외교적인 수단을 써야 할 때라고 말하거나, 지금은 군사적인 수단을 써야 할 때'라고 말하는 것을 들을 때 움찔한다. 간단히 말해, 힘과 외교는 바늘과 실의 관계와 같다. 이 둘은 상호보완적이고, 서로가 서로를 지지한다. 힘이 없으면 외교에서 쓸 수 있는 카드가 없다. 반면에 외교가 없으면 힘이 효과를 거두는 데 지극히 중요한 지원을 얻을 수 없다.

●외교에서는 유연성을 잃어서는 안된다.

외교에서 경직된 태도는 곤란하다. 항상 입장이나 태도를 바꿀 수 있는 여지를 남겨 놓아야 한다. 그렇다고 기본원칙에 관한 문제를 편의적으로 다루어서도 안 된다. 원칙을 견지하면서 정당한 자기 주장을 펴야 한다.

- 유연성은 외교의 특징이다. 그것은 새로운 상황에 재빨리 그리고 적절하게 대응하는 능력이다.
- 나는 원칙을 중시하는 사람이다. 그런데 내가 중시하는 원칙의 하나는 편의주의다. (Llyod George 영국 총리)
- 일관성 없음은 나쁜 것이 아니다. 오히려 외교에 있어서는 일관성 없음이 장점이 되기도 한다. (Richard Haass, 2003.5.22)
- 다식판(cookie-cutter)을 사용하는 외교는 현명한 외교가 될 수 없다. (Colin Powell, 2002.11.7)

●외교에서는 한쪽으로 치우쳐서는 안된다.

외교에서는 균형감각을 잃지 말아야 한다. 어느 한쪽으로 쏠려서는 안된다. 당사자의 입장을 두루 살펴서 균형을 유지해야 한다.

외교문제를 다루는 데 있어 흔히 가치(정의)와 실리(이득)의 문제가 대두된다. 실리를 취하면 가치를 손상시키게 되고, 가치를 중요시하면 실리가 희생되는 것처럼 생각되는 경우가 있다.

또한, 외교에서는 2개의 서로 모순되는 입장 중 어느 하나를 선택해야 하는 경우가 있다. 국내적인 고려와 국제적인 고려, 단기적인 이득과 장기적인 이득을 어떻게 조화시키느냐 하는 문제가 대두되기도 한다. 이때 균형감각이 있으면 어느 쪽에 어느 정도의 비중을 두는 것이 좋은가를 보다 더 잘 가늠할 수 있다.

● 외교에서는 적절한 타이밍이 무엇보다도 중요하다.

외교에서 타이밍은 결정적이다. 어떤 외교적 이니셔티브를 취하든 타이밍에 대한 고려가 필수적이다. 적절한 타이밍을 찾는 것은 외교정책수립이나 시행의 모든 과정에서 필요하다.

- 타이밍은 지극히 중요하다. 언제 해야 하는지를 아는 것은 무엇을 어떻게 해야 하는지를 아는 것만큼이나 중요하다. (Smith Simpson, *The Crisis in American Diplomacy*, 1980)
- 무엇보다도 타이밍 감각이 있어야 한다. 부동산에서 가장 중요한 세 가지 요소는 위치, 위치, 위치라고 들었다. 마찬가지로 정책건의에서 가장 중요한 세 가지 요소는 타이밍, 타이밍, 타이밍이다. (Jack Matlock, Conversations with History, 1997.2.13)
- 외교에서는 언제 이니셔티브를 취하고 언제 조용히 물러나 앉아 있어야 하는지를 알아야 한다. (Michael Nacht, Conversations with History, 2003.1.9)
- 범사에 때를 맞추어 행하라. 이것은 외교와 내정을 막론하고 지켜야 할 금언(金言)이다. (윤석헌 전 외무부 차관, 『먼길을 후회없이』, 1993)

●외교에서는 항상 그 다음 단계를 염두에 두어야 한다.

외교는 여러 면에서 체스와 비슷하다고 한다. 그 중의 하나가 어떤 조치를 취할 때 그 다음 또는 그 다음다음 단계를 염두에 두어야 한다는 것이다. 전투에서는 이기고 전쟁에서는 지는 식의 외교는 장기적 관점에서 국가이익에 플러스가 되지 않는다. 미봉책으로 얼버무리고 지나가는 임기응변 식의 대응은 그 다음에 더 심각한 문제가 되어 되돌아 올 수 있다.

- 현재를 넘어서서 생각하라. 시선을 지평선 너머에 두어라.
- 항상 일의 결과를 생각하라. 그리고 그 일의 장기적인 영향을 생각하라.

●외교에서는 조그만 실수라도 피하라.

외교에서는 한번 실수하면 교정이 불가능한 경우가 많다. 실수한 대가를 지불하지 않으면 안되는 것이다. 역사적으로 작은 사건이 커다란 분쟁, 참혹한 전쟁으로 이어진 경우가 적지 않았다.

- 외교에서 한번 한 일은 다시 되돌릴 수 없다.
- 외교에서는 조그만 실수도 허용되지 않는다.
- 외교는 다이너마이트와 같은 것이다. 경험 있는 전문가가 다루어야 할 성질의 것이다.
- 내치에서의 실수는 선거에서 지면 그만이지만, 외교에서의 실수는

우리 모두를 죽일 수도 있다. (John F. Kennedy)

- 외교 현장은 냉엄한 실천장이다. 연습이 허용되지 않는 분야다. 외교의 미숙이 초래하는 손실은 경량이 쉽지 않다. 또 만회는 많은 시간과 대가를 요한다. (노진환, 외교전선 이상 없나, 한국일보, 2003.3.7.)
- 외교에서의 실수는 전쟁에서의 실수 만큼이나 큰 재앙이 될 수 있다. 외교는 전쟁과 똑같은 정도로 심각한 것이다. (Robert Cooper, The Breaking of Nations, 2003)

●외교에서는 가능한 한 많은 선택 가능성을 확보하고 있어야 한다.

목수가 연장함(toolbox)에 다양한 연장을 갖고 다니면서 그때그때 필요한 연장을 꺼내 쓰듯이 외교에서 선택 범위, 대안은 많이 가지면 가질수록 유리하다. 선택을 강요받는 상황을 선견지명 있게 피하는 것도 중요하다.

그래서 고위 외무관리들이, "I am not yet talking about …", "That is not on the table right now.", "I am not suggesting … at this point.", "I can't answer that question at the moment.", "I don't rule out what might happen.", "We always have every option." 등의 표현을 쓰는 것을 본다.

- 갈 수 있는 길이 하나밖에 없는 상황을 피하라.
- 국무장관직을 수행하면서 체득한 경험 중의 하나는 어떤 경우에도

어떤 옵션도 배제해서는 안된다는 것이다. (Madeline Albright, 2003.1.)

● 외교에서 최종적이란 없다.

- 외교는 결론에 도달할 수 있는 일이 아니다.
- 문을 완전히 닫지 말고 조금은 열어 놓아라. 건널 다리를 불태워 퇴로를 차단하지 말아라.
- 지금 당장에는 좋은 해결책인 것처럼 보이나 조금 지나면 만족스럽지 못한 경우가 있다. (Kai Falkman, The Art of Bio-Diplomacy)
- 적과의 연락을 끊지 말아라.
- 외교에서는 완벽한 목표달성을 추구하지 않는 것이 오히려 유리하다.

● 외교에서는 넌지시 목표를 추구해야 한다.

외교의 세계에서는 tactful하고 subtle해야 한다. tactful하다는 것은 상대방의 기분과 마음을 헤아려 눈치 있게 행동하는 것이다. subtle하다는 것은 분명하지 않고, 잘 드러나지 않으며, 그러면서도 사려 깊게 판단하고 행동하는 것을 말한다.

1971년 중국이 유엔에 가입할 당시의 일이다. 미국은 대만의 의석을 살리면서 중국을 추가로 가입시킨다는 두 개의 중국안을 내놓고 표 대결을 벌였으나 실패했다. 중국은 이러한 외교적 성과와 역사적인 유엔 가입을 과시하기 위해 주은래 수상 정도의 지도자가 유엔총회에 참석, 연설할 것으로 예상되었다. 그러나, 실제로는 외교부장도 아닌 외교부 부부장이 참석했다.

- '뉴스가 되지 않는 외교'야말로 외교관이 늘 마음에 새겨 두어야 할 가장 중요한 점이라고 생각한다. (스노베 료조 전 일본 외무 차관, 경향신문, 1992.5.15)
- 외교는 이긴 것 같은 인상을 주지 않는 기술이다. (Metternich)
- 가장 잘 하는 외교는 팡파르를 울리지 않는 외교다. 가장 성공적으로 일하는 외교관은 가장 조용히 일하는 외교관이다. (Thomas A. Bailey, *The Art of Diplomacy*, 1968)
- 외교는 박수 갈채가 없을 때 가장 효과적이다. (Smith Simpson, *The Crisis in American Diplomacy*, 1980)
- 외교는 속으로는 단호해야 하지만, 겉으로는 부드러워야 한다. (이동원 전 외무장관, 경향신문, 2001.3.19)
- 외교에서는 조그만 성과를 꾸준히 축적시켜 나가는 것이 나중에 큰 차이를 만든다.

●외교는 정원 가꾸듯 해야 한다.

슐츠 전 국무장관은 외교를 정원 가꾸기(gardening)에 비유했다. 평소 잡초를 제거하는 등 손질을 잘 해 주어야 정원이 잘 유지될 수 있듯이 외교에서도 어떤 문제가 생기기 전에 미리 손질을 잘 해 놓아야 한다고 충고한다.

- 외교에서는 작은 오해가 큰 골칫거리를 야기할 수 있다.

● 외교에서는 좋은 기회를 포착해야 한다.

- 기회의 창문이 항상 열려있는 것이 아니다.
- 역사에서는 그냥 흘려보냈던 기회가 많이 있었다.
- 도전을 기회로 바꾸어라.
- 외교에서도 전화위복이 있으며 우연히 기회가 찾아오기도 한다.

● 외교에서는 미리 생각하고 준비해야(forethought) 한다.

- 어떤 전투도 계획에 따라 이루어진 적이 없다. 그러나, 어떤 장군도 계획 없이 대적한 적이 없다. (Napoleon)
- 생각할 수 없는 것을 생각하라. 가능할 수 없는 것을 가능하라.
- 막연히 미래를 예측하는 대신에 미래에 일어날 일들을 효과적으로 다룰 수 있는 방법을 생각하라.
- 어떤 사태에 수동적으로 대응하기보다는 그러한 사태가 발생하기 전에 이니셔티브를 취하는 것이 낫다.
- 외교에서는 즉흥적인 행동을 하지 말아야 한다.

주

Ⅰ. 외교

1. Smith Simpson, *The Crisis in American Diplomacy*, pp.6~13.

2. James Baker, *The Politics of Diplomacy*, preface.

3. Joel Mowbray, *Dangerous Diplomacy*, p.91. 조선일보, "만물상-외교", 2000.10.24.

4. Charles Thayer, *Diplomat*, p.244.

5. Charles Thayer, *Diplomat*, pp.243~244.

6. Nicholas Henderson, *Mandarin*, p.3.

7. Elliott Abrams, "Hapless Abroad: The Weakness of Clintonian Diplomacy", National Review, 1999.4.5.

8. Jeffrey Rubin, The Timing of Ripeness and the Ripeness of Timing, http://www.colorado.edu/conflict/peace/example/ rubi2278.htm.

9. Arthur Hummel, Jr., ADST Oral History.

10. John Holdridge, *Crossing the Divide*, pp.55~63.

11. Nicholas Kristof, "The Osirak Option", New York Times, 2002.11.15.

12. Kishan Rana, "Bilateral Diplomacy", http://diplowizard.diplom.../ getxDoc.asp?ParentLink=none&IDconv=259.

13. 북방외교의 상세한 추진 과정에 관하여는 필자가 쓴 "한국외교의 도약" 참조.

14. John Dickie, *Inside the Foreign Office*, pp.230~235.

15. 김연극, "북 외교관 추방 계기로 본 외교 대국 태국", 조선일보, 1999.3.25.

16. 양동칠, "핀란드 외교에서 배울점", 조선일보, 1999.6.22.

17. Richard Helms, *A Look over My Shoulder*, pp.318~319.

18. George Shultz, *Turmoil and Triumph*, pp.808~834.

282

19. 홍은택, 美 첩보력의 한계, 동아일보, 1999.6.30. Steven Mufson, "Secretive North Korea Leaves Many Guessing", Washington Post, 1999.7.9.

20. Raymond Seitz, *Over Here*, pp.286~293.

21. Michael Richardson, "Indonesia took East Timor with Washington's blessing", International Herald Tribune, 2002.5.20, p.2.

22. Mark Hertsgaard, "The Secret Life of Henry Kissinger", The Nation, 1990.10.29.

23. Noam Chonsky, "End the Atrocity in East Timor", The Guardian, 1995.3.22.

24. 상록수 부대는 동티모르에서의 평화유지활동을 성공적으로 완수하고 2003년 10월 철수했다.

25. 건물이 기증된 후 동티모르 정부는 이 건물과 시설을 각종 외교행사를 개최하는 데 도 사용했다.

26. William Gleysteen, Jr., *Massive Entanglement, Marginal Influence*, p.50.

27. Boutros Boutros-Ghali, *Unvanquished*, p.120.

28. Anatoly Dobrynin, *In Confidence*, p.53.

29. 한승수 외교통상부 장관과의 인터뷰, 월간조선, 2001.8월호.

30. 이동원, 『대통령을 그리며』, pp.142~149.

31. 최호중 외, 『외교관 33인의 회상』, pp.67~74.

32. William Pfaff, "A radical rethink of international relations", International Herald Tribune, 2002.10.3

33. Abba Eban, Interest & Conscience in Modern Diplomacy, p.23.

34. Percy Cradock, *In Pursuit of British Interests*, pp.51~58.

35. Efraim Inbar, *Rabin and Israel's National Security*, p.8.

36. Efraim Inbar, *Rabin and Israel's National Security*, pp.53~54.

37. Hubert Vedrine, *France in an Age of Globalization*, pp.1~15.

38. 이노구치 다카시와의 인터뷰, 조선일보, 2003.5.5.

39. Speeches by Tony Blair and Jack Straw to the Foreign Office Leadership Conference, 런던, 2003.1.6~7.

40. Andrew Cooper, *Niche Diplomacy*, pp.147~160.

41. Elmer Plischke edited, *Modern Diplomacy*, p.108.

42. http://www.malta.diplomacy.edu/mdiplomacy_book/sharp/ p.%20sharp.htm.

43. David Bollier, "How the Internet Is Changing International Politics and Diplomacy", The Aspen Institute, 2003, p.17.

II. **외교관**

1. Francois de Callieres, *The Art of Diplomacy*(edited by Keens-Soper), p.66.

2. David Mayers, *The Ambassadors and America's Soviet Policy*, pp.200-211.

3. Apa Pant, *Undiplomatic Incidents*, pp.98~99.

4. American Academy of Diplomacy, *First Line of Defense*, pp.90~93.

5. Xiaohong Liu, *Chinese Ambassadors*, pp.178~188.

6. 이 납치사건에 관하여는 도서 기관이 "외교관의 회고"에 쓴 글(pp. 133~208) 참조.

7. Vicki Haddock, "Foreign Service: A job to die for", San Francisco Chronicle, 2002.11.3.

8. AFSANEWS 2003.5월호 p.1.

9. Raymond Bonner, "At Embassy in Pakistan, Home is Next Objective", New York Times, 2002.5.12.

10. 홍순영, "아들과 외교관 초년생들에게", 조선일보, 1997.6.25.

11. Xiaohong Liu, *Chinese Ambassadors*, pp.31~52.

12. Electronic Journal of the U.S. Department of State, Volume 5, Number 1(2000.3 월).

13. Jack Matlock, Conversations with History(UC Berkeley), 1997.2.13, http:/globetrotter.berkeley.edu/conversations/Matl.../ matlockcon10.htm.

14. Peter Marshall, *Positive Diplomacy*, p.174.

15. 임병직, 『임정에서 인도까지』, p.369.

16. Daniele Vare, *Laughing Diplomat*, p.4.

17. Time, 1989.7.17, p.21.

18. Donald Ranard, "Kim Dae Jung's Close Call", Washington Post, 2003.2.23, p.B3, John Boykin, *Cursed Is the Peacemaker*, pp.30~32.

19. 최호중 외, 『외교관 33인의 회상』, pp.134~137.

20. David Bollier, "How the Internet Is Changing International Politics and Diplomacy", The Aspen Institute, 2003, p.6.

21. Everett Drumright, Oral History, 1988.12.5.

22. Chas Freeman, Jr., Oral History, 1995.7.26.

23. Abba Eban, *The New Diplomacy*, p.365.

24. Cyrus Vance, *Hard Choices*, pp.328~333.

25. Glenn Kessler and Mike Allen, "Bush Faces Increasingly Poor Image Overseas", Washington Post, 2003.2.24, P.A01.

26. Kishan Rana, "Language, Signaling and Diplomacy", http://diplowizard. diplomacy.edu/tara/getxDoc.asp?ParentLink=none&IDconv=2525.

27. 외무부 외교안보연구원, 외교관요람, pp.9~10.

28. 한승주, 『남과 북 그리고 세계』, pp.330~332.

29. William Macomber, *The Angels' Game*, pp.76~77.

30. William Macomber, *The Angels' Game*, pp.29~32.

31. Charles Thayer, *Diplomat*, pp.240~242.

32. Lord Strang, *The Foreign Office*, pp.183~185.

33. T N Kaul, *A Diplomat's Diary*, p.23.

34. Nancy Bernkopf Tucker, *China Confidential*, p.86, 510. Gordon Craig and Francis Loewenheim, *The Diplomats 1939-79*, p.355.

35. John Boykin, *Cursed Is the Peacemaker*, p.22.

36. Xiaohong Liu, *Chinese Ambassadors*, pp.99~102.

37. 조창현, "외교관의 최대 덕목", 서울경제신문, 2002.12.11.

38. 김숙현 외, 『한국인과 문화간 커뮤니케이션』, p.31.

39. Walter Isaacson, Citizen Ben's Great Virtues, TIME, 2003.6.29.

40. Raymond Cohen, *Theatre of Power*, p.214.

41. Arthur Hummel, Jr., ADST Oral History.

42. Joseph Nye, Jr., Conversations with History(UC Berkeley), 1998.4.8, http:/globetrotter.berkeley.edu/conversations/Nye/nye-con3.html.

43. T N Kaul, *A Diplomat's Diary*, p.5.

44. T N Kaul, *A Diplomat's Diary*, p.vi.

45. T N Kaul, *A Diplomat's Diary*, p.142.

46. Thomas Friedman, "Drilling for Tolerance, New York Times, 2001.10.30.

47. George Kennan, *Memoirs(1950-63)*, pp.145~167.

48. Christopher Marquis, "Albright Chides Diplomats", New York Times, 2000.5.4.

49. Jane Perlez, "State Dept. Unfreezes Hundreds of Promotions After Delay forSecurity Review", New York Times, 2000.9.30. 조선일보, 2000.9.27.

50. 맨스필드 상원의원은 1977년부터 1988년까지 일본 주재 대사 역임.

51. George Shultz, 미국 외교협회 수상식 연설, 2003.6.26. http:// www.state.gov/secretary/rm/2003/21983pf.htm.

52. John Boykin, *Cursed Is the Peacemaker*, pp.22~26.

53. Katie Hickman, *Daughters of Britannia*, pp.117~118.

54. Martin Herz, *The Modern Ambassador*, p.62.

55. David Newsom, "Education for Diplomacy", http://www.le.ac.uk/csd/dsp/n3newsom.html.

56. David Pearce, *Wary Partners,* p.156, 158.

57. http://www.gwsae.org/executiveupdate/2002/June/ CEODiplomats.htm.

58. http://www.malta.diplomacy.edu/mdiplomacy_book/vella.htm.

59. James Baker, *The Politics of Diplomacy*, p.272.

60. Wendy Sherman 올브라이트 장관 보좌관 인터뷰, Financial Times, 2003.8.28.

61. Mark Lowenthal, *Intelligence*, p.80.

62. Raymond Cohen, *Negotiating Across Cultures*, p.47.

63. John Stempel, "Error, Folly and Intelligence", http://www.le ac.uk/csd/dsp/

publicarions/news4/error.html.

64. The Role of Research Analysts in the Foreign & Commonwealth Office, 2001년 1월

65. Foreign Service Journal (2003.7.-8), pp.48~49.

66. Yossi Melman and Dan Raviv, *Friends in Deed*, pp.106~107.

67. Anatoly Dobrynin, *In Confidence*, pp.3~9.

68. Smith Simpson, *The Crisis in American Diplomacy*, pp.21~22.

69. Walter Isaacson, "Poor Richard' s Flattery", New York Times, 2003.7.14.

70. Smith Simpson, *The Crisis in American Diplomacy*, p.22.

71. Jules-Francois Blondel, *Entente Cordiale*, pp.38~41.

72. Henry Kissinger, *The White House Years*, pp.746~747.

73. George Shultz, *Turmoil and Triumph*, p.917.

74. 김동조, 『냉전시대의 우리외교』, p.270.

75. 김창균, "외교, 외교관", 주간조선, 1998.2.4.

76. 미국의 경우 재외공관에 근무하는 외교관 중 30% 정도가 국무부 출신이고, 70%는 타 부서 출신이라 한다.

77. 한 예로, 프랑스 외무부와 재외공관에 근무하는 외교관들은 2003.12.1 외무부 예산 삭감에 항의하여 24시간 파업을 벌인 바 있다.

78. Colin Powell, "What' s the True Secret of Good Leadership? There is None", State Magazine, 2002.3월호, p.2.

79. Colin Powell, 미국 외교협회 수상식 연설, 2003.6.26. http://www. state.gov/secretary/rm/2003/21983pf.htm.

80. Anatoly Dobrynin, *In Confidence*, p.60.

81. George McGhee, *I Did It This Way*, pp.269~270.

82. Francois de Callieres, *The Art of Diplomacy*(edited by Keens-Soper), pp.170~171.

83. Foreign & Commonwealth Office, "Women in Diplomacy", 1999.5.
타일랜드, 자메이카는 여성 외교관 수가 50%를 넘으며, 네덜란드의 경우는 43% 정도다. 오스트레일리아의 경우는 2001년 6월 말 현재 대사의 10%가 여성일 정도로 여성 외교관의 진출이 활발하다.

84. David Jones, "You Call This a Career?", Foreign Service Journal, 2000.1월호.

85. http://www.unc.edu/depts/diplomat/archives_roll/2002_07-09/shultz_wo.

86. State Magazine, 2001.4월호, p.27.

III. 외교 기관

1. Time, 1989.7.17, p.21.

2. Yukio Okamoto의 Richard Armitage와의 인터뷰, Gaiko Forum, 2000.

3. Philip Lader, "What Else an Embassy Really Does", Ambassadors Review, 2000. http://www.his.com/~council/lader.htm.

4. Brian Hocking, *Foreign Ministries*.

5. Department of State, FY2002 Performance and Accountability Report, 2003.3.

6. Robert Cooper, *The Breaking of Nations*, pp.99-101.

7. Marshall Green, ADST Oral History.

8. Henry Chu, "Joseph Prueher", Los Angeles Times, 2000.5.14.

9. Nancy Bernkopf Tucker, "U.S.-Japan Relations and the Opening to China", http://www.gwu.edu/~nsarchiv/japan/tucker..htm.

10. The American Academy of Diplomacy, *First Line of Defense*, pp.38~42.

11. James Blanchard, *Behind the Embassy Door*, pp.160~177, 224~261.

12. 인구 33,000명의 리히텐스타인도 워싱턴에 대사관을 두고 있다.

13. Elizabeth Becker and James Dao, "Ambassadors compete Building castles to keep profile high in Washington", New York Times, 2002.8.19.

14. Ann Geracimos, "Diplomacy Changes Dramatically as Ambassadors Become Lobbyists", Insight on the News, 1999.6.28.

15. Katherine Tallmadge, "The Quiet Force Behind France's Cultural Diplomacy", Washington Diplomat, 2000.12월호.

16. 김동조, 『냉전시대의 우리 외교』, pp.259~278.

17. 리처드 워커, 『한국의 추억』, pp.190~191. Robert Hopkins Miller, Vietnam and Beyond, p.204.

18. 미국 외교협회(AFSA) 자료,

    http://www.afsa.org/ambassadorsgraph2.html.

19. 미국외교협회(AFSA), AFSA Statement on Ambassadors, http://www.afsa. org/ambassadors.html.

20. Terrence Todman, ADST Oral History.

21. Donna Miles, "Career Ambassadors", Foreign Service Journal, 2000.2-3월호.

IV. 외교언어

1. Chas Freeman, Jr., *The Diplomat's Dictionary*, p.23.

2. Elliott Abrams, "Hapless Abroad: The Weakness of Clintonian Diplomacy", National Review, 1999.4.5.

3. Robert Harmon, *The Art and Practice of Diplomacy*, pp.157~158.

4. George Shultz, *Turmoil and Triumph*, pp.449~450.

5. Financial Times, 2003.11.10 및 2003.11.11자 참조.

6. Abba Eban, *The New Diplomacy*, p.393.

7. Peter Marshall, *Positive Diplomacy*, p.155.

8. Abba Eban, *The New Diplomacy*, p.391.

9. James Chace, *Acheson*, pp.222~223.

10. Abba Eban, *The New Diplomacy*, p.392.

11. The Henry Stimson Center, Declaratory Diplomacy, pp.58~66.

12. "This Choice Is Yours to Make", International Herald Tribune, 1991.1.14.

13. Fred Ikle, *How Nations Negotiate*, pp.15~16.

14. Henry Kissinger, *Does America Need a Foreign Policy?*, p.174.

15. Fred Barnes, "Summitry Redux", New Republic, 2001.11.14.

16. The Henry Stimson Center, Declaratory Diplomacy, p.19.

17. Henry Kamen, "Spain's Return to Stage Center", Los Angeles Times, 2003.3.9.

18. Charles Bohlen, ADST Oral History.

19. Desaix Anderson, *An American in Hanoi*, p.68.

20. 한국일보, 2001.4.12.

21. John Pomfret, "China-U.S. Word Game Again Helps to Salve Historic Wounds", Washington Post, 2001.4.12, p.A01.

22. Bob Woodward, *Bush at War*, p.340.

23. Charles Krauthammer, "The Axis of Petulance", Washington Post, 2002.3.1, p.A25.

24. Robert Hutchings, *American Diplomacy and the End of the Cold War*, p.345.

25. Raymond Cohen, *Theatre of Power*, p.94.

26. Kishan Rana, Language, Signaling and Diplomacy, International Conference on Language and Diplomacy, 2001.1.26~28.

27. Samuel Lewis, Conversations with History(UC Berkeley).

28. Efraim Inbar, *Rabin and Israel's National Security*, p.96.

29. http://www.malta.diplomacy.edu/mdiplomacy_book/gol.../goldstein.ht.

30. Kuo-kang Shao, *Zhou Enlai and the Foundations of Chinese Foreign Policy*, p.202.

31. Alexander Haig, Jr., *Caveat*, p.101~102. Raymond Cohen, *Theatre of Power*, p.50.

32. Anatoly Dobrynin, *In Confidence*, p.8.

33. Mark Strauss, "Rogue by Any Other Name", Carnegie Endowment, 2000.12.15, 문화일보, 2000.7.4, New York Times, 2000.7.23, 조선일보, 1999.7.5, 동아일보, 2000.6.26, 중앙일보, 2000.10.26.

34. Rebecca Cooper, "Hidden Message: Albright's Brooches Send Foreign Policy Signal", http://abcnews.go.com/sections/world/D.../Albright_brooch000607.htm.

35. Raymond Cohen, *Theatre of Power*, pp.39~40.

36. Raymond Cohen, *Negotiating Across Cultures*, p.48.

37. Askold Krushelnycky, "Belarus President Snubs U.S. Ambassador", http://www.rferl.org/nca/features/2001/01/ 11012001121716.asp.

38. Financial Times, 2003.6.14-15.

V. 외교와 언론

1. Strobe Talbott, "Globalization and Diplomacy", Foreign Policy, 1997년 가을호, pp.69~70.

2. Don Oberdorfer, *The Two Koreas*, pp.329~333.

3. Ha' aretz Magazine, 2000.10.21.

4. American Academy of Diplomacy, *First Line of Defense*, pp.20~24.

5. David Pearce, *Wary Partners*, p.103, 159.

6. David Pearce, *Wary Partners*, p.104.

7. T N Kaul, *A Diplomat' s Diary*, p.25.

VI. 외교 양상의 변화

1. 외교의 양상이 크게 변화하고 있어 새로운 외교 수행 방식이 요구된다는 주장에 관하여는 영국 외교관 Shaun Riordan이 쓴 *The New Diplomacy* 참조.

2. Tyler Marshall, Maggie Farley and Doyle McManus, "War of Words Led to Unanimous Iraq Vote", Los Angeles Times, 2002.11.10.

3. 파월 국무장관이 2003.11.5 Texas A&M 대학에서 미국-중국 관계를 주제로 한 연설문 참조.

4. Mark Leonard, "Diplomacy by Other Means, Foreign Policy, 2002.9-10월호.

5. http://techpress.joins.com/article.asp?tonkey=20010906234155351101.

6. Eun-Kyung Kim, "Net A Crucial Diplomatic Tool For Spread of American Message, Associated Press.

7. The Report of the Overseas Presence Advisory Panel(1999.11), p.32.

부록

1. 미국의 외교관 평정

1) 평정 항목
: 리더십, 조직관리, 의사소통, 지적 능력, 대인관계, 실무지식

(J: 주니어 직원, M: 중견 직원, S: 시니어 직원)

2) 리더십

① 문제해결 및 의사결정 능력
J:
- 업무를 처리하는 과정에서 조치나 결정이 필요한 일을 찾아 낼 수 있는 능력
- 논리적이고 정연(整然)하게 건의사항을 정리해 낼 수 있는 능력
- 자신의 재량 범위 내에서, 필요한 경우에는 다른 사람과 상의하면서, 자신 감 있고 결단력 있게 행동할 수 있는 능력
- 다른 사람이 원하는 일, 다른 사람의 견해에 주의를 기울이는 태도

M:
- 자료가 부족하거나 내용이 상충됨에도 모든 요인과 선택 방안을 고려하여 합당하고 효과적이며 시의 적절한 결론을 내릴 수 있는 능력
- 결정된 사항을 이행하고, 그 성과와 영향을 평가하며, 필요한 경우 상황에

맞게 조정해 나갈 수 있는 능력

S:
　　-조직 전체의 능력이 강화되는 방향으로 정책 및 행정관련 사항들을 문제
　　해결 및 의사 결정과정에 포함시키는 능력
　　-소속원들이 책임감을 느끼도록 만드는 능력

② 개선 능력

J:
　　-자신의 직무 범위 밖에서 어떤 자발적인 조치를 취할 수 있는 능력
　　-문제를 발견해내고, 창의적인 해결 방법을 건의할 수 있는 능력
　　-자신이 하고 있는 일과 소속 부서의 성과를 높이기 위해 애쓰는 태도

M:
　　-상황을 꿰뚫어 보는 능력을 계발, 실제 직무 수행 과정에 적용시킬 수 있는
　　능력
　　-조직 개선 노력이 정책 시행과 조화를 이루도록 하는 창의적인 해법을 찾
　　아 내는 능력

S:
　　-쇄신을 진작시키는 분위기가 조직 전체에 조성될 수 있도록 하는 능력
　　-장기적인 안목을 갖고, 건설적인 변화의 촉매제 역할을 할 수 있는 능력
　　-조직 전체에 관련되는 방침이나 프로그램을 자발적으로 제시하는 능력
　　-미래를 예측하고 준비하는 능력

③ 레프리젠테이션 능력

J:
　　-본국 및 주재국 업무 유관자들과 관계를 수립하고, 이들과 의도적으로 생
　　산적인 관계를 유지할 수 있는 능력
　　-공적인 접촉에서나 사교적인 만남에서 사람들과 효과적으로 어울릴 수 있
　　는 능력

M:
　　-필요한 사람과 기관을 알아내어 그들과의 관계를 돈독하게 하는 능력
　　-레프리젠테이션 행사를 주최하고, 그러한 행사에 참석하여 미국의 이익을
　　증진시킬 수 있는 능력

S:
　　-만나는 사람의 지위나 신분에 관계 없이 어울릴 수 있는 능력
　　-미국의 이익에 중요한 사람이 누구인가를 알아내어 그들과의 관계를 돈독
　　히 하며, 이들을 정기적으로 평가할 수 있는 능력

④ 다른 의견 제시 능력

J:

　　－조직 체제에 따르면서도 다르거나 반대되는 의견을 제시할 수 있는 능력

　　－공식 결정된 사항에 대해서 자신의 견해에 관계 없이 공개적으로는 이를
　　　지지하는 태도

M:

　　－근거 있는 반대 의견이 수용되는 시점을 알아내는 능력

　　－자신이 갖고 있는 다른 견해를 정중하게 표시하고, 소속원들도 그렇게 하
　　　도록 가이드하는 능력

S:

　　－근거 있는 반대 의견에 중요성을 부여하고, 그러한 반대 의견이 적절히 개
　　　진될 수 있는 분위기를 만들어주는 태도

3) 조직 관리

① 일상적 운영 능력

J:

　　－각종 활동을 효과적으로 계획하고 조직하며 지휘할 수 있는 능력

　　－자기 책임 하에 추진되고 있는 프로그램이 제때에 완료될 수 있도록 하는
　　　능력

　　－상사의 지휘, 감독을 받아들이는 태도

　　－상사에게 일의 진행 상황이나 결과를 수시로 보고하는 능력

M:

　　－가장 효과적으로 결과를 만들어 낼 수 있는 능력

　　－자기 조직의 강점과 약점을 객관적으로 분석, 적절한 조치를 취할 수 있는
　　　능력

S:

　　－효과적인 조직관리 절차 및 통제수단을 확립하는 능력

　　－소속원들의 효과적인 일 처리 노력을 고무하고 인정해 주는 태도

　　－조직에 예상되는 도전과 기회를 예측, 이에 대비하는 능력

② 자원 관리 능력

J:

　　－조직에 대한 해(害), 낭비, 부정, 부실 관리를 방지하기 위한 내부 통제장치
　　　를 이용하며, 그러한 사례가 발생했을 경우 보고하는 태도

－조직의 물자나 예산을 신중하게 사용하는 태도
　　－최소의 비용으로 최대의 효과를 거두고자 애쓰는 태도
M:
　　－효과적인 내부 통제 장치가 마련되어 올바르게 작동되도록 할 수 있는 능력
　　－자원을 효과적으로 공정하게, 그리고 정책과 통제 방침에 맞게 배분할 수 있는 능력
S:
　　－내부 통제 장치의 적정 여부를 평가하고, 정당한 개선 사항들이 잘 이행될 수 있도록 하는 능력
　　－자원 배분과 관련하여 관리자들이 한 결정에 대해 책임을 지도록 하는 능력
　　－자원배분에 있어 필요한 경우 적절한 조정을 할 수 있는 능력

③ 성과 관리 및 인사평정 능력
　J:
　　－자신의 직무수행에 필요한 사항을 준비하고, 동시에 부하 직원들의 직무수행에 필요한 사항을 도와주는 능력
　　－직무를 완수하기 위한 계획을 입안하는 능력
　　－부하 직원들이 적절하게 활용되고, 평가되며, 보상을 받도록 하는 능력
　　－부하 직원들에게 그들의 근무성적과 발전 가능성에 관해 공식 또는 비공식적으로 의견을 말해주는 태도
　　－기준에 맞게, 마감 시간 내에 근무성적평정을 완성해내는 능력
　M:
　　－단위 조직에 기대되는 개략적인 성과목표를 설정하는 능력
　　－결과에 초점을 맞추어 소속원들을 효과적으로 관리하는 능력
　　－담당 업무를 완수하기 위한 플랜을 모니터하는 능력
　　－적절하게 권한을 위임하는 능력
　　－조직 구성원 각자의 기여도가 인정되고 장려되는 생산적인 근무 분위기를 조성하는 능력
　　－인사상의 문제를 예방하고 해결하는 데 도움이 될 수 있는 능력
　　－인사평정이 적절하게 이루어지고, 평정 대상 기간 내내 카운슬링이 행해지도록 하는 태도
　S:
　　－조직 전체로서 달성 가능한 목표를 설정하는 능력
　　－소속원들이 높은 수준의 근무성적을 보이도록 격려하는 능력

293

−소속원들이 자기 개발을 도모할 수 있도록 지도해 주는 능력
−인적자원 개발 과정에서 가능한 개선에 신경을 쓰는 태도
−인사상의 문제를 적기에 예방하고 해결할 수 있는 능력
−인사평정과 카운슬링이 효과적으로 기준에 맞게 마감 시간 내에 이루어질 수 있도록 하는 능력

④ 고용 기회 평등 부여 정책 지지 능력
J:
−모든 사람을 종족, 피부 색깔, 성(性), 종교, 국적, 나이, 신체 이상, 성적(性的)인 취향, 기타 이유에 관계 없이 공정하게 대하는 태도
−미국 정부 및 국무부의 고용 기회 평등 부여 정책에 맞게 행동하는 태도
M:
−스스로 모범을 보이거나 지시를 통해 소속원들이 공정하게 대우를 받도록 하고, 점검과 계속적인 조치에 의해 이행 여부를 확인하는 태도
−고용 기회 평등 부여 정책 및 능력 본위 원칙을 일관성 있게 적용하는 태도
−공정한 대우의 관점에서 불평과 고충을 야기시키는 상황을 감지해 내고, 이러한 상황을 처리해나가는 능력
S:
−조직 전체에 다양성이 인정되고 존중되는 분위기를 조성하는 능력
−고용 기회 평등 부여 정책과 공정한 고용 관행이 잘 이행될 수 있도록 개인적인 리더십을 발휘하고 이를 적극적으로 지지하는 태도

4) 의사 소통

① 문서 기안 능력
J:
−간단명료하게 기안을 할 수 있는 능력
−업무 관련 자료를 문서로 빈틈 없이 작성해낼 수 있는 능력
−핵심적 포인트가 부각되고 문제의 핵심이 분명하게 나타나는 자료를 작성해낼 수 있는 능력
M:
−설득력 있게 기안할 수 있는 능력
−정책 결정자에게 가장 도움이 될 수 있는 방향으로 보고서를 작성할 수 있는 능력
−직원들이 효과적인 기안 능력을 함양하도록 도와주는 태도

S:
- 문서 기안 능력을 완전히 마스터했는지 여부
- 시의적절하게 분석, 종합, 주장하는 능력을 함양했는지 여부
- 다른 사람이 한 기안문을 잘 편집할 수 있는 능력

② 구두 표현력
  J:
- 듣는 사람과 상황에 맞게 간결하고, 효과적이며, 짜임새 있게 말할 수 있는 능력
- 그룹 또는 단독으로 하는 토의에서 수긍이 가도록 말할 수 있는 능력
  M:
- 듣는 사람들에게 사안의 내용과 선택 방안에 대해 종합적으로 잘 이해하고 있음을 나타내 주면서 권위 있게 말할 수 있는 능력
- 정책 목표를 설득력 있게 표현해낼 수 있는 능력
- 의사소통과 아이디어 교환을 개방적으로 할 수 있는 분위기를 조성시키는 능력
- 미국의 관점을 제시할 수 있는 기회를 포착하는 능력
  S:
- 복잡한 정책이슈를 효과적으로 토론할 수 있는 능력
- 언론이나 정부 또는 사회 고위층을 편안한 마음으로 다룰 수 있는 능력
- 공보외교, 공보 활동에 적극적이고 효과적인지 여부

③ 듣기 능력
  J:
- 주의 깊게 듣는 능력
- 다른 사람이 전하는 메시지를 이해하고 소화하는 능력
- 비언어(nonverbal) 시그널을 정확히 읽어낼 수 있는 능력
- 다른 사람의 견해를 정확하게 요약하고, 정확하게 이해했는지를 확인할 수 있는 능력
- 정중하고 적절하게 고려하고 반응을 보일 수 있는 능력
  M:
- 다른 사람들에 대한 신뢰를 쌓음으로써 그들이 개방적이고 솔직하게 말을 하도록 진작시키는 태도
- 어떤 이슈나 견해에 관해 논의할 때 문화적인 민감성과 제약을 이해하고 존중하는 태도
- 이해의 정확성을 기하기 위해 자유롭게 대답할 수 있는(open-ended) 예리

한 질문을 할 수 있는 능력

　　S:

　　　　－다른 사람이 전달하는 메시지의 숨은 의미와 뉘앙스를 노련하게 분간해낼
　　　　　수 있는 능력

④ 외국어 능력

　　J:

　　　　－적어도 한 개의 외국어를 일정한 수준까지 구사할 수 있는 능력
　　　　－일의 성과를 높일 수 있도록 외국어 능력을 사용하는 태도
　　　　－외국어 능력을 향상시키기 위해 노력하는 태도

　　M:

　　　　－적어도 한 개의 외국어 능력을 일정한 수준까지 달성했는지 여부
　　　　－이러한 외국어 능력을 효과적으로 사용해 미국 정부의 테마(themes)를 전
　　　　　달하고 영향력을 발휘하는 능력
　　　　－외국어 능력을 완벽한 수준으로 높이기 위해 노력하는 태도

　　S:

　　　　－적어도 한 개의 외국어 능력을 입증하면서, 추가적으로 한 개 이상의 외국
　　　　　어를 습득하기 위해 애쓰는 태도

5) 지적 능력 (intellectual skills)

① 정보 수집 · 분석 능력

　　J:

　　　　－정보의 소재(所在)를 알아내고 평가하며 신속히 소화해내는 능력
　　　　－정보 출처를 다양하게 모색하고, 적절하게 검증(cross-check)하는 능력
　　　　－수집한 정보의 실제 유용성을 최대한 높이고, 필요할 경우 조리 있게 재구
　　　　　성할 수 있는 능력
　　　　－추가적인 정보가 필요한 때를 알아내고 이에 따라 조치를 취하는 능력

　　M:

　　　　－정보 출처와 그 신뢰도에 관해 폭넓은 이해를 갖고 있는지 여부
　　　　－무엇을, 언제 보고하는 것이 좋은지 아는 능력
　　　　－어떤 건의나 결정, 조치가 종합적인 정보에 근거하는 것이 현실적으로 불
　　　　　가능하다는 점을 인정하는 태도
　　　　－소속원들이 분석 능력을 기르도록 지도하고 격려하는 태도

　　S:

　　　　－광범위한 정보와 정책 결정 경험을 통합해낼 수 있는 능력
　　　　－소속원들이 건의와 결정에 앞서 정보를 입수, 평가하도록 하는 능력
　　　　－정보와 분석이 불충분한 상황을 알아내고, 그에 따라 슬기롭게 대응할 수
　　　　　있는 능력
　　　　－자기 자신의 책임을 인정하고 소속원들에게도 똑같은 태도를 요구하는 능
　　　　　력

② 사고력
　J:
　　　　－핵심적인 정보, 중심적인 이슈, 공통의 테마를 알아낼 수 있는 능력
　　　　－사실(fact)과 견해, 관련이 있는 정보와 그렇지 않은 정보를 구분해 낼 수
　　　　　있는 능력
　　　　－제반 접근방식의 강점과 약점을 구분해 낼 수 있는 능력
　　　　－현실적인 선택방안의 윤곽을 그려낼 수 있는 능력
　M:
　　　　－복잡하고 다양한 정보로부터 핵심 사항, 중심적인 이슈, 공통의 테마를 추
　　　　　출해 낼 수 있는 능력
　　　　－여러 가지 가능한 선택방안 가운데 가장 좋은 해결책과 조치 사항을 알아
　　　　　낼 수 있는 능력
　　　　－문제를 분석하고 사람을 판단하는 데 있어 객관적인 태도를 견지하는지 여
　　　　　부
　S:
　　　　－복잡한 정책적인 이슈를 분명하게 분석하고 정의함으로써 이러한 이슈들
　　　　　이 실용적으로 다루어지도록 하는 능력
　　　　－소속원들이 건설적이며 유익한 피드백 가운데 상황을 분석하고 대안을 제
　　　　　시하도록 진작시키는 능력
　　　　－리스크를 무릅써야 하는 시점을 알아내고 그에 따라 용기 있는 조치를 취
　　　　　할 수 있는 능력

③ 학습 능력
  J:
       − 일과 관련된 새로운 지식을 찾아내고 그것이 직무와 관련하여 어떤 의미를
         갖는지를 포착하는 능력
       − 비공식적인 피드백을 얻어내고, 실수로부터 배울 수 있는 능력
       − 자기 스스로의 강점과 약점을 알고 자기 계발을 추구하는 태도
  M:
       − 자기 자신의 지식을 넓히고, 다른 사람들을 가르치는 방법을 개발하는 능
         력
       − 동료직원에게 비공식적인 피드백을 제공하는 태도
  S:
       − 자기 자신과 직원들을 위한 새로운 정보와 지식의 필요성을 미리 예상하는
         능력
       − 새로운 정보 출처를 알아내고 이를 소속원들에게 알려주는 태도

6) 대인관계

① 전문가적 수준
  J:
       − 규정과 의무에 대해 스스로 책임을 지는 태도
       − 의존할 수 있고(dependable), 양심적(conscientious)인지 여부
       − 어려운 여건 가운데서도 침착하고(composed), 프로다우며, 생산적인지 여
         부
  M:
       − 스스로 일을 알아서 해내는 능력
       − 균형감각과 직업적인 행실을 일관성 있게 유지하는 능력
       − 스스로 의욕을 유지하고, 다른 사람들로 하여금 어려운 상황에서도 참고
         견딜 수 있도록 격려하는 능력
  S:
       − 모범과 지시를 통해 정직(integrity)과 행동 규범의 기준을 세우는 능력
       − 스트레스 가운데서나 또는 위급한 상황에서 침착성을 잃지 않는 능력

② 적응력
  J:
       − 새로운 정보, 변화하는 여건, 예상치 못한 장애에 적응할 수 있는 능력

298

－문화적인 차이를 민감하게 받아들이는 태도
M:
　－직원들이 자신의 가치기준과 정체성을 유지하면서도 새로운 환경, 다른 가
　치관, 문화에 적응하도록 가이드하는 능력
S:
　－변화를 예상하고 계획을 세우는 능력
　－어떤 상황에서도 세련된 문화적 민감성을 보여주는 태도

③ 전문적 응답 능력
J:
　－조직 내부나 조직 밖에서의 문의나 요구사항에 대해 능수능란하게 대응함
　으로써 높은 수준의 서비스 정신을 보여주는 능력
M:
　－직원들이 서비스 지향적이 되도록 고무시키고 돕는 태도
　－관련기관(customers)의 변화하는 요청사항을 미리 예상하고 이를 충족시
　켜 주는 능력
S:
　－고객 위주 정신을 조직 전체에 심어주는 능력
　－서비스의 질을 높이고자 하는 의지를 늘 갖도록 하는 능력

④ 팀웍
J:
　－다른 사람의 견해에 개방적인 태도
　－미국 및 외국 동료들과 협조적이고 서로 끌어들이며 성과 위주로 일하는
　태도
　－팀 컨센서스를 받아들이는 태도
M:
　－공개적인 아이디어 교환을 촉진시키는 능력
　－미국 및 외국 동료들 간의 협력과 협조 정신을 함양하는 능력
　－팀 구성원들이 공통의 목표를 지향하도록 동기를 부여하고 가이드하는 능
　력
S:
　－전 직원들이 참여하고 기여하도록 고무하고 동기를 부여하는 능력
　－직원들이 팀의 일원이라는 생각과 일체감을 갖도록 고무시키는 능력
　－팀의 능력과 자원을 동원하여 직무와 관련된 문제들을 해결하는 능력

⑤ 사회적인 지각력
J:
  −지위, 의전, 명령 계통과 관련된 국내외 환경에 민감한 태도
  −다른 사람의 필요, 기분, 능력에 대해 사려 깊게 반응하는 태도
  −문화적 차이를 존중하는 태도
M:
  −인간관계와 포부를 이해하고 효과적으로 다룰 수 있는 능력
  −다른 사람들이 어떻게 반응을 보일지를 예상하는 능력
  −조화로운 결과를 얻기 위해 어떻게 대응해야 할지를 생각해낼 수 있는 능력
S:
  −변화하는 관계 상황에서 쉽게 헤쳐 나아갈 수 있는 능력
  −사회적으로 민감한 이슈를 미리 예상하고 적절한 행동을 취할 수 있는 능력

⑥ 설득, 교섭 능력
J:
  −다른 사람들에게 영향력을 미치는 것을 배우는 태도
  −다른 사람들의 입장에 대해 정중한 이해를 보이면서 협조를 얻어내는 능력
M:
  −능수능란하게 다른 사람들에게 영향력을 행사할 수 있는 능력
  −미국 정부 및 국무부의 견해와 입장에 대한 이해를 높이는 태도
  −다른 사람들과 동맹관계를 발전시키는 능력
  −이질적인 세력들 간의 공통의 장을 발견해 내고 컨센서스를 만들어내는 능력
  −원-원(win-win) 상황을 촉진시키는 능력
S:
  −내부적인, 양자적인, 또는 다자적인 환경에서 광범위한 이슈를 놓고 효과적인 교섭을 할 수 있는 능력
  −상당한 정도의 분쟁이나 입장 차이를 이해관계에 입각하여 관리하고 해결하는 능력
  −궁극적인 목표에 영향을 주지 않으면서 타협안을 만들어내는 능력

7) 실무 지식

① 직무 관련 지식

J:
- 현재 담당하고 있는 직무를 수행하는 데 필요한 지식을 습득하고 활용하는 능력
- 직무를 수행하는데 영향을 주는 요인들에 관해 배우는 태도
- 자신이 맡고 있는 일이 자신이 소속한 조직과 미국의 정책 목표에 어떻게 관련되어 있는지를 이해하는 능력
- 성과를 높이기 위해 직무와 관련된 지식을 활용하는 태도

M:
- 직무와 관련된 절차와 관행에 관해 넓은 지식을 갖고 있는지 여부
- 자신이 소속된 조직에 영향을 주는 정책과 추세에 맞추어 나가고 있는지 여부
- 정책과 프로그램의 목적을 달성하는 데 영향을 주는 요인들의 상호작용을 분석하고 합리적인 건의를 할 수 있는 능력

S:
- 정책과 프로그램을 입안하고 시행하기 위해 직무수행 과정에서 일어나는 이슈들에 관해 지식을 동원 · 관리하는지 여부
- 조직 내외의 정보 출처를 통해 정보와 아이디어를 모니터하는지 여부
- 결과를 만들어 내기 위해 직무와 관련된 지식을 이용하는지 여부
- 소속원들이 직무와 관련된 지식을 개발하도록 지도하는 태도

② 조직에 관한 지식

J:
- 자신이 소속되어 있는 조직이 처한 현실을 이해하는 능력
- 국내외 다른 부서 및 사람들의 역할과 권한을 이해하는 능력
- 다른 기관 사람을 접촉 인사로 계발하고, 이들을 이용하는 능력
- 일이 되도록 하기 위해 조직에 대한 이해를 활용하는 능력

M:
- 조직의 현실에 관한 지식을 정책이나 조직 관리상의 이슈에 적용시키는 능력
- 정보를 입수하고 지원 분위기를 조성시킴에 있어 조직상의 경계를 넘을 수 있는 능력
- 다른 국(局), 청(廳), 외국 정부, 기업, 대학, 언론에 근무하는 사람들과 동등한 위치에서 움직일 수 있는 능력

－소속원들이 조직에 미치는 영향을 이해하도록 돕는 능력

S:
  －문제 발생을 피하고 미국 정부의 목표를 증진시킬 수 있도록 자신이 갖고
  있는 조직에 관한 깊은 이해를 이용하는 능력
  －직원들이 조직 목표를 달성함에 있어 적절하고 신중한 절차가 중요하다는
  사실을 숙지하고 있도록 하는 능력

③ 외교실무에 관한 전문 지식

J:
  －외교관 업무처리 절차, 본분, 규정, 정책을 이해하고 적용하는 능력
  －외교관 제도, 근무 분위기에 동화되는 태도
  －미국과 외국 사정에 관한 지식을 함양하는 태도와 능력
  －함양한 전문지식을 직무 수행과정에서 사용하는 능력

M
  －외교관이 전문직업이라는 인식을 깊이 하는 태도
  －자기가 갖고 있는 전문지식을 정책 및 프로그램 평가, 타 직원들에 대한 조
  언 및 개발에 사용할 수 있는 능력
  －자기가 소속한 국(局)/공관(公館)의 목적달성에 기여할 수 있도록 스스로
  움직일 수 있는 능력

S:
  －미국의 정책목표와 외국 사정에 대한 완전한 이해를 미국 정부의 목표를
  증진시키는 데 합치시킬 수 있는 능력
  －소속원들이 자기발전을 기할 수 있는 분위기를 확산시켜 주면서 그들이 외
  교관으로서의 능력과 전문지식을 키워나갈 수 있도록 지도·편달해주는
  태도

④ 외국 문화에 관한 지식

J:
  －외국 문화, 가치관, 규범에 관한 지식을 갖고 있는지 여부
  －국내 근무시 외국의 시각을 적절히 감안하고, 해외 근무시 국내의 시각을
  적절히 감안하는 능력

M:
  －외국의 정치, 경제, 문화 및 정보 환경에 관해 깊은 이해를 갖고 있는지 여
  부
  －이러한 지식을 국(局)/공관의 목표달성에 연계시키는 능력

S:

－자신이 갖고 있는 외국 사정에 관한 깊이 있는 지식을 미국 정부의 목표를 증진시킬 수 있는 기회를 포착하는 데 사용하는 능력

⑤ 기술적인 능력

J:

－직무와 관련된 기술을 습득하고 사용하는 태도와 능력
－기술이 작업환경에 미치는 영향을 이해하는지 여부
－직무성과를 강화하기 위해 기술을 사용하는 방법을 모색하는지 여부

M:

－자기 자신과 소속원들이 직무와 관련된 기술 및 그 적용에 관한 이해를 끊임없이 넓히는지 여부
－가용한 기술을 사용하여 정책/프로그램의 목표를 증진시키는지 여부

S:

－자기 자신과 직원들이 국(局)/공관의 목표를 달성하는데 기술을 십분활용하도록 격려하는지 여부
－기술을 사무실 환경에 맞게 도입하기 위해 효율적이고 효과적인 전략을 마련하는지 여부

2. 외교용어 해설

accession: 2개국 이상이 조약 당사자로 되어 있는 조약(다자조약)의 원래 서명국이 아닌 국가가 나중에 조약의 당사자가 되기 위해 조약상의 규정에 따라 국가의 기속적 동의를 표시하는 행위. 일단 이러한 행위에 의해 조약의 당사자가 되면 원래 당사자와 동일한 권리·의무의 주체가 됨.

accreditation: 특명전권대사 임명 절차. 접수국에 대사 내정자에 대한 동의(아그레망)를 요청하고, 이에 대해 동의의사를 접수한 후 공식적으로 임명을 발표하게 됨.

ad referendum: 추가적인 고려를 요한다는 의미의 라틴어. 본부(본국 정부)의 승인을 조건으로 한다는 의미.

agreed minutes: 합의 의사록. 주로 외교교섭, 또는 조약체결시 표명된 의견 또는 서로 합의한 사항을 기록한 문서.

agrement: 특명전권대사를 파견하기 전에 접수국에 동의 여부를 묻는 것.

aide-memoire: 외교관이 주재국 정부 관리를 면담한 후 그 관리가 나중에 면담내용을 잘못 이해하거나 혹은 기억하지 못하는 상황을 막기 위해 기록으로 면담내용을 전달하는 것. 이 서류는 면담 전에 작성해서 지참하게 됨.

ambassador at large: 특정 국가에 파견되는 공관장으로서의 대사가 아닌, 어떤 특정 이슈를 처리하도록 임명된 대사. 순회대사(roving ambassador)가 여기에 해당하며, 이들은 자신에게 부여된 임무를 수행하기 위해 외국을 순방하게 됨.

annexe: 조약에 첨부되는 부속 합의서. 조약 본문과 동일한 효력을 가지며, 본문에 비해 상세한 내용들이 포함됨.

attache: 주재관. 해외공관에 근무하는 외교관중 원 소속 부서가 외무부가 아닌 부서의 직원. 상무관, 농무관 등을 아타쉐라고 부름.

back channel: 공식, 또는 정상적인 대화채널이 아닌 외교대화 경로. 키신저가 국무부의 정상적인 채널을 배제하고 다른 경로를 사용한 것이 대표적인 예.

balance of power: 어느 한 나라가 다른 나라들을 충분히 지배할 수 있을 만큼 강력한 정치·군사적인 힘을 갖고 있지 않은 상태.

bout de papier: 영어로는 piece of paper. aide-memoire나 non-paper와 유사한 것으로 구두로 전달한 내용을 옮겨 놓은 문건.

caveat: 단서(但書). 주의하라고 알리는 것.

chancery: 대사관 청사.

charge d'affaires ad interim: charge(샤르제)라고도 하며, 대사 부재중 그를 대리하는 공관 직원.

chief of mission: 재외공관의 장. 대사관의 경우 대사, 총영사관의 경우는 총영사를 일컬음.

circular note: 현지의 모든 외국공관에 보내는 공한.

clearances: 전문이나 공문의 결재 또는 결재 과정.

clientitis: 외교관이 주재국에 대해 지나치게 동정적이고, 주재국 입장을 호의적으로 생각하게 되는 경향. localitis라고도 함.

coercive diplomacy: 상대국의 행동이나 정책을 강제하기 위해 정치, 군사 또는 여타 방식에 의한 압력을 행사하는 것.

cold war: 미국과 소련이 1946년경부터 이념, 경제, 정치적으로 적대 · 대립관계를 지속한 시기. 소련연방의 붕괴로 1991년 이런 시기가 종식됨.

comity: 국제예양. 국가 간에 일반적으로 행해지는 예의, 편의, 호의 등. 이는 국제법에 근거하지 않음.

communique: 양자 또는 다자회담 후 그 회담에서 논의된 내용, 또는 합의한 사항을 대외적으로 알리기 위한 발표문. 이러한 발표문은 대외적으로 공표되고 기록으로 남기 때문에 작성자들은 단어나 표현 하나하나에도 신중을 기하게 됨.

confidence-building measure: 분쟁 당사국들이 상대방에 대한 감정을 완화시키고, 협력을 통해 상호이익이 되는 관계개선을 할 수 있도록 하는 예방외교활동의 하나.

connotations: 언외(言外)의 의미. 다른 의미를 내포하거나 암시하는 것.

consular protection: 외국에서 자국민의 권익을 보호하는 행위.

containment: 미국이 1947년부터 1990년까지 소련에 대해 취한 대외 팽창 저지 정책.

covert action: 우호적인 정부를 돕거나, 반대로 적대적인 정부를 전복시키기 위한 목적 등으로 다른 나라의 국내정치에 비밀리에 관여하는 행위. 보통 정보기관에 의해 행해지며, 나중에 발견되면 이를 부인할 수 있어야 함.

credentials: 신임장. 특명전권대사를 임명할 때 파견국 국가원수가 접수국 국가원수에게 전달하도록 주는 문서.

D.C.M.: 공관의 차석직원. Deputy Chief of Mission.

demarche: 주재국 정부에 자기 나라의 입장에 대한 지지를 요청하거나 혹은 주재국 정부의 방침이나 조치에 대해 항의하는 의사를 전달하는 행위.

desk: 외무부에서 지역과의 각 국가 담당관.

diplomatic body language: 말이 아닌 방식으로 의사를 표현하는 것. 외교관 대화에서 제스처, 협상에서의 장소 · 형식 · 대표단 수준, 군대 병력 · 장비이동 등 여러 가지 형태로 이루어짐.

diplomatic cold: diplomatic illness와 같은 의미. 감기를 핑계 삼아 어떤 행사 참석이나 면담 등을 회피하는 것.

diplomatic corps: 외교단. 불어의 corps diplomatique에서 나온 말. 외교단을 대표하는 사람은 doyen(ne) 또는 dean이라고 부름.

diplomatic demarche: 주재하는 외교 공관들이 공동으로 주재국 정부에 어떤 입장을 공식적으로 표명하는 것.

diplomatic illness: 외교관, 특히 공관장이 어떤 행사에 초청을 받았으나 그 행사에 참석하는 것이 적절하지 않을 경우 감기 등을 구실로 참석이 불가능한 것처럼 가장하는 것. illness of convenience.

diplomatic list: 접수국이 발간하는 외교관 명단. 보통 정기적으로 발간되며, 등재되는 나라(공관)의 순서는 알파벳 순서에 의하고, 공관별 등재되는 공관원의 순서는 계급에 따름.

diplomatic privileges and immunities: 외교관이 비엔나 협약에 따라 주재국에서 누리는 외교 특권과 면제. 외교관의 신체 및 공관 지역의 불가침, 조세, 과세, 관세의 면제, 재판 관할권의 면제 등이 주된 내용임.

diplomatic rank: 외교관의 계급 서열. 특명전권대사, 공사, 참사관, 서기관(1등, 2등, 3등) 등을 말함.

Diplomatic Service: 영국에서 외무부(Foreign and Commonwealth Office)와 재외공관에 근무하는 외교관 전체를 부르는 말.

dispatch: 본부와 재외공관 간에 주로 파우치(외교행낭)로 송부되는 공문.정보통신을 통해 송수신되는 전보(cable)와 구분되는 문서.

doyen: 외교단장. 상주대사 중에서 부임 일자가 가장 빠른 사람이 됨.

exchange of notes: 국가와 국가 간 합의의 한 형식으로 양측이 합의한 사항을 서로 공한 교환 형식으로 확인하는 것.

extradition: 양국이 사전 합의(범죄인 인도조약 등)에 의해 범죄인을 그 범죄인 소속 국가로 돌려보내는 행위.

extraterritoriality: 치외법권적 지위. 보통 외교관이나 그 가족, 외교 공관의 청사와 주거지역, 문서 등은 주재국 법의 직접적인 관할 대상이 아니라는 것을 의미.

Foggy Bottom: 미국 국무부의 별칭. 국무부가 위치한 지역의 이름에서 유래.

foreign affairs community: 대외관계를 다루는 위치에 있는 국무부, 국방부, 상무부, 농업부, 재무부, 중앙정보국 등을 통칭하는 말.

foreign affairs nationals: 국무부가 재외공관의 현지 직원을 일컫는 말.

Foreign Service: 미국에서 외교관 직업을 일컫는 말. 영국에서는 Diplomatic Service 라고 함.

F.S.O.: 미국에서 국무부, 재외공관에 근무하는 외교관을 통상적으로 부르는 용어. Foreign Service Officer.

full powers: 국가원수나 외무장관, 특명전권대사는 국가 간의 협정에 서명할 권한

이 있으나, 그 밖의 사람들은 이러한 권한이 없기 때문에 협정에 서명하기 위해서는 일정한 형식의 문서가 필요한데 이를 말함.

go native: localitis와 같은 의미.

good offices: 분쟁 당사자가 아닌 제3국이 분쟁 당사자들이 협상을 시작하는데 필요한 제반 도움을 주는 일.

hardship post: 재외공관 가운데 기후, 치안, 풍토병, 오지, 낙후 등으로 생활이나 근무환경이 어려운 공관. 이와 같은 특수지 공관에 근무하는 외교관에게는 보통 특수지 수당이 지급됨.

hegemony, the hegemon: 국제정치 체계에서 다른 나라에 어떤 정책을 강요할 수 있을 만큼 지배적인 영향력을 행사할 수 있는 위치에 있는 나라.

high commissioner: 영 연방국가가 다른 영 연방국가에 파견하는 대사를 일컫는 말.

historical analogies: 현재 일어나고 있는 어떤 상황이나 사태를 과거에 있었던 유사한 예와 결부시켜 정의하는 것. 보통 정치적인 레토릭의 하나로 사용됨.

impasse: 협상에서의 교착상태. 협상의 결렬을 의미하지 않으며, 협상이 잠시 중지된 상태를 말함.

language-designated position: 미국 국무부가 시행하고 있는 제도로, 외교관이 그 보직을 받을 수 있기 위해서는 일정한 수준의 외국어 능력을 갖추고 있어야 하는 보직.

letters of credence: 파견국의 국가원수가 접수국의 국가원수에게 보내는 신임장 (credentials). 신임 대사는 부임하여 신임장을 제정해야 대사로서의 직무를 공식적으로 시작할 수 있음.

linkage: 키신저가 처음 쓴 용어로, 서로 다른 문제를 연계시켜 협상하는 것을 의미. 이 경우 하나의 사안에서 합의에 도달하지 못하면, 다른 사안에도 합의에 도달하지 못한 것으로 간주됨.

listening post: 1920, 30년대 미국이 소련과 외교관계가 없던 시절, Riga, Latvia에 설치한 공관을 일컫는 말. 중국과 수교하기 전의 주 홍콩 총영사관도 여기에 해당. 이들 공관의 주 업무는 소련이나 중국에 관한 정보수집이었음.

local employee: 재외공관에 근무하는 현지인.

localitis: 외교관이 주재하는 나라에 장기간 근무함으로써 자신도 모르는 사이에 주재국의 입장에 무조건 동조하는 경향을 보이는 것. 이와는 반대로, 주재국의 적대적인 태도, 열악한 생활 환경 등으로 주재국에 대해 매우 좋지 않은 인식을 갖게 되는 경우도 있는데, 이는 anti-localitis라고 함.

Memcon: memorandum of conversation의 약어로, 대화한 내용을 그대로 옮긴 대화록.

modus vivendi: 잠정협정, 일시적 타협을 의미하는 라틴어. 오늘날에는 interim agreement라는 용어가 흔히 쓰임.

national day: 국경일. 재외공관장이 1년에 한 번 주재국 인사와 외교단, 교민 등을 초청하여 주최하는 행사.

non-paper: 자신의 입장이 아직 정해지지 않은 상태이거나, 정해졌어도 이를 내보이고 싶지 않은 상태에서 상대방의 생각이나 입장을 떠보기 위해 작성된 비공식적인 형식의 페이퍼.

notes: note verbale이라고도 하며, 외국 공관이 주재국 외무부에 보내는 엄격히 공식적인 3인칭으로 작성되는 문서.

off the record: 비보도 조건으로 알려주는 것. 미국 국무부는 오프더레코드를 1)내용을 보도할 수 없는 것, 2) '~라고 알려졌다', '~로 보인다' 는 식으로 쓸 수 있는 것, 3)인용은 할 수 있지만 취재원을 '행정부당국자', '소식통' 등으로 구분.

opposite number: 주재국의 일상적인 업무 상대자(counter-part).

package deal: 여러 문제들을 일괄해서 타결을 시도하는 것.

PAO: public affairs officer. 국무부나 재외공관에서 공보업무를 담당하는 직원을 일컫는 말.

persona non grata: 접수국에 의해 기피 인물로 지목된 사람. 접수국이 기피인물을 선언할 때 그 사유를 밝힐 의무는 없음.

pouch: 외교행낭. 영국에서는 diplomatic bag이라 함.

precedence: 외교관들 사이의 의전 서열. 예컨대, 한 나라에 주재하는 대사의 서열 순서는 신임장 제정 일자를 기준으로 함.

proces-verbal: 논의된 내용을 정리한 문건. 영어의 minutes에 해당.

pro memoria: aide-memoire와 같은 문건.

protection power: 외교관계가 단절된 경우 상대방 국가에서 자국의 이익을 보호하기 위해 제3국을 이익 보호국으로 지정할 수 있는데, 이렇게 지정된 국가를 말함.

protocol: 1) 외교에 있어서의 의전. 2) 조약의 한 유형으로 기본적인 문서에 대한 개정 또는 보충적인 성격을 띠는 합의 형식. 의정서.

rapporteur: 보고서 작성을 위임받은 사람. 위원회나 실무 그룹 구성원 중 최종적으로 보고서를 작성, 제출하는 임무를 부여받은 사람. 자신이 보고서를 직접 기안하기 때문에 영향력을 행사할 수 있음.

quid pro quo: 대상(代償, compensation).

ratification: 정부 대표가 서명한 조약을 조약체결권자 또는 조약체결권자로부터 비준의 권한을 위임받은 자가 확인함으로써 그 조약에 대한 국가의 기속적 동의를 최종적으로 표시하는 행위.

rest and recuperation: 근무 환경이 열악한 공관에 근무하는 직원들이 정부 예산 지원을 받아 생활 환경이 좋은 곳으로 휴가를 떠나는 제도.

ripe moment: 협상 이론에서 협상 상대자들이 어떤 합의를 이루고 싶어하는 시점. 이 이론에 의하면 상황이 무르익지 않은 상태에서는 어떤 협상 노력도 성과를 거두기 어렵다고 함.

roving ambassador: 순회대사. 보통 경험과 경륜이 있는 명망 있는 인사가 임명됨.

salami tactics: 키신저가 사용한 협상 용어로, 상대방으로부터 조금씩 양보를 얻어내는 협상 기법을 의미.

seventh floor: 미국 국무부 건물의 7층을 의미. 국무장관 등 고위 간부들의 방이 모두 7층에 있어 국무부 고위 간부진을 의미.

sine qua non: 필수 조건(必須條件).

spin doctor: 미디어 전문가. 고위 정치인의 언론 담당 보좌관.

state visit: 국가원수의 공식적인 외국 방문으로, 의전적인 측면에서 최고 수준의 예우가 부여됨. 국빈 방문. *state dinner: 국빈만찬

strategic deception: 신뢰감을 주기 위해 일단 합의를 해 놓고, 그러한 합의를 의도적으로 지키지 않는 행위.

tandem couple: 미국에서 부부 외교관을 일컫는 말.

tit-for-tat expulsions: 한 나라가 다른 나라 외교관을 추방했을 때 이에 대해 그 나라의 외교관을 맞추방하는 것.

tour d' horizon: 개관(槪觀). 광범위한 의견 교환(exchange of views).

tour of duty: 재외공관 근무 기간.

trial ballon: 관계 당사자의 반응을 떠보기 위해 사전에 언론에 넌지시 흘리는 것.

ultimatum: 국제법상 전쟁을 시작하는 방법의 하나로, 상대 국가에 대해 최종시한을 정해 자국의 요구사항을 통고하는 것. 협상에서는 협상이 결렬되기 직전 자신의 입장을 최종적으로 통보하는 것.

under instructions: '본부(본국 정부)의 훈령에 따라' 라는 의미.

unfriendly act: 전쟁으로까지 발전될 수 있는 행위로 간주한다는 외교적 표현.

vital interest: 국가의 사활을 좌우할 정도의 중대한 이익.

volte-face: 정책이나 입장, 태도를 갑작스럽게 180°전환하는 것.

working funeral: 국제적인 인물의 장례식이 거행되는 것을 계기로 각국 정상이나 고위 인사들이 회동하는 것.

참고 자료

영문 도서

- Acheson, Dean. *Present at the Creation*, W.W.Norton & Company, Inc., New York 1969.
- Akhund, Iqbal. *Memoirs of a Bystander: A Life in Diplomacy*, Oxford University Press, Karachi 1997.
- Albright, Madeleine. *Madam Secretary*, Miramax Books, New York 2003.
- Allen, George W. *None So Blind: A Personal Account of the Intelligence Failure in Vietnam*, Ivan R. Dee, Publisher, Chicago 2001.
- Anderson, Desaix. *An American in Hanoi: America's Reconciliation with Vietnam*, EastBridge, White Plains 2002.
- Anderson, Ruth M. *Barbed Wire for Sale, Poetic License*, Graham 1999.
- Andrew, Christopher. *For the President's Eyes Only*, HarperPerennial, New York 1995.
- Armacost, Michael H. *Friends or Rivals?: Insider's Account of U.S.-Japan Relations*, Columbia University Press, New York 1996.
- Armstrong, Hamilton Fish edited. *Fifty Years of Foreign Affairs*, Prager Publishers, New York 1972.
- Art, Robert J. and Patirck M. Cronin edited. *The United States and Coercive*

Diplomacy, United States Institute of Peace, Washington, D.C. 2003.

• Bacevich, Andrew J. *American Empire*, Harvard University Press, Cambridge 2002.

• Baer, George W. edited. *A Question of Trust: The Memoirs of Loy W. Henderson*, Hoover Institution Press, Stanford 1986.

• Bailey, Thomas A. *The Art of Diplomacy*, Appleton-Century-Crofts, New York 1968.

• Baker, III, James A. *The Politics of Diplomacy*, G. P. Putnam's Sons, New York 1995.

• Baldrige, Letitia. *Of Diamonds & Diplomats*, Houghton Mifflin Company, Boston 1968.

• _____, *A Lady, First: My Life in the Kennedy White House and the American Embassies of Paris and Rome*, Viking, New York 2001.

• Baldwin, Charles. *An Ambassador's Journey*, University Press of America, Lanham 1984.

• Ball, George W. *Diplomacy for a Crowded World*, An Atlantic Monthly Press, Boston 1976.

• Barber, Peter. *Diplomacy: The World of the Honest Spy*, The British Library, London 1979.

• Barnes, Thomas J. *Anecdotes of a Vagabond: The Foreign Service, The UN, And A Volag*, Xlibris Corporation, 2001.

• Barston, Ronald Peter. *Modern Diplomacy*, Longman, London and New York 1988.

• Beaulac, Willard L. *Career Ambassador*, Macmillan, New York 1951.

• Beilin, Yossi. *Touching Peace*, Weidenfeld & Nicolson, London 1999.

• Bender, Margaret. *Foreign at Home and Away*, Writers Club Press, New York 2002.

• Bentley, Marilyn and Marie Warner edited. *Frontline Diplomacy: The U.S. Foreign Affairs Oral History Collection*, The Association for Diplomatic Studies and Training, Washington, D.C. 2000.

• Berger, Graenum, *A Not So Silent Envoy*, John Washburn Bleeker Hampton Publishing Company, New Rochelle 1992.

• Berkowitz, Bruce D. and Allan E. Goodman, *Best Truth: Intelligence in the Information Age*, Yale University Press, New Haven 2000.

• Berridge, G. R. *Diplomacy: Theory and Practice*, Prentice Hall/Harvester Wheatsheaf, Hemel Hempstead 1995.

- _____, edited. *Diplomatic Theory from Machiavelli to Kissinger*, Palgrave, Basingstoke 2001.
- Berridge, G. R. and Alan James, *A Dictionary of Diplomacy*, Palgrave, New York 2001.
- Beschloss, Michael R and Strobe Talbott. At the Highest Levels, Little, Brown and Company, Boston 1993.
- Blaker, Michael, Paul Giarra and Ezra Vogel. *Japanese Negotiating Behavior*, United States Institute of Peace, Washington, D.C., 2002.
- Blanchard, James J. Behind the Embassy Door, Sleeping Bear Press, Chelsea 1998.
- Blondel, Jules-Francois. *Entente Cordiale*, The Caduceus Press, London 1971.
- Bohlen, Charles E. *Witness to History 1929-1969*, W. W. Norton & Company Inc., New York 1975.
- Bowles, Chester. *Promises to Keep*, Harper & Row, Publishers, New York 1971.
- Boykin, John. *Cursed is the Peacemaker*, Appelegate Press, Belmont 2002.
- Bridges, Peter. *Safirka: An American Envoy*, The Kent State University Press, Kent 2000.
- Briggs, Ellis O. *Proud Servant*, Kent State University Press, Kent 1998.
- _____, *Anatomy of Diplomacy*, David McKay Co. Inc., New York 1968.
- _____, *Farewell to Foggy Bottom*, David McKay Co. Inc., New York 1964.
- Brinkley, Douglas. *The Unfinished Presidency: Jimmy Carter's Journey Beyond the White House*, Viking, New York 1998.
- Brooks, Barbara J. *Japan's Imperial Diplomacy*, University of Hawaii Press, Honolulu 2000.
- Brown, Gordon S. *Coalition, Coercion & Compromise*, The Institute for the Study of Diplomacy, Washington, D.C., 1997.
- Bull, Hedley. *The Anarchical Society*, Columbia University Press, New York 1977.
- Bulmer, Simon, *Charlie Jeffery and William E. Paterson. Germany's EuropeanDiplomacy*, Manchester University Press, Manchester 2000.
- Burr, William edited. *The Kissinger Transcripts*, The New Press, New York 1998.
- Burton, David H. *Cecil Spring Rice*, Associated University Press, Cranbury 1990.
- Bush, George and Brent Scowcroft. *A World Transformed*, Alfred A. Knopf, New York 1998.
- Busk, Douglas. *The Craft of Diplomacy*, Pall Mall Press, London 1967.
- Byrne, Lee Gerald. *The Great Ambassador*, Ohio State University Press, Columbus 1964.

- Cabot, John Moors. *First Line of Defense*, Georgetown University, Washington, D.C.
- Cadieux, Marcel. *The Canadian Diplomat*, University of Toronto Press, Ottawa 1963.
- Cambon, Jules M. *The Diplomatist*, translated by Christopher R. Turner, William Clowes and Sons, London 1931.
- Carrington, Peter Lord. *Reflecting on Things Past*, Harper & Row, Publishers, New York 1989.
- Catto Jr., Henry E. *Ambassadors at Sea*, University of Texas Press, Austin 1999.
- Chace, James. *Acheson*, Simon & Schuster, New York 1998.
- Child, Maude Parker. *The Social Side of Diplomatic Life*, The Babbs-Merrill Company, Indianapolis 1926.
- Clark, Eric. *Diplomat: The World of International Diplomacy*, Taplinger Publishing Company, New York 1974.
- Clinton, W. David. *The Two Faces of National Interest*, Louisiana State University Press, Baton Rouge 1994.
- Cogan, Charles. *French Negotiating Behavior*, U.S.Institute of Peace Press, Washington, D.C. 2003.
- Cohen, Raymond. *Negotiating Across Cultures*, U.S. Institute of Peace Press, Washington, D.C. 1997.
- _____. *Theatre of Power: The Art of Diplomatic Signalling*, Longman, London 1987.
- Coles, John. *Making Foreign Policy*, John Murray, London 2000.
- Conroy, Richard Timothy. *Our Man in Vienna*, Thomas Dunne Books, New York 2000.
- Constantinou, Costas M. *On the Way to Diplomacy*, University of Minnesota Press, Minneapolis 1996.
- Coon, Carl. *Culture Wars and the Global Village*, Prometheus Books, Amherst 2000.
- Cooper, Andrew F. edited. *Niche Diplomacy: Middle Powers after the Cold War*, Macmillan Press Ltd, Ipswich 1997.
- Cooper, Robert. *The Breaking of Nations*, Atlantic Books, London 2003
- Cradock, Perdy. *In Pursuit of British Interests*, John Murray, London 1997.
- Craig, Gordon A. and Felix Gilbert edited. *The Diplomats, 1919-1939*, Princeton University Press, Princeton 1960.
- _____. *The Diplomats, 1939-1979*, Princeton University Press, Princeton

- Craig, Gordon A. and George Alexander L. *Force and Statecraft: Diplomatic Problems of our Time*, Oxford University Press, New York 1995
- Cross, Charles T. *Born a Foreigner*, Rowman & Littlefield Publishers, Inc., Lanham 1999.
- de Callieres, Francois. *The Art of Diplomacy*, edited by H.M.A. Keens-Soper and Karl W. Schweizer, University Press of America, London 1983.
- Dickie, John. *Inside the Foreign Office*, Chapmans, London 1992.
- Dixit, J. N. *My South Block Years: Memoirs of a Foreign Secretary*, UBS Publishers' Distributors Ltd, Delhi 1997.
- Dizard, Jr., Wilson. *Digital Diplomacy: U.S. Foreign Policy in the Information Age*, Prager, Westport 2001.
- Dobrynin, Anatoly. *In Confidence*, Times Books, New York 1995.
- Dockrill, Michael and Brian McKercher edited. *Diplomacy and World Power*, Cambridge University Press, Cambridge 1996.
- Dolibois, John E. *Pattern of Circles*, The Kent State University Press, Kent 1989.
- Dorman, Shawn edited. *Inside a U.S. Embassy*, American Foreign Service Association, Washington, D.C. 2003.
- Dorril, Stephen. *MI6*, The Free Press, London 2000.
- Downs, Chuck. *Over the Line: North Korea's Negotiating Strategy*, The AEI Press, Washington, D.C. 1999.
- Drake, Earl G. *A Stubble-Jumper in Striped Pants: Memoirs of a Prairie Diplomat*, University of Toronto Press, Toronto 1999.
- Drower, William Mortimer. *Our Man on the Hill*, University of California, Berkeley 1993.
- Dulles, Allen. *The Craft of Intelligence*, Harper & Row, New York 1963.
- Durrell, Lawrence. *Esprit De Corps: Sketches from Diplomatic Life*, E.P. Dutton and Co., Inc., New York 1958.
- Eban, Abba. *The New Diplomacy*, Random House, New York 1983.
- _____. *Interest & Conscience in Modern Diplomacy*, Council on Religion and International Affairs, New York 1985.
- _____. *Diplomacy for the Next Century*, Yale University Press, New York 1998.
- Eeman, Harold. *Clouds over the Sun*, Lobert Hale Ltd, London 1981.
- Eicher, Peter D. *Emperor Dead and other Historic American Diplomatic Dispatches*, Congressional Quarterly Inc., Washington, D.C. 1997.
- Emmerson, John K. *The Japanese Thread: A Life in the U.S. Foreign Service*, Holt, Rinehart and Winston, New York 1978.

- Eubank, Keith. *Paul Cambon*, University of Oklahoma Press, Norman 1960.
- Fasulo, Linda M. *Representing America*, Praeger, New York 1984.
- Feltham, R. G. *Diplomatic Handbook*, Longman, Essex 1998.
- Fenzi, Jewell. *Married to the Foreign Service*, Twayne Publishers, New York 1994.
- Finger, Seymour M. *Inside the World of Diplomacy: The U.S. Foreign Service in a Changing World*, Praeger Publishers, Westport 2002.
- Ford, Robert A. D. *Our Man in Moscow*, University of Toronto Press, Toronto 1989.
- Freeman, Jr. Chas. W. *The Diplomat's Dictionary*, U.S. Institute of Peace Press, Washington, D.C. 1997.
- _____. *Arts of Power:* Statecraft and Diplomacy, - do -
- Freifeld, Sidney. *Undiplomatic Notes*, Anthony Hawke, Willowdale 1990.
- Friedman, Thomas. *The Lexus and the Olive Tree*, Farrar, Straus and Giroux, New York 1999.
- Galbraith, Evan. *Ambassador in Paris: The Reagan Years*, Blackstone Audiobooks, Ashland 1988.
- Galbraith, John Kenneth. *Ambassador's Journal*, Paragon House Publishers, New York 1969.
- Gates, Robert M. *From the Shadows*, Simon & Schuster, New York 1996.
- Genscher, Hans-Dietrich. *Rebuilding A House Divided*, Broadway Books, New York 1998.
- George, Alexander. *Bridging the Gap: Theory & Practice in Foreign Policy*, United Institute of Peace, Washington, D.C. 2001.
- Gertz, Bill. *Betrayal*, Regnery Publishing, Inc., Washington, D.C. 1999.
- Ghali, Boutros Boutros-. *Unvanquished*, Random House, New York 1999.
- Gleysteen Jr., William H. *Massive Entanglement, Marginal Influence: Carter and Korea in Crisis*, Brookings Institution Press, Washington, D.C. 1999.
- Golden, Peter. *Quiet Diplomat,* Cornwall Books, New York 1992.
- Gorbachev, Mikhail. *Memoirs*, Doubleday, New York 1996.
- Gotlieb, Allan. *I'll be with you in a minute, Mr. Ambassador*, University of Toronto Press, Toronto 1991.
- Gow, James. *Triumph of the Lack of Will: International Diplomacy and the Yugoslav War*, Columbia University Press, New York 1997.
- Green, Marshall, John H. Holdridge and William N. Stokes. *War and Peace with China: First-hand Experiences in the Foreign Service of the United States,*

DACOR Press, Bethesda 1994.

- Hagglof, Gunnar. *Diplomat*, The Bodley Head Ltd, London 1972.
- Haig Jr., Alexander M. *Caveat: Realism, Reagan, and Foreign Policy*, Macmillan Publishing Company, New York 1984.
- Halberstam, David. *The Best and the Brightest*, Ballantine Books, New York 1992.
- Halmilton, Keith and Richard Langhone. *The Practice of Diplomacy*, Routledge, New York 1995.
- Hanson, Victor Davis. *An Autumn of War*, An Anchor Books Original, New York 2002.
- Hantel-Fraser, Christine. *No Fixed Address*, University of Toronto Press, Toronto 1993.
- Harmon, Robert B. *The Art and Practice of Diplomacy*, The Scarecrow Press, Inc., Metuchen 1971.
- Harper, Edward. *Unintended Consequences*, Rutledge Books, Inc., Bethel 1997.
- Harr, John Ensor. *The Professional Diplomat*, Princeton University Press, Princeton 1969.
- _____. *The Development of Career in the Foreign Service*, Carneigie Endowment for International Peace, Taplinger Publishing Co. Inc., 1965.
- _____. *The Anatomy of the Foreign Service*, - do -
- Hayter, Sir William. *The Diplomacy of the Great Powers*, Macmillan Co., New York 1961.
- Helms, Richard. *A Look over My Shoulder*, Random House, New York 2003.
- Henderson, Nicholas. *Mandarin: The Diaries of an Ambassador*, Weidenfeld and Nilcolson, London 1994.
- _____. *Inside the Private Office*, Academy Chicago Publishers, Chicago 1987.
- _____. *Old Friends and Modern Instances*, Profile Books, London 2001.
- Henry L. Stimson Center. *Declaratory Diplomacy: Rhetorical Initiatives and Confidenc Building*, Washington, D.C. 1999.
- Herman, Michael. *Intelligence Power in Peace and War*, Cambridge University Press, Cambridge 1999.
- Herz, Martin F. edited. *The Modern Ambassador*, Georgetown University, Washington, D.C. 1983.
- _____. *215 Days in the Life of an American Ambassador*, Institute for the Study of Diplomacy, Georgetown University, Washington, D.C. 1990.
- Hickman, Katie. *Daughters of Britannia: The Lives and Times of Diplomatic

Wives, William Morrow, New York 1999.

• Highsmith, Carol M. and Ted Landphair. *Embassies of Washington*, The Preservation Press, Washington, D.C. 1992.

• Hillenbrand, Martin J. *Fragments of Our Time*, The University of Georgia Press, Athens 1998.

• Hocking, Brian edited. *Foreign Ministries*, Macmillan Press Ltd, Basingstoke 1999.

• Holbrooke, Richard. *To End A War*, Random House, New York 1998.

• Holdridge, John H. *Crossing the Divide: An Insider's Account of the Normalization of U.S.- China Relations*, Rowman & Littlefield Publishers, Inc., Lanham 1997.

• Hughes, Katherine L. *The Accidental Diplomat: Dilemmas of the Trailing Spouse*, Aletheia Publications, Putnam Valley 1999.

• Hughes, Michael. *Diplomacy before the Russian Revolution*, Macmillan Press Ltd, Basingstoke 2000.

• Hunter, Robert E. *Presidential Control of Foreign Policy*, Prager, New York 1982.

• Hurd, Douglas. *The Search for Peace*, Little, Brown and Company, London 1997.

• Hutchings, Robert L. *American Diplomacy and the End of the Cold War*, The Woodrow Wilson Center Press, Washington, D.C. 1997.

• Ikle, Fred Charles. *How Nations Negotiate*, Harper & Row Publishers, Millwood 1987.

• Inbar, Efraim. *Rabin and Israel's National Security*, The Woodrow Wilson Center Press, Washington, D.C. 1999.

• Isaacson, Walter. *Benjamin Franklin*, Simon & Schuster, New York 2003.

• Isaacson, Walter and Evan Thomas. *The Wise Men*, Touchstone, New York 1986.

• James, Sally. *Diplomatic Moves: Life in the Foreign Service*, The Radcliffe Press, London 1995.

• Jenkins, Alfred Lesesne. *Country, Conscience and Caviar*, BookPartners, Seattle 1993.

• Jenkins, Simon and Anne Sloman. *With Respect*, Ambassador, BBC, London 1985.

• Jensen, Lloyd. *Explaining Foreign Policy*, Prentice-Hall, Inc., Englewood Cliffs 1982.

• Jespersen, T. Christopher edited. *Interview with George F. Kennan*, University Press of Mississippi, Jackson 2002.

• Johnson, E. A. J. edited. *The Dimensions of Diplomacy*, The Johns Hopkins

Press, Baltimore 1964.

- Jusserand, J. J. *The School for Ambassadors and Other Essays*, G. P. Putnam's Sons, New York 1925.
- Kagan, Robert. *Paradise & Power*, Atlantic Books, London 2003.
- Kaiser, Philip M. *Journeying Far & Wide*, Charles Scribner's Sons, New York 1992.
- Kampelman, Max M. *Entering New Worlds*, A Cornelia & Michael Bessie Book, New York 1991.
- Kang, Etsuko Hae-Jin. *Diplomacy and Ideology in Japanese-Korean Relations*, Macmillan Press Ltd, Basingstoke 1997.
- Kaplan, Robert D. *Warrior Politics*, Random House, New York 2002.
- Kaul, T.N. *A Diplomat's Diary*, Macmillan India Limited, New Delhi 2000.
- Keeley, Robert edited. *First Line of Defense: Ambassadors, Embassies and American Interests Abroad*, The American Academy of Diplomacy, Washington, D.C. 2000.
- Keith, Ronald C. *The Diplomacy of Zhou Enlai*, Macmillan Press Ltd, Basingstoke 1989.
- Kennan, George F. *Memoirs 1925-1950*, Little, Brown and Company, Boston 1967.
- _____. *Memoirs 1950-1963*, - do -
- Kissinger, Henry. *The White House Years*, Weidenfeld and Nicolson and MichaelJoseph, London 1979.
- _____. *Years of Upheaval*, London 1982.
- _____. *Diplomacy*, Simon & Schuster, New York 1994.
- _____. *A World Restored*, Peter Smith, Cloucester 1973.
- _____. *Years of Renewal*, Simon & Schuster, New York 1999.
- _____. *Does America Need a Foreign Policy*, Simon & Schuster, New York 2001.
- Kocher, Eric. *Foreign Intrigue*, New Horizon Press, Far Hills 1990.
- Kohen, Arnold S. *From the Place of the Dead*, St. Martin's Press, New York 1999.
- Kresch, Karen edited. *Inside a U.S. Embassy*, The American Foreign Service Association, Washington, D.C 1996.
- Lankford, Nelson D. *The Last American Aristocrat*, Little, Brown and Company, Boston 1963.
- Lawford, Valentine. *Bound for Diplomacy*, Little, Brown and Company, Boston 1963.

318

- Lee, Khoon Choy. *Diplomacy of a Tiny State*, World Scientific, Singapore 1995.
- Leonard, Mark and Vidhya Alakeson. *Going Public: Diplomacy for the Information Society*, The Foreign Policy Centre, London 2000.
- Levin, Aryeh. *Envoy to Moscow*, Frank Cass, London 1996.
- Lindstrom, Gustav. *Diplomats and Diplomacy for the 21st Century*, Dissertation, Rand Graduate School, 2002.
- Lindermann, Patricia and Melissa Brayer Hess edited. *Realities of Foreign Service Life*, Writers Club Press, New York 2002.
- Liu, Xiaohong. *Chinese Ambassadors*, University of Washington Press, Seattle 2001.
- Locke, Mary and Casimir A. Yost edited. *Who Needs Embassies?*, Institute for the Study of Diplomacy, Georgetown University, Washington, D.C. 1997.
- Loewenheim, Francis L. *The Historian and the Diplomat*, Harper & Row, Publishers, New York 1967.
- Loi, Luu Van and Nguyen Anh Vu. *Le Duc Tho - Kissinger Negotiations in Paris*, The Gioi Publishers, Hanoi 1996.
- Lowenthal, Mark M. *Intelligence: From Secrets to Policy*, CQ Press, Washington, D.C. 2000.
- Macomber, William. *The Angels' Game: A Commentary on Modern Diplomacy*, Crane Corporation, Dennisport 1997.
- Maisky, Ivan. *Memoirs of a Soviet Ambassador*, Charles Scribner's Son, New York 1968.
- Mak, Dayton and Charles Stuart Kennedy. *American Ambassadors in a Troubled World*, Greenwood Press, Westport 1992.
- Marshall, Peter. *Positive Diplomacy*, Macmillan Press Ltd, Basingstoke 1997.
- Martel, Gordon. *The Broadview Book of Diplomatic Anecdotes*, Broadview Press, Peterborough 1991.
- Matlock, Jr., Jack F. *Autopsy on an Empire*, Random House, New York 1995.
- Matthias, Willard C. *America's Strategic Blunders*, The Pennsylvania State University Press, University Park 2001.
- Mattox, Henry E. *Twilight of Amateur Diplomacy*, The Kent State University Press, Kent 1989.
- Mayer, David. *The Ambassadors and America's Soviet Policy*, Oxford University Press, New York 1995.
- Mayer, Martin. *The Diplomat*, Doubleday & Company, Inc., New York 1983.
- McCamy, James L. *Conduct of the New Diplomacy*, Harper & Row, New York

1964.

• McDermott, Geoffrey. *The New Diplomacy*, The Plume Press Limited, London 1973.

• McGhee, George C. edited. *Diplomacy for the Future*, University Press of America, Lanham 1987.

• _____. *I Did It This Way*, Routledge Books, Inc., Danbury 2001.

• McGlen, Nancy E. and Meredith Reid Sarkees. *Women in Foreign Policy*, Routledge, New York 1993.

• McKinnon, Charles. *Life in the Foreign Service Diplomatic Corps*, American Literary Press, Inc., Baltimore 2002.

• McNamara, Robert S. *In Retrospect*, Times Books, New York 1995.

• Mead, Walter Russell. *Special Providence*, Alfred A. Knopf, New York 2001.

• Melbourne, Roy M. *Conflict and Crises*, University Press of America, Lanham 1997.

• Melissen, Jan edited. *Innovation in Diplomatic Practice*, Macmillan Press Ltd, Basingstoke 1999.

• Merli, Frank J. and Theodore A. Wilson edited. *Makers of American Diplomacy*, Charles Scribner's Sons, New York 1974.

• Mearsheimer, John J. *The Tragedy of Great Power Politics*, W.W.Norton & Company, New York 2001.

• Metzler, John J. Divided *Dynamism: The Diplomacy of Separated Nations(Germany, Korea, China)*, University Press of America, Lanham 1996.

• Meyer, Armin. *Quiet Diplomacy*, iUniverse, Inc., Lincoln 2003

• Miller, Hope Ridings. *Embassy Row: The Life & Times of Diplomatic Washington*, Holt, Rinehart and Winston, New York 1969.

• Miller, Robert Hopkins. *Inside an Embassy: The Political Role of Diplomats Abroad*, Congressional Quarterly Inc., Washington, D.C. 1992.

• _____. *Vietnam and Beyond: A Diplomat's Cold War Education*, Texas Tech University Press, Lubbock 2002.

• Miyoshi, Masao. *As We Saw Them: The First Japanese Embassy to the United States*, Kodansha America, Inc., New York 1994.

• Moore, Robert J. *The Third-World Diplomats in Dialogue with the First World*, The Macmillan Press Ltd, London 1985.

• Moorhouse, Geoffrey. *The Diplomats: The Foreign Office Today*, Jonathan Cape, London 1977.

- Morin, Ann Miller. *Her Excellency*, Twayne Publishers, New York 1995.
- Mowbray, Joel. *Dangerous Diplomacy*, Regnery Publishing, Inc., Washington D.C. 2003.
- Munro, Alan. *An Embassy at War: Politics and Diplomacy behind the Gulf War*, Brassey's Inc., Herdon 1996.
- Murphy, David E., Sergei A. Kondrashev and George Bailey. *Battle Ground Berlin*, Yale University Press, New Haven 1997.
- Murphy, Robert. *Diplomat among Warriors*, Doubleday & Company, Inc., Garden City 1964.
- National Geographic. Ambassador: Inside the Embassy, National Geographic Television&Film, Inc., Washington, D.C., 2002(비디오 테이프).
- Newberry, Daniel Oliver compiled and edited. *The Foreign Service Reader, American Foreign* Service Association & DACOR, Washington, D.C. 1997.
- Nicolson, Harold. *Portrait of a Diplomatist*, Houghton Mifflin Company, Cambridge 1930.
- _____. *Curzon: The Last Phase 1919-1925*, - do - , Cambridge 1934.
- _____. *Diplomacy*, Oxford University Press, London 1969.
- _____. *The Evolution of Diplomatic Method*, London 1953.
- Nitze, Paul H. *From Hiroshima to Glastnost*, Grove Weidenfeld, New York 1989.
- Nolan, Cathal J. edited. *Notable U.S. Ambassadors Since 1775: A Biographical Dictionary*, Greenwood Press, Westport 1997.
- Nye Jr, Joseph S. *The Paradox of American Power*, Oxford University Press, New York 2002.
- Oberdorfer, Don. *The Turn*, Poseidon Press, New York 1991.
- _____. *The Two Koreas*, Addison-Wesley, Reading 1997.
- Orebaugh, Walter W. *The Consul*, Blue Note Books, Cape Canaveral 1994.
- Palazchenko, Pavel. *My Years with Gorbachev and Shevardnadze*, The Pennsylvania State University Press, University Park 1997.
- Pant, Apa. *Undiplomatic Incidents*, Sangam Books, Bombay 1987.
- Papp, Daniel S. edited. *As I Saw It by Dean Rusk as told to Richard Rusk*, W.W.Norton & Company, New York 1990.
- Pascoe, Robin. *Culture Shock!: Successful Living Abroad, a wife's guide*, Graphic Arts Center Publishing Company, Portland 2000.
- _____. *Culture Shock!: Successful Living Abroad, a parent's guide*, - do - , 2001.

- Pearce, David D. *Wary Partners: Diplomats and the Media*, Congressional Quarterly Inc., Washington, D.C. 1995.
- Pearson, Drew and Constantine Brown. *The American Diplomatic Game*, Doubleday, Doran & Company, Inc., New York 1935.
- Petrov, Vladimir. *A Study in Diplomacy: The Story of Arthur Bliss Lane*, Henry Regnery, Chicago 1971.
- Peyrefitte, Roger. *Diplomatic Diversions*, Thames and Hudson, London 1953.
- _____. Diplomatic Conclusions, - do -, 1954.
- Phillips, Horace. *Envoy Extraordinary: A Most Unlikely Ambassador*, The Redcliffe Press, London 1995.
- Picco, Giandomenico. *Man without a Gun: One Diplomat's Secret Struggle to free the Hostages, fight Terrorism, and end a War*, Times Books, New York 1999.
- Plischke, Elmer. *Conduct of American Diplomacy*, D. Van Nostrand Company, Inc., Princeton 1967.
- _____ edited. *Modern Diplomacy*, American Enterprise Institute, Washington, D.C. 1979.
- Polk, William R. *Neighbors & Strangers: The Fundamentals of Foreign Affairs*, The University of Chicago Press, Chicago 1997.
- Powe-Allred, Alexandra. *Ambassador to Tunis*, Dorrance Publishing Co., Inc, Pittsburgh 1996.
- Prevots, Naima. *Dance for Export: Cultural Diplomacy and the Cold War*, University Press of New England, Hanover 1998.
- Puhan, Alfred. *The Cardinal in the Chancery and other Recollections*, Vantage Press, New York 1990.
- Rabinovich, Itamar. *The Brink of Peace*, Princeton University Press, Princeton 1998.
- Rana, Kishan S. *Inside Diplomacy*, Manas Publications, New Delhi 2000.
- Raviv, Dan and Yossi Melman. *Every Spy A Prince*, Houghton Mifflin Company, Boston 1990.
- Reece, David Chalmer. *A Rich Broth*, Carleton University Press, Ottawa 1993.
- Reid, Patrick. *Wild Colonial Boy*, Douglas & McIntyre, Vancouver 1995.
- Richardson, James. *Crisis Diplomacy: The Great Powers since the Mid-Nineteenth Century*, Cambridge University Press, Cambridge 1994.
- Richelson, Jeffrey T. *The U.S. Intelligence Community*, Westview Press, Boulder 1995.

322

- Riordan, Shaun. *The New Diplomacy*, Polity Press, Cambridge 2003.
- Roetter, Charles. *The Diplomatic Art*, Macrae Smith Company, Philadelphia 1963.
- Romulo, Beth Day. *Perspective of a Diplomat's Wife*, The Foreign Service Institute, Manila 1981.
- Ros, Herbert Spencer. *It is so nice to remember: The Recollections of an Italian Diplomat*, Vantage Press Inc., New York 1978.
- Ruddy, T. Michael. *The Cautious Diplomat*, The Kent State University Press, Kent 1986.
- Santis, Hugh De. *The Diplomacy of Silence*, University of Chicago Press, Chicago 1983.
- Sapin, Burton M. *The Making of United States Foreign Policy*, The Brookings Institution, Washington, D.C. 1966.
- Savir, Uri. *The Process*, Vintage Books, New York 1999.
- Schaffer, Howard B. *Ellsworth Bunker*, The University of North Carolina Press, Chapel Hill 2003
- Schmiel, Eugene D. and Kathryn Schmiel. *Welcome Home: Who Are You?*, Aletheia Publications, Putnam Valley 1998.
- Schultz, Kenneth A. *Democracy and Coercive Diplomacy*, Cambridge University Press, Cambridge 2001.
- Schulzinger, Robert D. *The Making of Diplomatic Mind*, Wesleyan University Press, Connecticut 1975.
- _____. *Henry Kissinger: Doctor of Diplomacy*, Columbia University Press, New York 1989.
- Scott, Gail. *Diplomatic Dance*, Fulcrum Publishing, Golden 1999.
- Seib, Philip. *Headline Diplomacy: How News Coverage Affects Foreign Policy*, Praeger, Westport 1997.
- Seitz, Raymond. *Over Here*, Weidenfeld & Nicolson, London 1998.
- Shao, Kuo-kang. *Zhou Enlai and the Foundations of Chinese Foreign Policy*, St. Martin's Press, New York 1996.
- Shea, Michael. *To Lie Abroad*, Sinclair-Stevenson, London 1996.
- Shultz, George. *Turmoil and Triumph*, Scribners, New York 1993.
- Sigal, Leon V. *Disarming Strangers*, Princeton University Press, Princeton 1998.
- Simpson, Howard R. *Bush Hat, Black Tie: Adventures of a Foreign Service Officer*, Brassey's, Washington, D.C. 1998.
- Simpson, Smith. *The Crisis in American Diplomacy*, The Christopher Publishing House, North Quincy 1980.

- _____. *Education in Diplomacy*, Georgetown University, Washington, D.C. 1987.
- Singh, Mahindar. *Un-Diplomatic Memoirs*, Sanchar Publishing House, New Delhi 1991.
- Smedley, Beryl. *Partners in Diplomacy*, The Harley Press, Ferring 1990.
- Smyser, W.R. *How Germans Negotiate*, U.S. Institute of Peace Press, Washington, D.C. 2003
- Snyder, Glenn H. and Paul Diesing. *Conflict among Nations*, Princeton University Press, Princeton 1977.
- Snyder, Louis L. *Diplomacy in Iron*, Robert E. Krieger Publishing Company, Malabar 1985.
- Snyder, Scott. *Negotiating on the Edge*, U.S. Institute of Peace Press, Washington, D.C. 1999.
- Spain, James W. *In Those Days: A Diplomat Remembers*, The Kent State University Press, Kent 1998.
- Stafford, David. *Churchill and Secret Service*, The Overlook Press, Woodstock 1997.
- Stearns, Monteagle. *Talking to Strangers*, A Twentieth Century Fund Book, Princeton University Press, Princeton 1996.
- Stiller, Jesse H. *George S. Messersmith: Diplomat of Democracy*, The University of North Carolina Press, Chapel Hill 1987.
- Strang, Lord. *The Foreign Office*, George Allen & Unwin Ltd, London 1957.
- Stuart, Graham H. *American Diplomatic and Consular Practice*, Appleton-Century- Crofts, Inc., New York 1952.
- Sugihara, Seishiro. *Between Incompetence and Culpability*, University Press of America, Lanham 1997.
- Sullivan, Joseph G. *Embassies under Siege*, Brassey's, Washington, D.C. 1995.
- Symington, James W. *The Stately Game*, The Macmillan Company, New York 1971.
- Talbott, Strobe. *The Russian Hand*, Random House, New York 2002.
- Thayer, Charles W. *Diplomat*, Harper & Brothers Publishers, New York 1959.
- Thomas, Gordon. *Gideon's Spies*, Macmillan , London 1999.
- Thompson, Kenneth W. *American Diplomacy and Emergent Patterns*, New York University Press, New York 1962.
- _____. *Traditions and Values in Politics and Diplomacy*, Louisiana State University Press, Baton Rouge 1992.

324

- Trevelyan, Humphrey. *Diplomatic* Channels, Gambit Incorporated, Boston 1973.
- Tuch, Hans N. *Communicating with the World: U.S. Public Diplomacy Overseas*, St. Martin's Press, New York 1990.
- Tucker, Nancy Bernkopr edited. *China Confidential: American Diplomats and Sino-American Relations 1945-1996*, Columbia University Press, New York 2001.
- Tuthill, John Wills. *Some Things to Some Men*, Minerva Press, London 1996.
- Ure, John. *Diplomatic Bag*, John Murray Ltd, London 1994.
- Vance, Cyrus. *Hard Choices*, Simon & Schuster, New York 1983.
- Vare, Daniele. *Laughing Diplomat*, John Murray Ltd, London 1938.
- Vedrine, Hubert. *France in an Age of Globalization*, Brookings Institution Press, Washington D.C. 2001.
- Volkogonov, Dmitri. *Autopsy for an Empire*, The Free Press, New York 1998.
- Waddington, Mary King. *Letters of a Diplomat's Wife*, Charles Scribner's Sons, New York 1903.
- Watson, Adam. *Diplomacy*, Methuem, London 1982.
- Watt, Sir Alan. *Australian Diplomat*, Angus and Robertson, Sydney 1972.
- Webster, Charles K. *The Art and Practice of Diplomacy*, Barnes & Noble, Inc., New York 1962.
- Weitz, John. *Hitler's Diplomat*, Ticknor & Fields, New York 1992.
- Wickham, John A. *Korea on the Brink*, National Defense University Press, Washington, D.C. 1999.
- Wilhelm, Jr., Alfred D. *The Chinese at the Negotiating Table*, National Defense University Press, Washington, D.C. 1991.
- William, Leaford C. *Journey into Diplomacy*, Northeast Publishing House, Washington, D.C. 1996.
- Wilson, Dick. *Zhou Enlai*, Viking, New York 1984.
- Wilson, Hugh. *The Education of A Diplomat*, Longmans, Green and Co., New York 1938.
- Wolfe, Robert edited. *Diplomatic Missions: The Ambassador in Canadian Foreign Policy*, School of Policy Studies, Kingston 1998.
- Woodward, Bob. *Veil*, Pocket Books, New York 1988.
- _____, *The Commanders*, Pocket Books, New York 1992.
- _____, *Shadow*, Simon & Schuster, New York 1999.
- _____, *Bush at War*, Simon & Schuster, New York 2002.
- Wright, Paul. *A Brittle Glory*, Weidenfeld and Nicolson, London 1986.

- Wriston, Henry M. *Diplomacy in a Democracy*, Greenwood Press, Connecticut 1974.
- Yost, Charles W. *The Conduct and Misconduct of Foreign Affairs*, Random House, New York 1972.
- Zaman, Arshad-uz. *Privileged Witness: Memoirs of a Diplomat*, Oxford UniversityPress, Karachi 2000.
- Zelikow, Philip and Condoleezza Rice. *Germany Unified and Europe Transformed*, Harvard University Press, Cambridge 1996.
- Zimmermann, Warren. *Origins of a Catastrophe*, Random House, New York 1996.

각종 연구 보고서

- U.S. Department of State, Diplomacy for the '70s, Washington, D.C. 1970.
- Duncan, Sir Val. Report of the Review Committee on Overseas Representation 1968-1969, Her Majesty's Stationery Office, London 1972.
- Commission on the Organization of the Government for the Conduct of Foreign Policy, U.S. Government Printing Office, Washington, D.C. 1975.
- Department of Foreign Affairs, Australian Representation Overseas, Australian Government Publishing Service, Canberra 1979.
- McDougall, Pamela A. Royal Commission on Conditions of Foreign Service, Supply and Services Canada, Ottawa 1981.
- Institute for the Study of Diplomacy, Georgetown University, The Foreign Service in 2010, Washington, D.C. 1992.
- CSIS, Reinventing Diplomacy in the Information Age, A Report of the CSIS Advisory Panel on Diplomacy in the Information Age, Washington, D.C. 1998.
- Henry L. Stimson Center, Equipped for the Future, Managing U.S. Foreign Affairs in the 21st Century, Washington, D.C. 1998.
- U.S. Department of State, America's Overseas Presence in the 21st Century, The Report of the Overseas Presence Advisory Panel, Washington, D.C. 1999.
- Henry L. Stimson Center, Declaratory Diplomacy: Rhetorical Initiatives and Confidenc Building, Washington, D.C. 1999.
- U.S. Department of State, Strategic Plan, Washington, D.C. 2000.
- Council on Foreign Relations and the Center for Strategic and International

Studies, Independent Task Force Report on State Department Reform, Washington, D.C., 2001.1.29.
- Council on Foreign Relations, Finding America's Voice: A Strategy for Reinvigorating U.S. Public Diplomacy, Report of an Independent Task Force, 2003.6.
- Foreign & Commonwealth Office, UK International Priorities: A Strategy for the FCO, 2003.12.

국문 도서

- 구영록. 한국의 국가이익, 법문사, 1996.
- 김동조. 냉전시대의 우리 외교, 문화일보, 2000.
- 김석우. 남북이 만난다 세계가 만난다, 고려원, 1995.
- 김숙현 외. 한국인과 문화간 커뮤니케이션, 커뮤니케이션북스, 2001.
- 김영주. 외교의 이론과 실제, 외무부 외교안보연구원, 1992.
- 김용식. 새벽의 약속, 김영사, 1993.
- 김용호. 외교안보정책과 언론 그리고 의회, 오름, 1999.
- 김정원. 한국외교 발전론, 집문당, 1996.
- 김학준. 전환기 한국 외교의 시련과 극복, 조선일보사, 1993.
- 김홍철. 외교 제도사, 민음사, 1985.
- 노신영. 노신영 회고록, 고려서적(주), 2000.
- 노진환. 외교가의 사람들, 서울미디어, 1993.
- 리처드 워커. 한국의 추억, 한국문원, 1998.
- 박동진. 길은 멀어도 뜻은 하나, 동아출판사, 1992.
- _____. 21세기의 문턱에서, 동산출판사, 2000.
- 박재선. 제2의 가나안 유태인의 미국, 해누리, 2002.
- 박실. 한국외교 비사, 기린원, 1979.
- 송영우. 현대 외교론, 평민사, 1990.
- _____. 한국의 외교, 평민사, 2000.
- 유양수. 대사의 일기장, 수문서관, 1988.
- 윤석헌. 먼길을 후회없이, 동아출판사, 1993.
- 외교안보연구원. 외교관의 회고: 격동기의 외교관 수난기, 2002.
- 외교통상부. 한국외교50년, 1999.
- 이강원. 세상을 수청드는 여자, 김영사, 1998.
- 이동원. 대통령을 기리며, 고려원, 1992.

- _____, 행동하는 자에게 불가능한 꿈은 없다, 중앙 M&B, 2001.
- 이동진. 외교관, 우리문학사, 2001.
- 이상옥. 전환기의 한국외교, 삶과 꿈, 2002.
- 이원영. 한국의 외교전략, 박영사, 2003.
- 임병직. 임정에서 인도까지, 외교통상부 외교안보연구원, 1998.
- 임홍재. 국제회의 참가와 협상, 지식산업사, 2000.
- 정일영 편저. 한국외교 반세기의 재조명, 세종연구소, 1993.
- 조창현. 외교관의 선발과 연수에 관한 비교, 외무부 외교안보연구원, 1981.
- 진필식. 외교관의 회고, 외교통상부 외교안보연구원, 1999.
- 최병구. 한국외교의 도약, 외교통상부 외교안보연구원, 2003.
- 최정림. 외교관의 아내, 여성신문사, 1998.
- 최호중. 둔마가 산정에 오르기까지, 태일출판사, 1997.
- _____, 빛바랜 영광속에 후회는 없다, 삼화출판사, 1999.
- 최호중 외. 외교관 33인의 회상, 여강출판사, 2002.
- 한승주. 남과 북 그리고 세계, 나남출판, 2000.
- 한탁채. 다뉴브강의 푸른 물결, 삶과 꿈, 1997.
- 한표욱. 한 · 미 외교 요람기, 중앙신서 1984.
- 홍성욱. 외교관 생활 30년, 외무부 외교안보연구원, 1997.

기타 자료

- Association for Diplomatic Studies and Training, Foreign Affairs Oral History.
- American Foreign Service Association, Foreign Service Journal.
- Netherlands Institute of International Relations 'Clingendael', Discussion Papers in Diplomacy.
- UC Berkeley, Conversations with History.
- U.S. Department of State, State Magazine.
- Washington Diplomat.

찾아보기

외교, 외교관

1판 1쇄 발행일 2004년 6월 10일
1판 5쇄 발행일 2010년 12월 25일
2판 1쇄 발행일 2019년 11월 20일

지 은 이 　최병구
만 든 이 　이정옥
만 든 곳 　평민사
　　　　　서울시 은평구 수색동 317-9 동일빌딩 202호
　　　　　전화: (02)375-8571(代)
　　　　　팩스: (02)375-8573

　　　　　평민사 모든 자료를 한눈에 —
　　　　　http://blog.naver.com/pyung1976
　　　　　이메일: pyung1976@naver.com

등록번호 　제251-2015-000102호

　ISBN 　　978-89-7115-715-2 　03340

　정 가 　　16,000원